致力于实现隧道工业化、现代化

隧道制造技术概论

Introduction to Tunnel Manufacturing Technology

（上册）

李建斌 等 著

科 学 出 版 社
北 京

内 容 简 介

本书从机械制造的角度提出了隧道制造，即“中国法”，并介绍与研究了“中国技术”“中国方案”“中国装备”。全书分上下册，共12章。上册包含第1至第4章，分别介绍或论述了隧道发展史和隧道工业化、隧道破岩新理念、隧道加工新装备、隧道破岩新刀具。下册包含第5至第12章，分别介绍或论述了特殊隧道制造新方法、隧道支护和衬砌、隧道辅助作业、掘进装备智能化减振控制技术、隧道绿色制造与再制造、隧道制造中的信息技术、岩体状态智能识别技术、掘进机智能控制技术。

本书适合隧道工程、土木工程、机械工程及相关领域科研工作者、工程技术人员参考阅读，也可作为相关专业教师、研究生、本科生参考用书。

图书在版编目（CIP）数据

隧道制造技术概论. 上册/李建斌等著. —北京：科学出版社，2022.6

ISBN 978-7-03-072388-8

Ⅰ.①隧… Ⅱ.①李… Ⅲ.①隧道工程-工程技术 Ⅳ.①U45

中国版本图书馆CIP数据核字（2022）第090560号

责任编辑：牛宇锋 / 责任校对：任苗苗

责任印制：师艳茹 / 封面设计：蓝正设计

科学出版社出版

北京东黄城根北街16号

邮政编码：100717

http://www.sciencep.com

北京九天鸿程印刷有限责任公司印刷

科学出版社发行 各地新华书店经销

*

2022年6月第 一 版 开本：720×1000 1/16

2022年6月第一次印刷 印张：17 3/4

字数：330 000

定价：168.00元

（如有印装质量问题，我社负责调换）

出版说明

隧道施工技术经持续改进已日趋成熟,但今天隧道施工仍面临着工期紧张、成本控制粗放、生产事故频发、作业人员多、设备配套不合理、不良地质环境处置困难等难题。已有的施工技术及相应管理手段已到了非变革不可的时刻，这是我们撰写《隧道制造技术概论》这本书的初衷。

本书从制造业的角度讨论隧道工程技术，可能存在诸多谬误，需要在实践中不断修正。主要观点是：土木工程的一些问题可以尝试采用机械加工的方式解决，如机械加工中的振动时效处理、激光时效处理、加热时效处理等应力消除工艺，是不是可以用于释放岩石应力？如何加工异形断面隧道？这些都值得我们去探讨。

隧道工业化是隧道技术发展的必经之路，也是隧道建设智能化的基础。复合破岩、信息技术、智能控制等都是工业化、智能化建造隧道的手段，推动隧道技术随着科技进步不断变革和发展，是我们工程技术人员应该不断探索和追求的目的之一。本书探讨研究“隧道制造技术”这一“中国法”就是想实现隧道技术的创新与变革，为以工业化和智能化手段建设隧道提供理论和实践的支撑。至于“隧道工业化”和“中国法”的提法是否准确？概念能否成立？还需要实践的检验，也有待业界专家的关注和探讨，将来或许还要由国家权威机构做出明确的定义和划分。现在就留给大家“百家争鸣”吧。任何新生事物都是在争论中成长和进步的。

本书初步自定义了“非对称破岩”“立体破岩”“复合破岩”等概念，仅是个人之言。欢迎读者对本书提出的一些新概念、新观点、新方法、新技术、新装备进行批评指正。

本书撰写人员如下：

前　言　李建斌

第 1 章　李建斌　庞子瑞　苏叶茂

第 2 章　李建斌　齐志冲　范　磊　朱　英　庄元顺　姜礼杰　张家年　肖　威　杨兴亚　庞子瑞　李　翔

第 3 章　李建斌　贾连辉　卓兴建　贺　飞　王杜娟　贺开伟　范　磊　肖　威　庄元顺　齐志冲　朱　英　姜礼杰　姜　桥　袁文征

张　啸　张家年　李　翔　文勇亮　李超毅　秦鹏翔　任彦芳
刘琬璐　闫沁太　赵振威　郑永光　赵彦磊　肖艳秋　鲁义强
牛向军　李　楠　张　凯　曹宸旭　张建楠　年俊杰　尤卫星
王　锴　邢　泊

第 4 章　尚　勇　于庆增　李建斌　闫沁太　蒲晓波　章龙管　韩梦泽
庞子瑞　段文军　李　翔

第 5 章　李建斌　刘　斌　于少辉　牟　松　王全胜　高　毅　李　洋

第 6 章　李建斌　于少辉　闫沁太　王全胜　朱　英　李　洋　李　翔
董天荣　刘　炜

第 7 章　王全胜　闫沁太　胡鹏飞　刘　炜　李艳征

第 8 章　牟　松

第 9 章　霍军周　郭志凯

第 10 章　荆留杰　段文军　于太彰　郑霄峰　张　娜

第 11 章　荆留杰　霍军周　李建斌　李鹏宇　郑赢豪　杨　晨　简　鹏

第 12 章　李建斌　荆留杰　霍军周　李鹏宇　郑赢豪　徐受天　徐剑安

本书由闫沁太博士整理，由陈馈教授级高级工程师审稿，谨在此一并对所有参与编写的人员表示感谢。

前 言

隧道施工随着科技发展和市场需求的发展不断进步。第一代的开凿工具是钢钎和榔头，并用火加热岩石进行辅助破岩。发明火药后，人类将它用于开凿山洞和爆破岩石。手风钻的出现大大提升了人类开挖隧道的距离和效率，并以木料为支撑，形成了坑道（巷道）开挖的“矿山法”。

1963 年，奥地利人在传统矿山法的基础上发明了“新奥法”。新奥法是以隧道工程经验和岩体力学理论为基础，将锚杆和喷射混凝土组合在一起，作为主要支护手段的一种施工方法。之后意大利人发明的“新意法”侧重于对隧道掌子面前方土体进行勘察与加固，控制围岩变形，实现全断面施工。挪威人发明的“挪威法”则是侧重于对岩石隧道围岩做出评价、制定支护参数、选择高性能支护材料。这三种现在常用的隧道施工方法都立足于隧道地质特性研究。围岩状态特性是这些工法的核心，可以充分利用围岩特性，确保围岩变形在合理范围内不发生破坏。新奥法、新意法对此已进行了充分研究，但这两种方法也有局限性，就是预测岩石力学参数和岩体结构参数的速度滞后于隧道开挖的进度，采用掘进机法时这种滞后现象尤其严重。

传统隧道施工的瓶颈是未能完全及时和准确地做出超前地质预报，未能及时按照地质条件变化选择和调整最适合的经济破岩方法，未能及时结合破岩方法和应用新材料选择和调整支护，未能通过智能化充分考虑效率、有效利用资源和合理的工序实现最优化性价比的隧道建设。

我们迫切需要找到一种新方法，能够及时预测围岩变化，并针对不同岩石采取不同的挖掘方法，而不仅仅是钻爆法或圆形掘进机法，在这两种隧道开挖方式之外应该还有若干种新方法。找到新工法要靠基础理论的突破，以及生产工艺的突破，从而推动隧道施工技术的进步。结合现在研究进展来看，在短时间内可能还没有突破新奥法的新理念出现，因此最好的途径就是在新奥法的基础上首先实现隧道施工工艺方面的突破。

本书阐述的隧道制造就是要根据实际围岩状态和岩石种类选择不同破岩方法，其核心是“精准识岩、分类破岩、装配护岩、智能制造”。相对于新奥法、新意法、挪威法，隧道制造更考虑聚焦于研究智能识岩、复合破岩、最适宜的装配护岩和智能制造，把隧道施工过程中的工地“行为”转化为可预见、有序化和最经济的工厂隧道制造“行为”。隧道制造，我们可考虑称之为“中国法”(China tunneling method，CTM)，它需要百家争鸣，需要实践检验。

我从机械制造的角度做出上述隧道制造，即“中国法”的定义，供大家讨论批评，然后不断否定和完善。当然，不论什么方法都需要有一套系统理论来支撑，“中国法”同样如此。一种方法的提出，需要长时间实践的检验，在实践与实验中完善和认可。“中国法”的形成过程也是先研究“中国技术”“中国方案”“中国装备”，经过实践检验，而后形成具有理论研究和机理创新的“中国法”。当然，今后也许有其他人提出“中国法”新定义，这是完全可能的事情。

隧道施工从矿山法到新奥法、新意法，都是围绕岩石的应力应变进行研究，最大限度利用围岩和保护围岩，着重于控制隧道的位移，形成了一套完整的理论体系。“中国法”即隧道制造，应该继承这些工法的科学理念。我们还可以改进和革新这些方法，譬如，我们完全可以使用马蹄形盾构机代替新意法施工的异形断面软岩隧道，这样隧道建设速度会更快、质量会更好。例如，意大利罗马环形高速公路上的阿皮亚安蒂卡 (Appia Antica) 隧道，跨度大于 20m，断面达 190m^2，而地层则为土层，埋深仅 4m。这样的大断面隧道通过采用玻璃纤维对开挖面前方的核心土进行超前加固，把不良地层改良为稳定地层后进行全断面机械化施工，如果采用多刀盘马蹄形盾构机，可以实现在浅覆土地层下安全掘进。

对于隧道制造，应该实现机械化，减少单工序作业，尽可能全断面作业，实现少人化……。以下从四个方面对隧道制造 (“中国法”) 进行阐述。

精准识岩——“智能识岩”才能“精准识岩”。在以围岩为核心的新理论体系中，要延伸识别岩石的内涵，要识别岩石的抗压强度、岩石种类、石英含量等力学参数，更要识别质量指数、节理等岩体的结构参数，全方位掌握岩体状况，为破岩、护岩提供理论基础。在这本书中，将详细介绍智能识别岩石、围岩状态的多种智能算法，以及在近 10 年的研究和几十个项目的实践基础上，智能识岩取得的理论突破。

在排渣过程中通过各种方法“还原”掌子面原貌，全断面隧道掘进机 (tunnel boring machine，TBM)、土压平衡盾构机、泥水平衡盾构机需要研究各自的掌子面还原技术。当我们掌握了掌子面的真实状况，就可以有的放矢地提供最佳破岩方案，破岩方法应紧随岩石变化而变化，相应地更换破岩装置，装置应该与岩石最佳匹配，达到掘进速度快、成本低、安全度高的最理想状态。

分类破岩——根据地层结构特点和力学性质，选取最合理的破岩方式，达到“破岩效能”最佳，破岩订制化，因岩制宜。可从单一破岩、复合破岩、非对称破岩等多种破岩方式中选择最合理的破岩方式。尤其是要发展复合破岩、立体破岩技术，破解当前机械破岩方式单一、耗能过大的难题。复合破岩、立体破岩会出现两种及以上的破岩装置同时破岩、错时破岩，也会出现同一种装置以不同的方式破岩、同时破岩、错时破岩等。分类破岩就是根据岩石硬度与状态，给出最合理的破岩方案，形成一个组合的多刀多向联合破岩机制，而评判破岩效果好坏的指标就是“破岩效能”(rock breaking efficiency and energy)，岩石在完全破坏时，所受到的“挫折”越小，能耗越低，就相当于破岩效能越高。现在的 TBM 破岩虽然效率高，但耗能更高，主要是这种破岩方式针对岩石的抗压强度而设计，方便 TBM 设计与制造，但却未能避免不必要的“啃硬骨头”，而岩石的抗拉强度远远低于抗压强度，这样的破岩方式应用很少。通过几年的研究和试验，我们取得了重大突破，可以预测，以针对岩石抗拉强度为破岩目的的复合破岩技术在未来几年可以实现工程应用；还可以预测，以岩石抗扭强度为破岩对象的掘进机也可能出现，如同我们用手“拔萝卜”，先用力转动萝卜然后拔起一样的道理，只是用机械“转动”或“拔”岩石都比较困难。

装配护岩——“预制装配为主，其他支护协同”，以及 3D 打印、钻注一体、锚杆锚固等，更需要快速解决软岩大变形、破碎带、岩爆等不良地质的快速支护、防护等难题。初期支护装配式结构是今后山岭隧道制造的重大变革，没有装配式预制结构很难实现工业化、现代化，盾构法就是最好的例子。为了验证初期支护能不能使用“薄管片”，我们也进行了 1 ∶ 1 的实验室破坏性试验，其结果超出我们的预期，至于能不能工程应用还需要多专业协同研究，从理论上解决工程设计要求，满足设计规范或打破规范。

智能制造——通盘考虑制造效率，最有效地使用资源，最合理地布置工序流程，达到隧道制造最优的性价比。我们对比一下机械制造，工件制造手段已经非常成熟，对象有金属和非金属之分，包括“车、刨、铣、拉、滚、焊、剪、割、插、铆、磨、凿”若干种，现在发展到联合制造中心、智能制造流水线等，可以根据工件工艺要求选择合理的制造方法。借鉴机械制造的理念，根据岩石状况、隧道断面形状、隧道长度而选择合理的破岩装备和支护方法等。显然，与机械制造对比，现在隧道施工手段极其有限，而且发展缓慢，需要加快技术创新，改变隧道技术现状成为今后的重大任务。我们今天使用的盾构机和 TBM，相当于机械制造上的半机械化，因为设备用人太多，只有操作少人化或无人化，隧道才是真正意义上实现了制造化。

摆在我们面前的主要问题是：岩石参数判别滞后、刀具不正常损坏、出渣不畅、破岩效率低、在不良地质中掘进困难等。五花八门的隧道，千篇一律的问题，如 TBM 卡机、盾构机结泥饼，我们希望快速消除隧道地应力的影响，更希望能够降低围岩应变带来的大变形或岩爆，加快掘进速度。这些既是常见的问题，又是最难的问题。我们现在的工法与装备应用到了发展的“瓶颈”。未来的掘进机要具备以下四个特点：第一能够破岩，第二能够维护围岩的稳定，第三要消除特殊围岩（如岩爆、软岩大变形）对掘进机的不利影响，第四智能化、绿色化、安全化。由此需要不断创新，逐步形成完善的新型隧道“制造”体系与理念。

我们建立了一个“中国法”的模型，说明“中国法”核心内容的相关性，如下图所示。

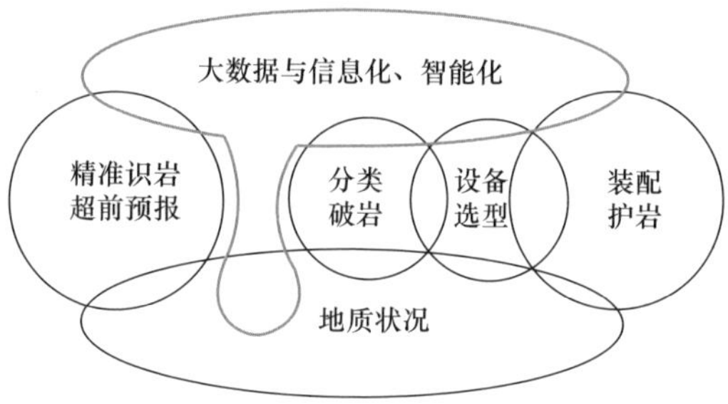

“中国法”关联示意图

为了实现隧道制造（“中国法”），我们需要掌握未来隧道多个关键技术和理论。

(1) 精准识岩：包括超前地质预报和掌子面岩体快速还原技术、隧道岩体声音传感技术、隧道岩石固定频率测定技术。

(2) 分类破岩：复合破岩、立体破岩理论和技术，包括 TBM 智能减振技术、耐高温竖井掘进机关键部件、刀具状态实时感知技术、高耐磨 / 耐高温 / 耐高水压刀具、第四代半 / 第五代掘进机的非刀具破岩技术、异形全断面硬岩破岩技术等。

(3) 装配护岩：包括通过激振 / 预裂释放岩体应力技术、3D 打印混凝土隧道技术、挤压成洞技术、软岩大变形预测与“随变”支护技术、隧道初期支护装配式可变形薄管片、隧道智能衬砌一体机、隧道隔热与局部降温技术、耐腐蚀新型海底管片材料。

(4) 智能制造：包括隧道弃渣混凝土现场利用技术、高效低成本运输系统、统筹协调资源预测和算法。

我们需要研究未来隧道领域的发展趋势，建立新基础理论、新隧道设计理念，促进隧道制造技术、设备前沿技术、关键技术的进步与发展。隧道制造显然要通过“隧道工业化”来实现的。本书提出的破岩方法是关于破岩“原理”的研究，发明破岩装备是关于“加工设备”的研究，发明破岩技术是关于隧道制造“工艺”的研究。这与我们机械设计与制造方法类似，机械设计的主要内容包括：所设计的机械功能（目的）、制造材料选择（刚度、强度）、加工工艺、加工工序、机械寿命计算等等。

隧道制造（“中国法”）可以涵盖多种单项工法，如钻爆与机械滚刀组合的“修边工法”；半敞口半刀盘的“半马工法”；自由断面的滚刀斜切“悬臂工法”和“异形硬岩工法”；释放应力的“预裂工法”和“激振工法”；特种“链锯工法”、“三圆 TBM 工法”和“机械施工与 CC 工法”等。可以简单描述为：除钻爆法外，硬岩隧道 (包括破碎带) 有三种以上制造策略，一是全断面，二是自由断面 (一个循环过程内不进行支护)，三是分区断面。软岩隧道只有一种制造策略，就是全断面 (包括微斜面)。但根据隧道围岩状况、水文条件则有多种制造设备与之相适应。无论如何只有经过实践检验的安全、高效工法才是好工法，才有推广价值。

实现“中国法”最关键的是研发多种隧道专用装备，如“半马盾构机”、“并联机器人掘进机”、TBM 与钻爆法同时作业的“掘爆机”、超前导洞子母 TBM 等。隧道制造从“通用型”转向“个性化”、从“单一破岩”转向“复合破岩”、从“平面破岩”转向“立体破岩”、从“对称破岩”转向“非对称破岩”、从“传统型”转向“智能型”，一种围岩一种工法，多个机型多种选择。可以选择工期优先模式、成本优先模式等。希望隧道制造过程困难程度大大降低，“该隧道地质复杂，施工难度大”等字眼出现的频率越来越少，让新型设备在一定范围内具有独特的“设备竞争力”，满足不同隧道工况要求并持续改进。

未来隧道制造可能更简单更容易，可以实现“一刀成型、一挤成洞”。

未来隧道支护更快捷，“就地取材、原料回用”，强化原来地质材料成为隧道衬砌支护方法，洞外衬砌混凝土材料可能不再进入隧道。也许不再使用混凝土衬砌，而使用“新型材料”快速安装支护。

隧道通风、温控、照明、防火、安全管理更智能化、更节约化。

畅想未来在隧道装备领域出现新型“地球钻”“飞碟 TBM”“外星 TBM”“焊石机”“烧壁机”，在理论方面出现“隧道加工学”“隧道工程科学”“隧道工程哲学”“隧道工程伦理学”等。

我们不仅要研究隧道之“术”，更要研究隧道之“道”，没有隧道发展之道的突破，便没有隧道科技之术的变革，隧道之道就是隧道工业化，隧道之术就是隧道技术创新、材料创新、装备创新。

隧道制造技术未来已来，一切皆有可能。

李建斌

2022 年 3 月 9 日

目录

第 1 章

隧道发展史和隧道工业化

人类很早就知道将自然洞穴作为住处。当社会发展到能制造挖掘工具时，就出现了人工挖掘的隧道。一般来说，隧道长且窄，其长度通常大于直径的两倍，当然也有比较短的隧道，如隧道之间的横通道。隧道的定义因国而异，例如，中国定义是在既有建筑或土石结构中挖出来用作地下通道的建筑物，是人类利用地下空间的一种形式；英国对公路隧道的定义是“封闭长度为 150m 以上的地下公路结构”；美国消防协会对隧道的定义是“设计长度大于 23m、直径大于 1.8m 的地下结构”。

1.1 古代隧道及其施工方法

隧道施工逐步向着工业化的方向发展。早期的隧道技术大多是由采矿和军事工程发展而来。“采矿”、“军事工程”和“土木工程”的词源学研究揭示了这些深刻的历史关联。隧道施工主要包括开挖和支护两个环节。在开挖环节，经历了由人工开挖、火焚水淬阶段，逐步发展到机械化开挖和采用智能设备开挖的阶段。在支护环节，由早期的不支护到采用木材支护，到采用混凝土浇筑支护，再到采用预制管片支护。

历史上最早的暗渠在公元前 2000 年左右就有了。东耶路撒冷西尔万的西罗亚隧道 (Siloam tunnel) 是已知的第一个从两头开挖的隧道。希腊萨摩斯岛上的欧帕里诺斯隧道 (tunnel of Eupalinos) 建于公元前 6 世纪，是已知的第二个从两头开挖的隧道。回顾古代隧道和世界各地隧道历史，可以看到许多为不同目的而建造的隧道，下面简要介绍一些古今著名的隧道。

1.1.1 中国的古代隧道

关于中国古代隧道建造方面的记载是比较少的。王毅才 (1985) 进行了介绍：中国最早有文字记载的地下人工建筑物可能出现在东周初期 (约公元前 700 年)，《左传》中记述了一段很有名的“……阙 (同掘) 地及泉，隧而相见……”的历史故事；我国最早用于交通的隧道，据考证要数古褒斜道上的“石门”隧道，在今陕西省汉中市褒谷口内鸡头关下，是修筑在石灰岩地层中的无衬砌隧道，建成于东汉明帝永平九年 (公元 66 年)；我国历代皇帝陵墓都是地下工程，例如，秦始皇陵陪葬兵马俑坑就是用明挖法建成的；敦煌、龙门、云冈等地的石窟也有大量的隧道；“坎儿井”是远古水利隧道流传至今的代表，它是地下人工水渠，其构造是从水源挖掘水平坑道，把水引导到地表，用来灌溉农田。

1.1.2　世界其他地区的古代隧道

公元前 2189 到公元前 2160 年前后，在古巴比伦城幼发拉底河下修筑的人行隧道，是迄今已知的最早用于交通的隧道。该隧道断面高 4.5m、宽 3.6m，用砖衬砌，施工是在旱季将河流改道后明挖的。

位于伊朗戈纳巴德市的一座供水隧道，建于公元前 600 年，埋深超过 360m，这条隧道至今仍为近 4 万人提供饮用水和农业用水。

西罗亚隧道位于巴勒斯坦，是已知的最早的从两头掘进的隧道。公元前 520 年，古希腊工程师欧帕里诺斯建造了位于萨摩斯岛 (希腊北爱琴海) 的欧帕里诺斯隧道，全长 1030m，该隧道从卡斯特罗山两侧开凿隧道，两队同时挖掘，在中间精准汇合，是已知的第二条两头掘进的隧道，这在当时是很难达到的。

古代最大的隧道建筑可能是古罗马那不勒斯与普佐利之间的长 1500m、宽 8m、平均高 9m 的婆西里勃道路隧道，完成于公元前 36 年，直到现在还使用着。它是在凝灰岩中凿成的，边墙垂直、无衬砌。为了不进行衬砌，多数古隧道都是修建在坚硬的岩层中。

特列克卡亚隧道 (Terelek kaya tüneli) 地处土耳其博亚巴德 (Boyabat) 和杜兰城的南部，目前这条隧道位于下游数千米处由水坝形成的湖泊的狭窄部分，据估计，隧道建于 2000 多年前，修建隧道是为了防止盗墓。

历史资料记载了这些古老隧道的工程概况或遗迹，但很少介绍坚硬的岩石隧道是如何开挖的？当时的生产力十分低下，生产工具十分落后，可是这些隧道又是怎么挖掘的呢？难道像中国的都江堰宝瓶口施工技术，采用先热火焚烧，再快速浇上冷水激裂岩石的方法或者其他方法。古代人很有智慧啊！

1.2　近代隧道及其施工方法

17 世纪，欧洲国家开始大量修建运河隧道、铁路隧道、公路隧道等多种形式的隧道。19 世纪初，美洲的隧道修建量开始不断增加。隧道修建方法不断革新，从人工开挖，到使用火药开挖 (1666 年，法国兰葵达克运河隧道)，到采用气动凿岩机，到使用盾构装置开挖 (1843 年，英国泰晤士河隧道)，到采用管片拼装机安装管片 (1890 年，北美圣克莱尔河隧道，St. Clair river tunnel)，到采用带有刮刀和滚刀的复合刀盘的盾构机 (1952 年，美国奥阿希大坝隧道)，再到采用大断面异形盾构机。人类能够应对的地层状况也越来越复杂，从穿过岩石地层到穿过河流、湖泊等。纵观隧道挖掘史，可以窥见人类在改造自然环境领域的技术进步历程。

公元 1627 年，奥地利工程师首先将火药用于开矿生产。法国兰葵达克运河隧道建于 1666 年，开凿时使用了火药，这可能是最早用火药开凿的隧道。

1791 年，英国在达德利运河上修建了长 2900m 的达德利运河隧道 (Dudley canal tunnel)，见图 1.1，该隧道于 1962 年关闭，1973 年又重新开放，并于 1984 年和 1989 年得到扩建。

图 1.1　英国达德利运河隧道南口

英国弗里奇利隧道 (Fritchley tunnel) 是世界上最古老的铁路隧道之一。1793 年，巴特利公司建造了弗里奇利隧道，用于将石灰石运输到其钢铁厂。该隧道是世界上最古老的铁路隧道，货车在重力作用下或使用马匹牵引穿过隧道。

1796 年，斯托达特隧道 (Stoddart tunnel) 开通，其位于英国德比郡的查珀伦勒弗里斯，也是世界上最古老的铁路隧道之一，那时的铁路货车是由马匹拉动的。

1804 年，连接英国佩尼达伦和阿伯西农的隧道通行了第一辆真正意义上的蒸汽火车，这是迄今为止世界上最古老的蒸汽火车专用隧道。

1819 年，在美国田纳西州蒙哥马利修建的贝尔隧道 (Montgomery Bell tunnel) 是一个长 88m 的引水隧道，尺寸为 4.50m × 2.45m，是北美第一条全断面隧道。

伯恩隧道 (Bourne's tunnel) 建造于 19 世纪 20 年代末，位于英国利物浦附近，全长 32.1m，是世界上第一条在铁路线下方修建的隧道。利物浦至曼彻斯特的铁路跨越了一条从萨顿煤矿到利物浦沃灵顿收费公路的马拉电车轨道，也就是在铁路下面挖了一条隧道来通行电车。

黏土挖掘法是英国开发的一种独特方法，用于在强黏土基土壤结构中挖掘隧道。不同于之前使用鹤嘴锄手工开挖较硬土壤的方法，黏土挖掘法相对轻柔，因此不会损害软黏土基本结构。操作工躺在一块木板上，与工作面成 45° 角，用脚踩入一个杯状圆头的工具黏土冲，见图 1.2。手动转动工具，抽出一部分土壤，然后将其放在废料收集处。

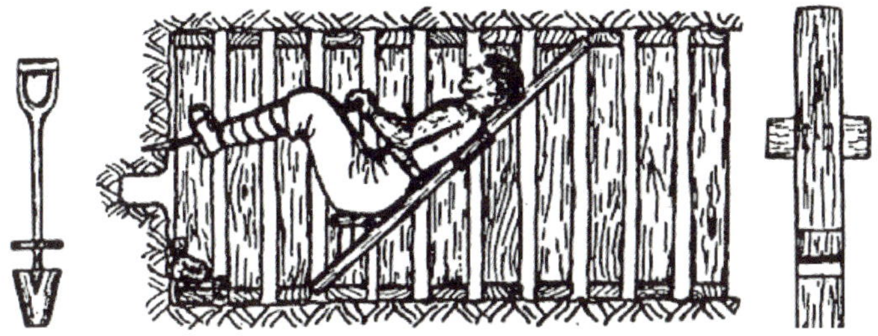

图 1.2　英国黏土挖掘法

在维多利亚时代的土木工程中，黏土挖掘法不必为建造一个小型的隧道系统而拆除地面房屋或基础设施，因而在更新英国古老的排水系统时广受青睐。在第一次世界大战期间，英国皇家工程师协会曾用此法在德意志帝国地下埋设地雷。这种方法实际上是无声的，因此不易被监听设备侦查到。

1829 年开通的位于英国利物浦的皇后街站隧道是世界上最古老的地下铁路客运隧道。该隧道是一条长 266m 的单轨铁路隧道，从埃奇希尔区延伸到皇后街，服务于世界上第一个城际客运火车总站。

1830 年后，铁路成为一种新的运输手段，对隧道的需要激增，促进了隧道工程技术的发展。1832 年，英国利物浦的莱姆街火车站隧道开通，隧道长 1811m，是双轨铁路隧道。1841 年，英国鲍克斯隧道 (Box tunnel) 开通，这是由人工挖掘的长 2900m 的隧道，也是当时世界上最长的铁路隧道。1842 年，英国威尔士亲王隧道开通，位于达灵顿附近的希尔顿，全长 1100m，是世界上最古老的大型隧道，目前仍在使用。

1818 年英国人初次发明盾构专利，但 1823 年在施工中受挫失败。

1843 年开通的泰晤士河隧道，是第一条使用盾构思路修建的隧道，由马克·伊桑巴德·布鲁内尔 (Marc Isambard Brunel) 和他的儿子伊桑巴德·金德姆·布鲁内尔 (Isambard Kingdom Brunel) 修建。泰晤士河两岸和河床下土质松软，含水量大，围岩易坍塌。隧道修建时，先在泰晤士河两岸采用沉井法各修建一个直径 17m 的沉井，竖井用红砖进行衬砌并搭建有供上下出入的台阶(后被拆除)，沉井安装了蒸汽机驱动的物料提升装置，见图 1.3。然后在两个沉井之间开挖隧道，为防止沉井井壁坍塌，采用圆形红砖结构。沉井开挖到预定位置后，开始了人类历史上第一个盾构机的施工，盾构机装置是一个三层多列的框架结构，一侧顶住已完成的衬砌层，一侧顶住掌子面，并对掌子面进行防护，同时框架的每个框格内有一名施工者开挖隧道，其示意图和施工方法模型见图 1.4。泰晤士河隧道最初用作人行隧道，1869 年改为地铁隧道，2007 年之前一直是伦敦地铁东伦敦线的一部分。这是铁路网中最古老的路段，尽管不是最古老的专用铁路段。至今，这条隧道仍是伦敦地铁网络的一部分。

图 1.3 泰晤士河隧道沉井和蒸汽机驱动的提升机构示意图

图 1.4 泰晤士河隧道施工示意图和施工方法模型

1848 年，奥地利塞默林铁路山顶隧道开通，全长 1431m，是第一个在阿尔卑斯山开通的隧道，它连接了维也纳和的里雅斯特 (Trieste) 港口之间的铁路交通。

1851 年发明了凿岩机，从此开始了所谓近代施工方法，修建了大量的隧道工程。19 世纪晚期热尔曼发明的气动凿岩机，见图 1.5，用于在阿尔卑斯山上钻探第一条大型隧道。

图 1.5 热尔曼发明的气动凿岩机

1863 年，英国伦敦地铁开通，是采用明挖回填法修建的。伦敦地铁滑铁卢站采用了铸铁管片和砖衬砌两种衬砌方式，见图 1.6。

图 1.6 伦敦地铁滑铁卢站的支护情况

1866 年詹姆斯制造的内径 3.75m 的隧道衬砌盾构机承担了伦敦的铁道建设。其后，1881~1883 年英国巴门制造了直径 2.1m 的隧道掘进机，在多佛尔海峡海底法国侧 1700m 和英国侧 300m 的掘进中获得成功应用。

1866 年瑞典人诺贝尔发明了胶质黄色炸药达纳马特，原料是硝化甘油 (发明于 1846 年)，液体状怕热怕震。诺贝尔在一次偶然的机会中发现马车夫用硅藻土吸附液体后能使其变得稳定，受此启发终于制成比较安定的炸药。后来用这种威力很大的黄色炸药取代了黑色火药，为开凿坚硬岩石提供了条件，广泛用于隧道工程。

1886 年开通的默西铁路 (Mersey railway) 隧道，从利物浦延伸到默西河下，再到伯肯黑德。默西铁路是世界上第一条深埋地下的铁路，到 1892 年，加上伯肯黑德公园站到利物浦中央火车站的陆地延伸段，隧道长度达到 5020m，河下路段长 1210m，在当时 (1886 年 1 月) 是世界上最长的水下隧道。该隧道施工时采用了掘进机械和通风排水系统，见图 1.7。

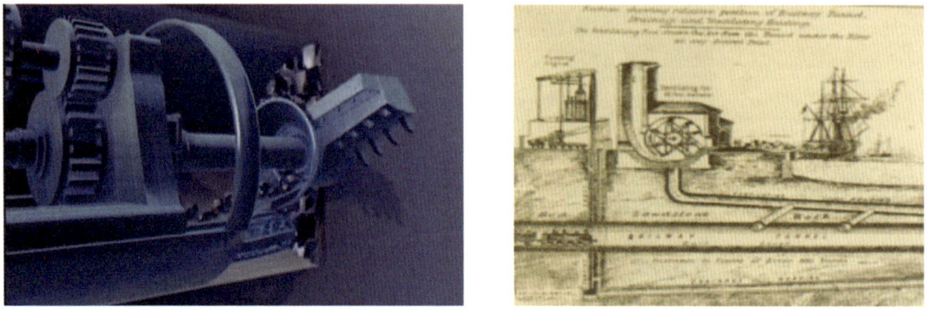

图 1.7　默西铁路隧道的掘进机械和通风排水系统

1890 年开通的伦敦城南铁路隧道位于泰晤士河下，詹姆斯·格雷厄德 (James Greathead) 使用了水下隧道施工的三个关键技术：①盾构法；②永久铸铁隧道衬砌；③在压缩空气环境中施工，以防止水通过软土地基材料渗入隧道。

1890 年，北美的圣克莱尔河隧道贯通，它连接了美国密歇根州的休伦港和加拿大的萨尼亚市 (Sarnia)，位于圣克莱尔河下方。该隧道采用了两台掘进机从两头向中间掘进，其开挖特点有：施工人员在盾壳的保护下工作，盾壳抵御了围岩变形；采用了铸铁管片支护，并采用了管片拼装机；隧道采用了位置控制技术，实现了准确对接，见图 1.8。当时人们已经使用了盾构机、管片拼装机，更值得我们关注的是测量技术已经很先进，实现了盾构机在隧洞内的精准对接。

图 1.8　刊登在 *Scientific American* 上的圣克莱尔河隧道掘进示意图

1890 年，英国利物浦市开建了埃奇希尔区至莱姆街的隧道，这段隧道可能是世界上仍在运营的最古老的铁路隧道。

旧金山—奥克兰海湾大桥 (1936 年完工) 和一个双层隧道相连，该隧道长 160m，穿过耶尔巴布埃纳岛 (Yerba Buena island)。这是当时世界上直径最大的机械开挖隧道，在建造时就组合了下层的双向铁路和卡车通道与上层的汽车通道，现在各层都转换为单向汽车通道，见图 1.9。

图 1.9　旧金山－奥克兰海湾大桥隧道的上层

1906 年，瑞士和意大利之间的辛普龙隧道开通，全长 19.8km，直到 1982 年都是世界上最长的隧道，也是世界上最深的隧道，最深岩石覆盖层约 2150m。

1927 年，美国在纽约哈德逊河底修建了厚兰德隧道，该隧道为双线单洞隧道，长度分别为 2608m 和 2551m，是用盾构法施工的。

1945 年，位于美国特拉华州的全长 137km 的渡槽隧道竣工，可为美国纽约市供水，是当时世界上最长的隧道。

1952 年，詹姆斯 · 罗宾斯为美国南达科他州奥阿希大坝 (Oahe dam) 隧道设计了一台掘进机，见图 1.10，该掘进机采用了具有刮刀和盘型滚刀的刀盘，共同完成破岩。该掘进机虽然结构简单，但它体现了采用刀盘破岩，采用护盾支护的思路，是现代隧道掘进机 (TBM) 的前身。

1988 年，日本青函海底隧道完工，长 53.85km，横越津轻海峡，连接本州岛和北海道，是当时世界上最长的铁路隧道。

1997 年，中国山西省万家寨引黄工程南干线国际Ⅱ标的单条隧道，采用两台罗宾斯硬岩 TBM 分别从隧道两端相向掘进，长度约 42km，是当时国内最长的隧道。

2016 年开通的瑞士圣哥达基线隧道穿越阿尔卑斯山脉底部，是当时世界上最长且最深的铁路隧道，隧道长 57.1km，最大埋深 2400 多米，采用双洞单线结构。隧道从南北两端同时掘进，采用钻爆法施工，钻孔、立拱架、喷浆等工艺均采用机械化施工，见图 1.11。

英吉利海峡隧道横跨法国和英国之间的英吉利海峡，全长 50km，其中海底隧道段长 39km。

图 1.10　用于奥阿希大坝隧道的掘进机

图 1.11　瑞士圣哥达基线隧道

美国西雅图 SR99 公路隧道是一条长 2830m 的双层钻孔公路隧道，位于西雅图市中心。工程于 2013 年开始使用“Big Bertha”号盾构机，这是当时世界上最大的土压平衡盾构机，刀盘直径 17.5m。隧道于 2017 年 4 月完工，2019 年 2 月 4 日实现通车。

2007 年通车的中国终南山隧道，是当时世界上第二长的公路隧道，也是亚洲最长的山路隧道，全长 18km。

2017 年，中国的胡麻岭隧道开通，全长 13.6km，隧道穿越第三系饱和富水粉细砂地层，含有众多大小不等的水囊，受施工扰动的影响，围岩弱化严重，突水涌砂频发，被称为“中国罕见、世界难题”。

2018 年 1 月，中国浩吉铁路线的白城隧道贯通，隧道长 3345m，土质极其松软，采用了大断面马蹄形土压平衡盾构机进行施工，盾构机刀盘见图 1.12。

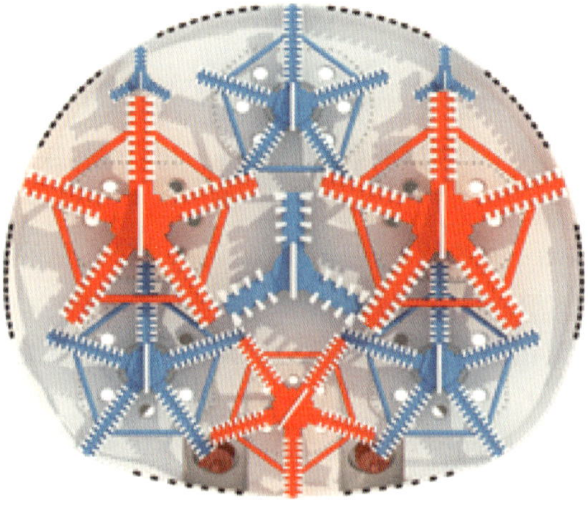

图 1.12　中国浩吉铁路白城隧道用的马蹄形盾构机刀盘

白城隧道是世界上首个采用马蹄形盾构的工程，获得了国际隧道协会颁发的 2018 年度技术创新项目奖。

2020 年 4 月，中国大柱山隧道全线贯通，隧道全长 14.48km，地质和水文地质条件复杂，具有“三高四活跃”的特点：高地应力、高地热、高瓦斯等毒气；活跃的新构造活动、活跃的地热水环境、活跃的外动力地质条件和活跃的岸坡浅表改造过程。

1.3　现有隧道建设特点

隧道建设方法有三种基本类型：第一种明挖回填法，是在浅埋地层开挖沟槽，上面铺盖一个足够坚固的支护系统来承受隧道上方建筑物的负荷，然后再覆盖起来，适用于建造浅埋隧道；第二种钻孔法，是在原位施工，无需拆除地面建筑，包括钻爆法和盾构法等；第三种沉管法，是将预制好的管子一节一节地放入水下，即沉管隧道。

钻爆法仍是中国隧道建设最主要的方法，超过 90% 的山岭隧道采用钻爆方式，例如，厦门翔安海底隧道 (见图 1.13) 就应用了钻爆法。其主要优势是设备投入少、工程成本低，易于普遍推广，尤其手风钻钻孔，更是优势明显，比同是钻爆法的三臂凿岩台车更灵活，更易控制超欠挖。然而手风钻施工需要大量的劳动力、作业环境差、噪声大、安全事故多。三臂凿岩台车主要劣势是隧道超欠挖严重，提高了工程成本。钻爆法的主要缺点是工序多且多为单工序作业，循环作业时间长，小断面隧道使用钻爆法效果更差。裂隙水发育、破碎带、软岩大变形地质条件下采用钻爆法也是无奈之举。现在的钻爆法打眼多，时间长，

图 1.13　厦门翔安海底隧道

也是问题之一。改进这个问题，如少打眼、打深眼、打大眼，可以一次爆破超过 10m，松动掌子面岩石即可，剩余的交由一台设备来处理隧道“修边”、“装渣”和“支护”等工序。

在瑞士，钻爆法和盾构法各占工程的 50%。在中国，盾构法发展较快，地铁广泛使用盾构，穿江越海大部分采用泥水平衡盾构机，效率高，安全性高，但成本也高。TBM 法体现了工业化的高效作业，但需要把岩石严重“粉碎”，耗能高，废渣不可再利用。我们需要从破岩机理上进行大改进，寻找最佳复合破岩方法，需要提出新的破岩机理，只有实现了 TBM 降本增效，才具推广价值。

在此，不是以隧道制造和工业化的名义来否定钻爆法，而是在钻爆法之外产生新的方法或改进已经存在的方法。隧道制造不仅仅是实现隧道“制造加工”工艺的改变，更必须是“成本导向”的创新方法，这样的路子才对，方向才正确。

1.4 隧道工业化

隧道建设技术已经历了两千多年的发展，从人工挖掘、爆破、手工钻，到采用盾构机等大型机器挖掘建造，形成多种多样的施工工法，逐步走向了自动化和智能化。然而，目前隧道工程作业被称为“隧道施工”，其含义侧重于隧道建设按照施工规范或设计图纸要求作业，按照工期计划完成任务，直到工程全部竣工。隧道技术的发展与隧道装备的发展紧密相关，我们可以这样划分隧道装备的发展阶段：第一代是人工作业，使用钢钎和大锤等工具，第二代是装有刀具的简单机械破岩装备和手持风钻，第三代是自动化运转的闭胸结构全断面掘进机和凿岩台车，第四代是智能化掘进机，第四代半是以刀具破岩为主、非刀具破岩为辅的智能化掘进机，第五代是非刀具破岩为主的掘进机。截止到 2021 年底，我们修建隧道的装备以第二代、第三代为主，第四代、第四代半、第五代已经出现样机应用。

那么，未来隧道和地下空间制造方法的发展是什么呢？

我们给出的答案是“隧道工业化”“隧道制造现代化”。

1.4.1 隧道工业化和隧道制造的理念

建筑工程实现现代化是人类发展的需要，目前的隧道建设方法距离现代化还有一定差距，需要颠覆性的工程科学理念和变革性的工程技术出现。工业化是现代化的必由之路，因此提出“隧道工业化”的概念，希望隧道“施工”逐步变为隧道“加工”。

“施工”，全国科学技术名词审定委员会尚未审定公布。参照百度百科解释：谓工程按计划进行建造。通过查询来看，“施工”并不是一个科技用词，而是一个工程用语。

“建造”，《管理科学技术名词》解释：又称“营造”，把预想的建筑物付诸实施的过程。

“加工”，《管理科学技术名词》解释：使原材料、半成品、零件发生物理、化学变化，或处于分解、组合的状态，或各类表格的填写过程。

“制造”，《管理科学技术名词》解释：利用人力、机器和工具生产产品的过程。包括设计、物料选择、计划、生产、质量保证、管理、营销等一系列相关活动和操作。显然，“制造”要考虑以成本为导向的营销。

“工业化”，《管理科学技术名词》解释：狭义的工业化是指机器大工业在国民经济中发展并达到占统治地位的过程，即国民经济结构发生了以农业占统治地位向工业占统治地位的转变，它使一个国家由传统的农业国变为现代的工业国。广义的工业化是指发展或现代化。还有一种解释：一个国家和地区国民经济中，工业生产活动逐步取得主导地位的发展过程。

机械制造业的发展趋势是智能化、少人化，不断提高加工效率和加工质量。借鉴该趋势，我们给出的隧道工业化的定义是：以精准超前地质预报、现代工业化加工为手段，自动化流水作业，智能化控制全过程的隧道制造方法。其特征是：智能化和隧道加工使用一台或多台设备，每台设备由一人操作或无人操作，根据不同的地质选择不同的加工设备和应用不同的工艺过程。隧道制造更聚焦于研究智能识岩、复合破岩、最适宜的装配护岩和智能制造，把隧道施工过程中的工地“行为”转化为可预见的、有序化的和最经济的工厂制造“行为”。就隧道工业化而言，隧道制造的核心是：“精准识岩、分类破岩、装配护岩、智能制造”。隧道制造理念可考虑称之为“中国法”(China tunneling method，CTM)。

“制造”和“施工”不是文字之变，是根本之变。“制造”较“施工”更加精细，更加注重制造过程中的加工方法和作业设备适应不断变化的岩石，注重从工序上根据地质选择最合理的设备，体现高效安全和低成本，注重作业少人化。从“施工”变“制造”是工程理念与实践活动的变革，“制造”可能会成为“施工”的更高阶段。隧道技术发展形成“三步曲”，隧道施工→隧道建造→隧道制造。

隧道工业化涉及建设理念、建设方法、基础理论、基础材料、自动化、信息化、智能化、设备制造、工艺流程现代管理等，包括工程地质、土木工程、结构力学、机械、通信、智能控制等专业。从隧道成型过程来讲，隧道制造类似于“减材”工艺。从隧道结构形状来讲，隧道结构属于一个结实的“空洞”。TBM 的应用类似于“钻孔”工艺，注浆属于“合金”融合过程，钢拱架属于“加筋板”增加结构强度与刚度，手风钻属于手动加工，盾构机属于联合加工机械。

既然提出隧道工业化加工，必然要提出“加工”的具体工艺和方法。有软加工，也有硬加工，有单个加工，也有联合加工、复合加工；既有增材，也有减材；既有物理方法，也有化学方式；既有释放应力，也有碾压成型；既有激震，也有减震；既有留有余量，也有一步到位；既有超前，也需滞后。

一种思想的产生，是在实践中升华的结果，一种学问的产生，是科学进步和哲学思维的合成。隧道制造技术探索的是工程技术、装备制造技术的协同创新与发展，追求隧道建造理念的变革。隧道工业化要实现的是“多、快、好、省、少、智”，即加工设备多种多样、加工速度快、生产安全性和生产环境好、成本省、人员少、设备智能化。《隧道制造技术概论》应体现工程技术和哲学思维，非此不能称之为“隧道制造技术”。

隧道可以看作一个由多样材质组合而成的复杂空心工件。因材质不同，各种元素、力学参数、结构参数等混合变化无穷，隧道“工件”截面变化多样，各种环境因素影响很大等。而现在的隧道施工方法比较单一，以钻爆法为主，以新奥法施工理念为通用法则，显然是“以不变应万变”的方法来解决问题，需要进行不断完善或改革。因此，创立“隧道制造”的理念，引入机械工业化制造方法，一是让隧道“加工”更加因“地”制宜，根据地质状况选择更合适的“加工”方法；二是制造更先进、更合理的“加工”设备；三是让隧道“加工”更流畅、更智能。

隧道制造包含若干个机械加工的工序和工艺，与我们常见的工厂化机械加工有一点相同，即都是用机械设备加工一个目标（工件），其不同点则是完全不一样的场境（环境），完全不一样的物体结构，这也是工业制造与工程制造的区别。隧道制造加工的对象是岩石、土体、水、风、空气、钢筋混凝土，加工的方位有水平、竖直、斜向等，加工的形状有马蹄形、圆形、城门形等。

1.4.2 实现隧道制造的工业化体系和核心技术

隧道本身具有地质的复杂性、多变性，工程周期长，很多时候有多个工作面在同时施工，人员多、设备也多，属于“长条”状作业。而每个工作面的循环工序除因工法不同外，几乎是重复循环。相当于每个掌子面都是一个流水作业线，形成“分段”加工的布局方式，因此具备推行工业化的条件。

隧道机械化、自动化施工是代替手工作业的必由之路。研发制造多种多样适应不同地质、不同断面、不同长度的工程机械，实现隧道机械化配套科学化、安全化、高效化成为当然目标。因此，完全可以以工业化的理念来实施隧道建造。

隧道的支护与衬砌完全可以实现预制化，也完全可以实现就地取材利用化生产。这些都使新的设备、新的工法得以完成。因此，引入工业化是完全必要的。

隧道制造全过程智能化可以从隧道勘察设计、生产组织安排、安全生产控制、质量控制、工期管理、成本管理、运营管理全生命周期来实现。因此，具备推行现代工业化工厂先进理念的条件。

基于以上理由，提出隧道制造和隧道工业化的理念是正确的，也是可行的。相对于今天的隧道“施工”而言，隧道制造讲究的是根据隧道地质状况选择合适的“加工”方法，实现隧道“精加工”(隧道轮廓精确、隧道中线精准)、“深加工”(隧道废渣利用、废水利用、高地温利用等)，隧道“换装”成为常态。所有意料之外的状况都应该实现“预料之中”。

凡是实践成功的且能推广的活动，皆有一套理论体系做支撑，隧道工业化的理论体系包括：

(1) 精准识别岩石理论；

(2) 隧道设计；

(3) 隧道加工工艺设计；

(4) 隧道加工设备与工具；

(5) 隧道加工质量与稳定性；

(6) 隧道加工效率与成本；

(7) 智能制造、绿色建造、安全建造。

在隧道工业化路径的指向下，所构建的“中国法”即隧道制造的技术体系主要包括“精准识岩，分类破岩，装配护岩，智能制造”，见图 1.14~图 1.17。

隧道需要变革性技术、理论、科学，如果以制造方式加工隧道，至少需要进一步研究破岩机理、岩石识别、开挖方式、智能化等方面的问题。支护体系研究解决的是效率问题，开挖方式研究解决的是成本问题，智能化研究解决的是人员问题。具体研究的问题包括：

(1) 新的破岩机理、破土机理、复合破岩机理；

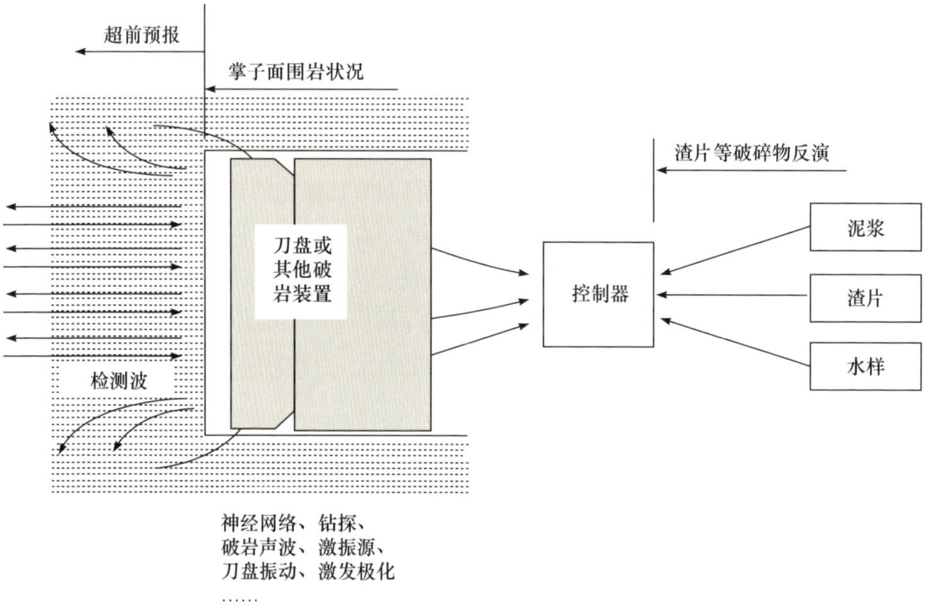

图 1.14　精准识岩

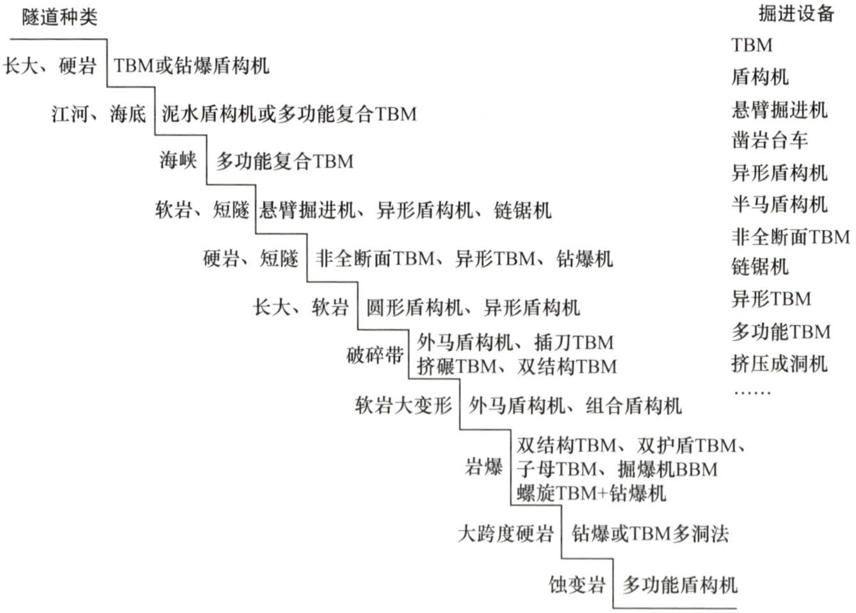

图 1.15　分类破岩

图 1.16　装配护岩

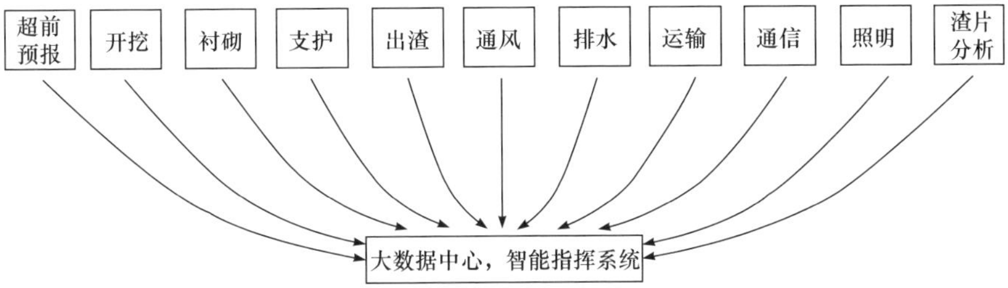

图 1.17　智能制造

(2) 高效破岩设备和低成本破岩设备；

(3) 多种破岩设备、破土设备、复合破岩设备；

(4) 第四代半、第五代掘进机中的非刀具破岩技术；

(5) 适应不同地质、不同断面尺寸隧道的流水化设备配置；

(6) 针对不良地质的特种掘进机；

(7) 多功能多模式掘进机；

(8) 自动化支护技术；

(9) 3D 打印混凝土技术；

(10) 超前释放地应力技术；

(11) 超前支护技术；

(12) 超前地质预报预警技术；

(13) 岩石智能化识别；

(14) 设备智能减振技术；

(15) 环境温度改善与智能控制；

(16) 混凝土智能衬砌技术与智能养生技术；

(17) 隧道防灾、减灾与安全系统管理；
(18) 运输系统工程；
(19) 隧道新材料；
(20) 现代化设备体检；
(21) 智能辅助作业；
(22) 机器人换刀与机器人巡检；
(23) 隧道修补与再制造；
(24) 隧道绿色建造技术；
(25) 地层固结技术与挤压成型；
(26) BIM 与隧道制造；
(27) 大数据与云平台；
(28) 新型预制管片；
(29) 释放地层应力技术；
(30) 5G 应用。

1.4.3 隧道制造的难点

隧道这个“工件”是固定不动的，需要加工它的设备都是可移动的，这就使得设备定位需要时间，需要一定的定位精度，需要根据地质变化、断面变化、环境变化而采取特殊措施或更换更合适的设备，是一种反向流水作业方式。这与机械工件的加工不一样，机械工件是运动部件（大型部件则是固定的），加工设备通常是固定的（极个别加工设备是运动的）。

隧道是一个自然界中自然形成的、已经存在的物体的组成部分，一直存在着不可预测性强、突发事件较多的情况。如何及早辨识地质变化，超前预报、及时预警，需要时间、成本和经验；如何开发更先进的、更准确的地质预报设备，将直接影响工业化效果。

隧道制造将对人类认识大自然提出更高要求，从地下到地上、从高山到大海，地质变化极其频繁和多样，需要我们逐一深入认识、准确把握，先手手段、后发措施都需要一一解决，这样才有工业化实现的可能和条件。

一个隧道因地质的变化带来开挖断面的不同，也就是加工尺寸发生变化，隧道净空大致是一样的，但个别情况下虽然地质没有变化但隧道净空也不一样，这样为机械化加工带来许多特殊设计，也是难点之一。

参考文献

王毅才 . 1985. 隧道的历史及发展 [J]. 西安公路学院学报，1985，(1)：127-135.

British Listed Buildings. 2010. Bourne's Tunnel at SJ5033491804[EB/OL].[2021-12-2]. https：//britishlistedbuildings.co.uk/101393700-bournes-tunnel-at-sj5033491804-thatto-heath-ward#.Yah6o8dByUk.

Johnson K. 2012. Engineering Projects Will Transform Seattle，All Along the Waterfront. The New York Times. [EB/OL].[2021-12-2]. https：//www.nytimes.com/2012/12/05/us/projects-to-transform-seattle-all-along-the-waterfrwat.html.

Metropolitan Transportation Commission (MTC). 2015. San Francisco-Oakland Bay Bridge. [EB/OL].[2021-12-2]. https：//mtc.ca.gov/operations/programs-projects/bridges/san-francisco-oakland-bay-bridge.

Robie S L. 1993. National Register of Historic Places Inventory-Nomination：St. Clair River Tunnel.[EB/OL].[2021-12-2]. https：//npgallery.nps.gov/NRHP/GetAsset/NHLS/70000684_text.

Wikipedia. 2020. Montgomery Bell Tunnel[EB/OL].[2021-12-2]. https：//en.jinzhao.wiki/wiki/Montgomery_Bell_Tunnel.

Wikipedia. 2021a. Siloam Tunnel[EB/OL].[2021-12-2]. https：//en.jinzhao.wiki/wiki/Siloam_tunnel.

Wikipedia. 2021b. Tunnel of Eupalinos[EB/OL].[2021-12-2]. https：//en.jinzhao.wiki/wiki/Tunnel_of_Eupalinos.

Wikipedia. 2021c. Dudley Tunnel[EB/OL].[2021-12-2]. https：//en.jinzhao.wiki/wiki/Dudley_Tunnel.

Wikipedia. 2021d. Fritchley Tunnel[EB/OL].[2021-12-2]. https：//en.jinzhao.wiki/wiki/Fritchley_Tunnel.

Wikipedia. 2021e. Germain Sommeiller[EB/OL].[2021-12-2]. https：//en.jinzhao.wiki/wiki/Germain_Sommeiller.

Wikipedia. 2021f. Mersey Railway[EB/OL].[2021-12-2]. https：//en.jinzhao.wiki/wiki/Mersey_Railway.

第2章

隧道破岩新理念

破岩方法是隧道加工的基础，受到各国研究者的重视。早在20世纪60年代末，美国国家科学基金就资助了一项研究计划，希望探寻一种高效节能的新型切割破岩方法。研究人员经过数年研究，最终提出并试验了电火花、电子束、激光、高压水射流、火焰、等离子体等方法，并研究了各种新型破岩方式所需要的破岩能耗。

根据掌子面的岩石特性，隧道破岩可分为两类破岩方式，一类是使用一种或几种方式直接进行破岩，另一类是对于较破碎的地层，首先进行加固处理再进行破碎挖掘。破岩方式可分为机械破岩和非机械破岩两大类。机械破岩主要有滚压、切削、冲击等方式，以及这些方式的组合。非机械破岩包括爆炸、水射流、激光、微波、等离子、高压电、膨胀等多种方式。我们将机械破岩为主、非机械破岩为辅的掘进机称为第四代半掘进机，将非机械破岩为主的掘进机称为第五代掘进机。

破岩方法的突破是实现隧道“工业化”的核心。目前机械破岩的破坏准则或破岩依据都是以强度破坏来衡量，如压破坏、拉破坏、剪切破坏，或者是多种破坏形式并存。机械破岩在磨损、受力、振动、效率等方面对机械结构、材料、工期提出了工程问题甚至是科学问题，现在已达到“瓶颈”，应寻求复合破岩和非对称破岩等新的破岩机理和破岩方式。

复合破岩是指使用两种及两种以上不同机理的破岩。例如，正切刀与斜切刀同时安装在一个刀盘上、刀具与非刀具联合、两种以上非刀具破岩等。对于岩石TBM也需要研究复合刀盘，而现在的TBM刀盘几乎都是单一破岩方式。TBM复合破岩就是充分利用岩石抗拉强度低于其抗压强度这一特性，制造出两个以上的临空面，让破岩更容易，因此研究新型复合破岩TBM刀盘意义重大。现有的复合破岩技术应用都是在极端条件下，还不是隧道作业破岩主流，复合破岩研究进展缓慢。在破岩方式上，需要更多的创新，TBM现有的滚刀压剪破岩方式已经在使用上达到极点，复合破岩是未来硬岩掘进机第二极点。

长期以来，我们仅制造平面刀盘，也曾经使用球面刀盘，但总体来说，没有实现颠覆性的突破。机械加工用的钻头和木工钻都是效率非常高的工具，兼顾钻孔与排出渣屑的功能。轮船推进器叶片螺旋桨也是这个功能，“铲水”与“排水”让船向前行驶。如果我们掘进机的刀盘也设计成叶片形式，在每片叶片的不同位置上安装滚刀，用它来破岩会是怎样的？是否如同电风扇一样。由此提出“非对称破岩”的概念，现在的掘进机刀盘大致是平面对称式，刀具在同一个平面上。因此，隧道掌子面只有一个临空面。如果能让掌子面出现两个及两个以上的临空面，则非常有利于破岩。我们将“非对称破岩”定义为：在隧道掌子面上出现不对称、不同平面的破岩技术。我们可以利用机械设计与制造的特点结合“非对称破岩”理念，创新出新的 TBM 圆形“非对称刀盘”，力图在破岩机理应用上实现突破，TBM 叶片刀盘与螺旋刀盘就是这个思路。

复合破岩侧重于将多种破岩方式集成到一起，例如，水射流和滚刀复合破岩、激光和滚刀复合破岩等。非对称破岩侧重于掌子面形状是否对称，是否有两个或两个以上临空面。复合破岩和非对称破岩这两种思路也可以相互叠加，形成非对称复合破岩方案。

从物体平衡的角度看，地质中的“软岩大变形”和“岩爆”可以被看成一个从原平衡状态到新平衡状态的过程。岩体在被开挖前处于一种平衡状态 (T0 态)，岩体被开挖后，会重回到一种新的平衡状态 (T1 态)。如果这两种平衡状态转变的速度过快会是非常危险的，很容易发生事故或者灾害。这类似于压缩空气罐释放压力的过程，在释放压缩空气时，需要按照一定的流量和速度顺序进行，否则就像“爆米花”过程一样，产生惊天动地的声响和大量气体喷出，震动也非常大。鉴于此，软岩大变形和岩爆的处理应循序渐进，需要一定的“时间”和“流量”，让岩体或土体在较长时间内恢复平衡，不发生剧烈的变化。在这种思想指导下，对于软岩大变形隧道，要提前释放部分应力，继而进行隧道超扩挖，让剩余的地应力继续释放。至于扩挖多少，由地应力大小决定。然后再进行初期支护，让支护一次性成功，不要产生“换拱”返工作业。对于岩爆隧道则应采用硝铵炸药、电磁脉冲、金属膨胀剂等预裂爆破方法以释放应力，降低岩爆发生的级别。

2.1　滚刀斜切破岩

大部分岩石的抗拉强度仅为抗压强度的 15% 左右，可充分利用这一特性，设法实现滚刀对岩石产生“拉裂”或“拉剪”的破坏作用，例如，尽量布置“斜切”滚刀，即让滚刀在岩石表面的“背后”进刀，见图 2.1 和图 2.2。“正切”是指滚刀轴线与所切割岩体表面二者相互平行的位置关系，即滚刀垂直于岩体表面。“斜切”则是指滚刀轴线与所切割岩体表面二者不平行的位置关系，即滚刀与岩体表面存在夹角。对刀盘刀具进行复合破岩设计，就是尽量把现有一个破岩临空面增加到两个或更多。这样做的优点在于：实现了快速破岩；节省了能源消耗；增加大块状渣片数量。不同的岩石种类，斜切滚刀布置的斜度也不一样，这需要通过基础理论研究建立破岩模型，并在实验室进行试验验证。

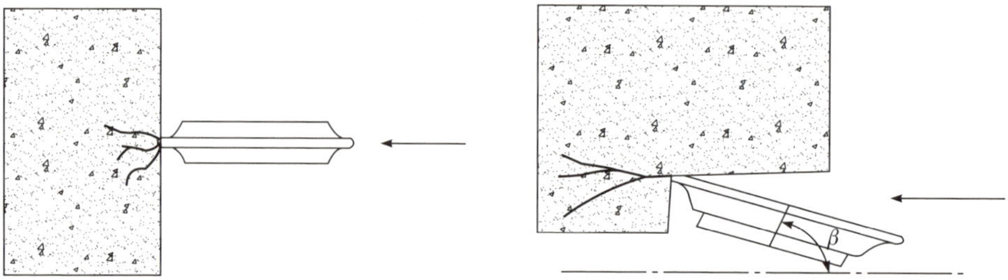

图 2.1　正切滚刀压剪破岩与斜切滚刀拉剪破岩

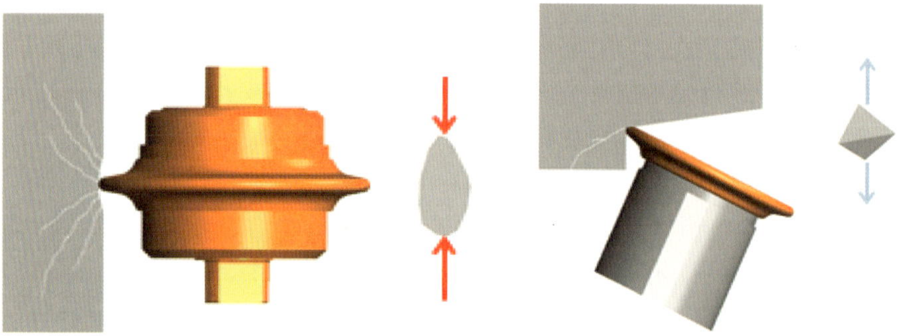

图 2.2　压剪破岩与拉剪破岩

斜切破岩方式与正切破岩方式相比，不仅在受力大小上差别很大，岩渣的形状和尺寸差别也很大。斜切破岩方式需要克服岩石的抗拉力或抗剪力，这就很大程度地减小了刀具受力。斜切破岩方式中，岩石有两个以上的临空面，岩石剥落的效率提高，渣石成块状结构的比较多。正切破岩方式中，岩石只有垂直于掌子面的一个临空面，渣石的形状以片状为主。斜切破岩剥落的渣石尺寸也要大于正切破岩剥落的渣石，从破碎比能的角度讲，斜切破岩较正切破岩耗能少，更具有破岩优势。

此外，斜切破岩会产生更大的剪应力。滚刀接触岩体时二者的位置关系见图 2.3(a)，当仅有一个临空面时，滚刀与岩体接触点右侧的一个小单元的受力状态见图 2.3(b)。由于岩体是一个整体，可认为小单元沿着水平方向 (x 方向) 不发生变形 (ε_x 为零)，滚刀施加给小单元压力 σ_y 和剪应力 τ，忽略垂直于纸面的应力 σ_z。此时，可由广义胡克定律和 ε_x 为零，得出式 (2.1)。

$$\sigma_x = u\sigma_y \tag{2.1}$$

式中，u 为岩石的泊松比。

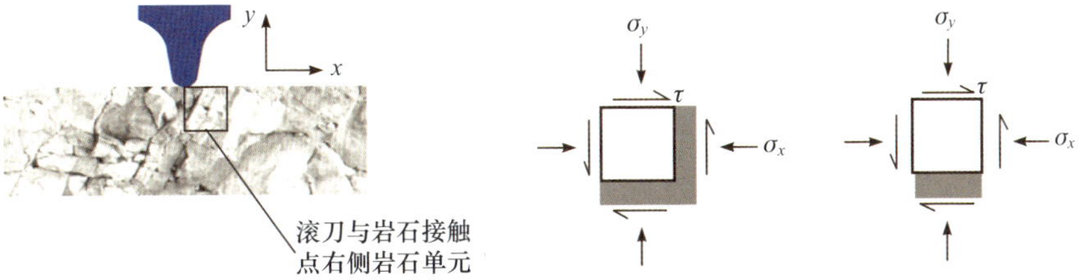

(a) 滚刀和岩体接触示意图　(b) 一个临空面时受力图　(c) 两个临空面时受力图

图 2.3　滚刀接触岩体时的受力简图

进而根据最大剪应力公式可得式 (2.2)。

$$\sigma_{\max 1}=\frac{\sigma_x+\sigma_y}{2}\pm\sqrt{\left(\frac{\sigma_x-\sigma_y}{2}\right)^2+\tau^2}=\frac{\sigma_y(1+u)}{2}\pm\sqrt{\frac{\sigma_y^2(1-u)^2}{4}+\tau^2}$$

$$\tau_{\max 1}=2\sqrt{\frac{\sigma_y^2(1-u)^2}{4}+\tau^2} \tag{2.2}$$

当有两个临空面时，岩体上的滚刀与岩体接触点右侧的一个小单元的受力状态见图 2.3(c)，此时可认为小单元沿着水平方向 (x 方向) 的应力 σ_x 很小 (为零)，滚刀施加给小单元压力为 σ_y 和剪应力为 τ，忽略垂直于纸面的应力 σ_z。此时，主应力和最大剪应力公式为

$$\sigma_{\max 2}=\frac{\sigma_x+\sigma_y}{2}\pm\sqrt{\left(\frac{\sigma_x-\sigma_y}{2}\right)^2+\tau^2}=\frac{\sigma_y}{2}\pm\sqrt{\frac{\sigma_y^2}{4}+\tau^2}$$

$$\tau_{\max 2}=2\sqrt{\frac{\sigma_y^2}{4}+\tau^2} \tag{2.3}$$

对于一个临空面和两个临空面两种情况，当滚刀给岩体的压应力 σ_y 和剪应力 τ 一定时，根据式 (2.2) 和式 (2.3) 中的最大剪应力算式可知，两个临空面时滚刀给岩体的最大剪应力更大 ($\tau_{\max 2}>\tau_{\max 1}$)。

滚刀斜切破岩思路的具体实施方案有正锥形刀盘、反锥形刀盘、花瓣形刀盘和梯形刀盘等多种方式。

1) 正锥形刀盘

设计一种悬臂 TBM，搭载硬岩锥形刀盘，见图 2.4 和图 2.5，滚刀不再是布置在一个平面上，而是与刀盘的旋转轴线呈一定角度，不同位置的滚刀角度不同，从而增加了滚刀破岩时的临空面。

在斜切过程中，刀具与掌子面的破岩轨迹不停发生变化，这就带来刀具对岩石的不断撞击。为减少撞击和振动，硬岩锥形刀盘滚刀轨迹上布置有高度稍低的截齿，见图 2.6。

图 2.4　锥形刀盘

图 2.5　锥形刀盘开挖掌子面

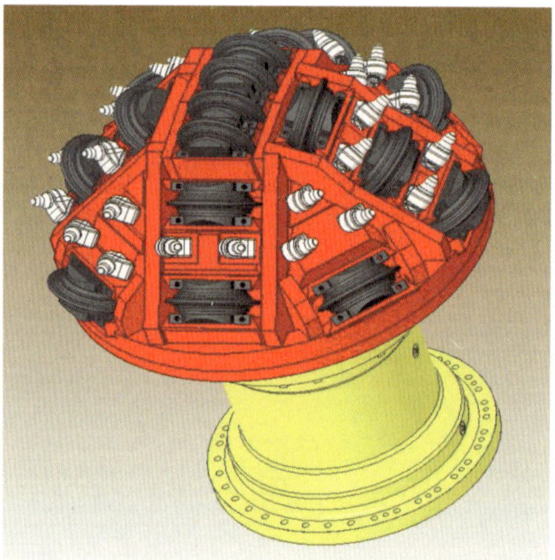

图 2.6　布置全盘滚刀及部分截齿的正锥形刀盘

正锥形刀盘的优势在于“斜切”的应用，虽然在掘进速度上远低于全断面刀盘，但可以节省设备造价与工程成本，而且操作简单，减少人员。在小断面隧道可以使用一个臂作业，如果隧道断面较大，可以使用两个甚至更多个臂掘进。

2) 反锥形刀盘

硬岩反锥形破岩刀盘是一种内凹形刀盘，见图 2.7，相比正锥形刀盘，刀盘周边区域先行进行开挖，降低了围岩应力和岩爆对刀具的损坏。中心区域滚刀为平面布置，正面滚刀为阶梯式布置，所有滚刀与轴向方向平行；正面滚刀采用阶梯式且平行于轴向方向布置，阶梯式布置滚刀破岩，实现了每把滚刀刀刃碾压部位的岩石靠近刀盘外周一侧有临空面，临空面降低了滚刀刀刃碾压部位的围岩应力，提高了破岩效率。另外，平行于轴向布置，使滚刀的推力全部有效作用到滚刀挤压破岩上。刀盘进渣口布置了刮渣的刮板，通过刮板把掌子面上切削的渣块主动刮入溜渣板内，通过刀盘的旋转，溜渣板上的渣块转运至中心出渣口。

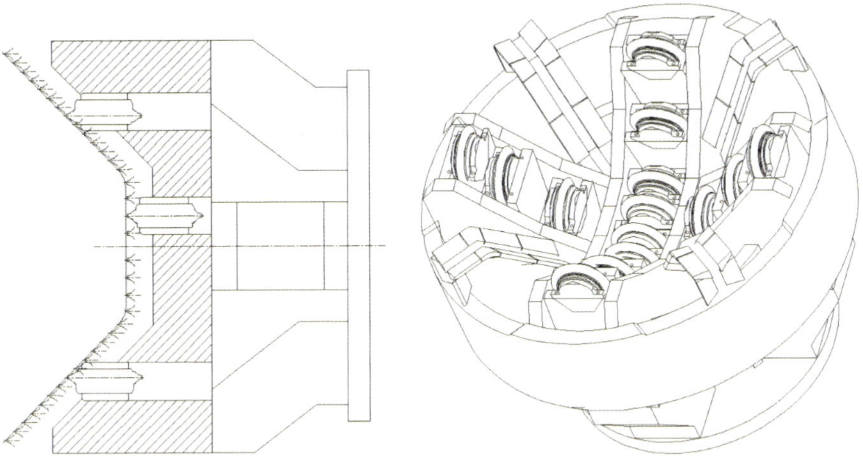

图 2.7　硬岩反锥形刀盘剖视图

3) 花瓣形刀盘 (滚刀可变角度刀盘破岩)

花瓣形刀盘见图 2.8 和图 2.9，其原理是在“花瓣”上布置滚刀斜切岩石，

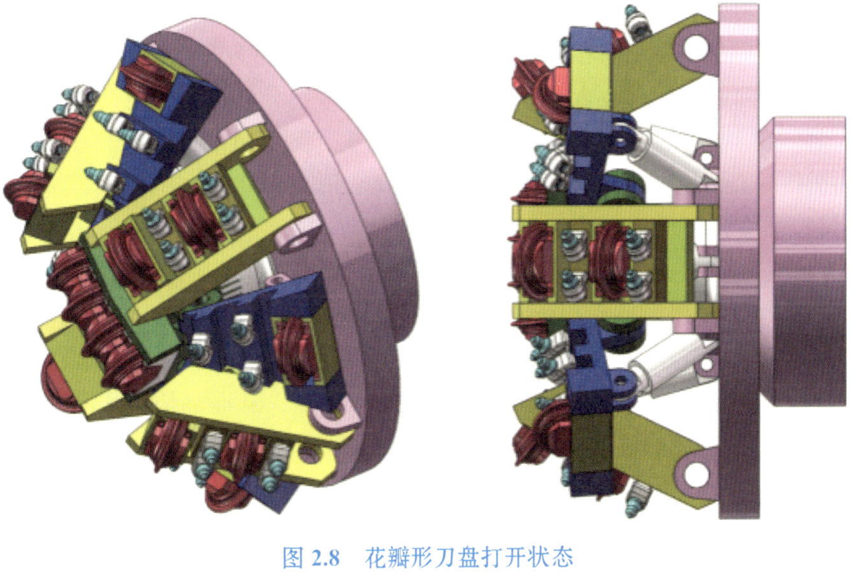

图 2.8　花瓣形刀盘打开状态

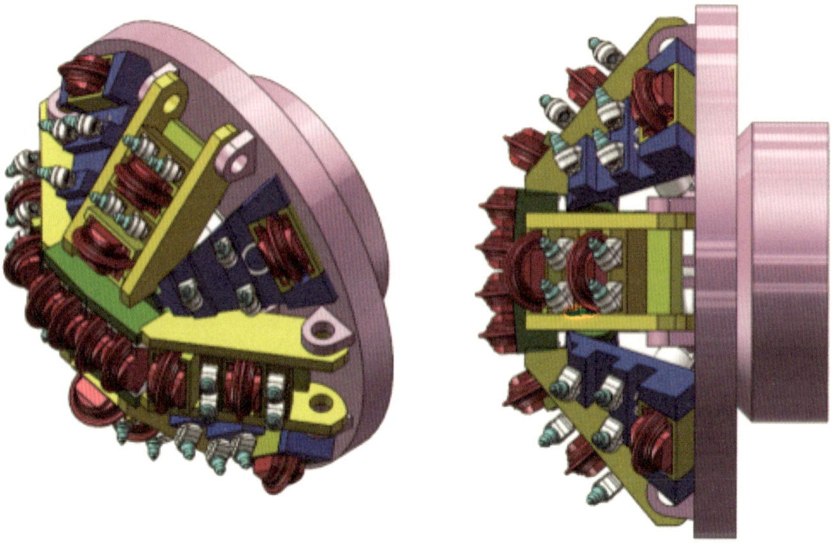

图 2.9　花瓣形刀盘闭合状态

同时在刀盘上布置截齿使得刀盘与岩石的接触面积增大，减小滚刀在斜切岩石时的振动，优化滚刀作业时的受力环境。在每个花瓣形刀盘的后方设计有伸缩油缸，伸缩油缸可推动“花瓣”打开和缩回，由此增大刀盘的破岩面积。这样布置的优点在于：可控制开瓣大小，变径掘进；开瓣后斜切岩石，隧道掌子面的临空面增多，切削快；可适配多种地质，节省成本。

4) 梯形刀盘

梯形破岩是先开挖一个硬岩隧道掌子面超前导洞，应用扩孔 TBM 开挖隧道断面。梯形破岩扩孔 TBM 刀盘为辐条式结构，由多个辐条臂组成，辐条臂可沿刀盘径向伸缩移动；每个辐条臂上设置若干把悬装滚刀，悬装滚刀沿刀盘轴向呈阶梯形布置，形成梯形刀盘，见图 2.10 和图 2.11。超前导洞在掌子面中心制造出一个大临空面，相邻悬装滚刀之间又形成多个破岩临空面，充分利用岩石抗拉强度比较低这一特性，使用滚刀对岩石进行抗拉方面的破坏。

在同样的开挖直径下，扩孔 TBM 刀盘由于正面区域采用斜切破岩，破岩所需推力更小，降低了 TBM 刀盘所需要的刚度，提高了刀盘的使用寿命。悬装滚刀斜切破岩由于临空面的存在，形成的渣片尺寸较大，其原理见图 2.12，采用扩孔 TBM 刀盘掘进会更加节省能量，从而加快破岩效率和节省能量，减少刀具的磨损。

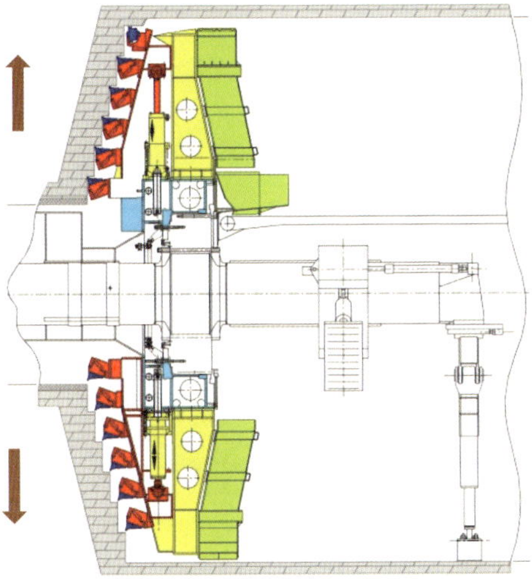

图 2.10　梯形破岩扩孔 TBM

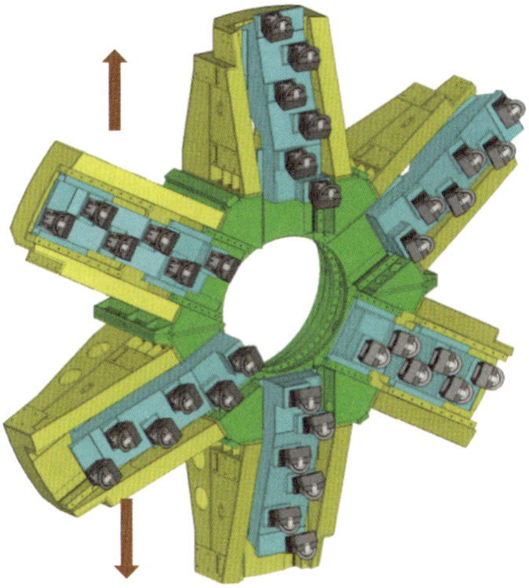

图 2.11　梯形刀盘

图 2.12　梯形破岩原理

2.2　截齿破岩（破土）

在中硬岩以下的地质中，可使用截齿破岩，截齿可以安装在切削头上，见图 2.13，也可以安装在刀盘上，见图 2.14。在刀盘上应该斜向布置截齿，以便剥落岩石。在某些地质中非常适合截齿破岩（破土），我们常见悬臂掘进机在非全断面隧道、煤巷中掘进，但还没有全断面盾构机上全部安装截齿破岩（破土），而常见的是刮刀破土掘进。在全断面盾构机上分别布置两种不同的刀具，也能产生不同的掘进效果，如果布置截齿，盾构机所需的扭矩可能小一些，节省能源，但可能出现若干个同心圆，而在“齿间距”之间存在“土脊”，使盾构机无法前进；如果布置刮刀，需要的驱动扭矩会大一些，耗能会增加。

图 2.13 截割头

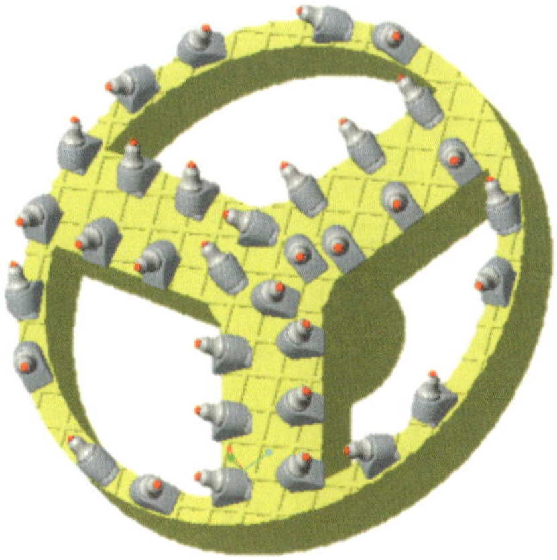

图 2.14 截割刀盘

长杆钻铣岩的破岩部件类似于钻头和铣刀的组合，长杆钻端部为钻头，见图 2.15，可实现钻杆轴向钻进，钻杆的表面布置有破岩截齿，可在与钻杆轴线垂直的方向开挖。长杆钻铣岩机依靠钻杆高速转动实现快速破岩，可沿任意方向切割。开挖隧道时，长杆钻铣岩机先钻入掌子面，钻入一定深度后，长杆钻铣岩机摆动，将掌子面分割成规则的区域块，由于岩石的抗拉强度较低，掌子面被分割区域的长条岩石在自身重力作用下在切缝根部断裂，将断裂下来的大石块取走，实现隧道的开挖。长杆钻铣岩机可以在稳定的岩石地层中实现任意断面的开挖。

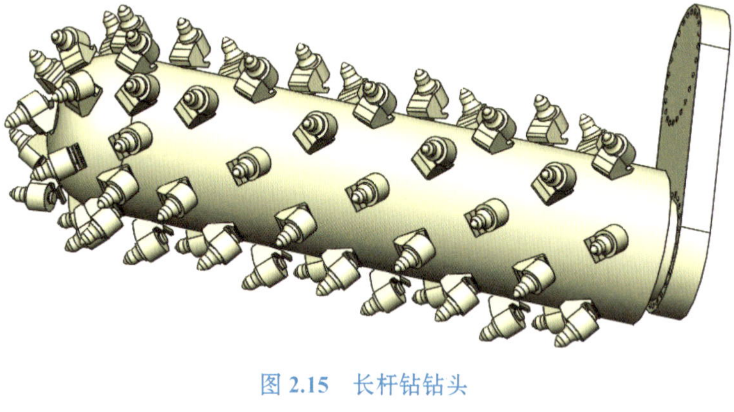

图 2.15 长杆钻钻头

2.3　滚刀与激光复合破岩

利用激光破碎岩石和钻进的设想的提出至今已有 50 余年。激光破岩与传统机械破岩不同，激光破岩受岩石单轴抗压强度、抗拉强度等参数影响较小，而受岩石中成分的含量、表面粗糙程度、颜色、颗粒胶结程度和激光参数等多种因素的影响较大。

TBM 掘进机与激光复合破岩，是在相邻两把滚刀之间增加激光器切割岩体，见图 2.16 和图 2.17，形成两种辅助破岩效果：一是让激光光斑扩大化，使岩石表面产生微裂纹，破坏岩石的抗压强度，让滚刀破岩更省力，并加快破岩速度，降低刀具消耗；二是让激光更聚焦，使岩石熔化成沟槽状，相当于两把滚刀之间有一个“接力”破坏，降低滚刀破岩所需要的推力。

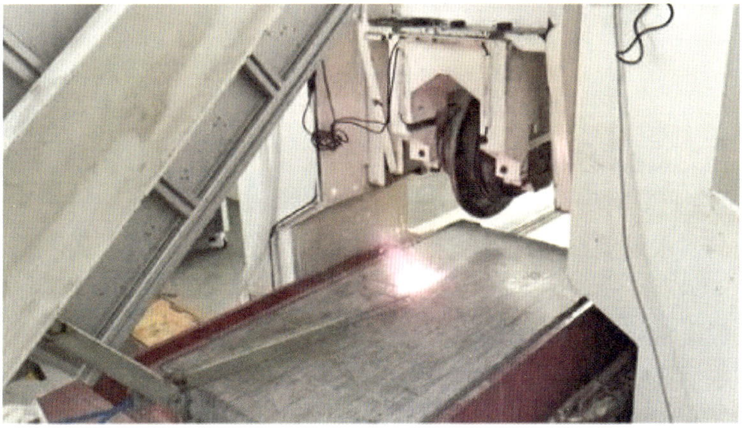

图 2.16　激光破岩试验

激光器光斑面积为 40mm × 60mm，激光功率为 20kW 时，光斑的功率密度为 8.3W/mm^2

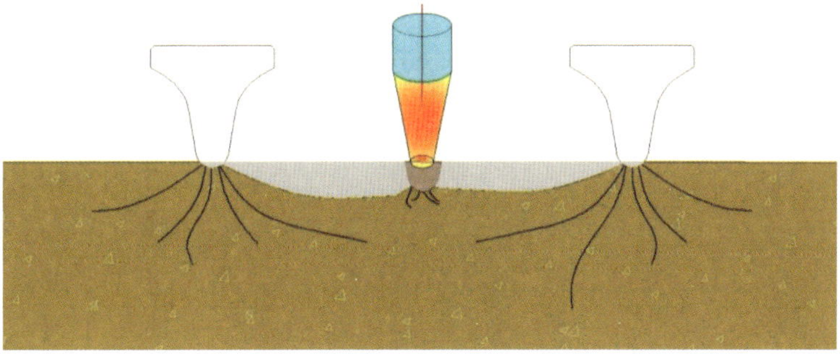

图 2.17　激光与滚刀位置

经实验证实，激光对花岗岩、页岩、大理石等不同类型岩石的破岩效果有所不同。以花岗岩为例，其表面易形成玻璃态物质，玻璃态物质表面反射能力较岩石表面反射能力强，阻碍了激光热量的进一步向下传输，影响了破岩效果。通过加气吹扫后，及时吹走了玻璃态物质，破岩深度效果明显增强。

激光破岩包括激光碎岩、激光熔化岩石和激光气化岩石等三种方式。一方面激光破岩受岩石中化学成分的含量、表面粗糙程度、颜色、颗粒胶结程度、岩性和激光参数等多种因素影响，另一方面激光器的类型和参数也是影响激光破岩效果和效率的重要因素，激光光束参数、扫描速度、光斑尺寸及岩屑清理等因素对激光破岩效果影响较大，激光破岩机理会根据岩石的种类的不同而不同。

激光和 TBM 刀盘联合破岩方案还处于试验阶段，取得的成果主要集中在实验室条件下激光破岩理论研究和数值模拟仿真方面，下一步需要依据前期激光辅助破岩的结果，进行激光和 TBM 刀盘耦合破岩方案设计的研究工作。

2.4 高压水射流破岩

高压水射流技术是指通过加压泵等加压装置将常压水加压至数十甚至数百兆帕，再通过具有细小孔径的高压喷嘴装置输出，形成直径很小、压力很高、速度很快的“水射流”，携带很强的打击能量，作用于岩石表面。当水射流冲击强度大于岩石的抗压强度时，即可对岩石产生破碎作用，从而完成切割、致裂或清洗等操作。

高压水射流技术按照工作方式的不同，目前可以分为连续水射流、磨料水射流、旋转水射流、脉冲水射流等。连续水射流是指对工作面作用时，水射流的压力迅速从低压提升至一定峰值压力，再降低至稍弱于峰值的压力并保持长期、稳定的工作状态。此种水射流的工作结构简单，便于制造，目前应用最为广泛。磨料水射流是指在高压水射流中添加特制的研磨材料（石榴石、柘榴石或石英砂等），对目标产生冲击、切削作用。根据磨料混合方式的不同，可分为前混和后混两种方式。磨料水射流提高了高压水射流的工作效率和品质，但磨料会对喷嘴产生较大的侵蚀作用，喷嘴寿命降低。旋转水射流是指在喷嘴增加旋转装置，使水流产生三维速度，增大冲击面积，适用于水射流清洗作业，旋转装置产生的轴向压力较低，一般无法用于破碎岩石。脉冲水射流是指利用高压水脉冲发生器产生瞬间高压射流，利用水泵加压产生瞬间峰值压力对岩石产生冲击作用，提高破岩能力。

水射流作用于岩石表面，其原有的速度大小和方向均发生改变，即动量发生改变。根据能量守恒定律，水射流原有的动能一部分转化为反弹的水射流能量；另一部分则转化为对岩石表面的做功，被称为射流的水楔作用。当水楔形成的拉应力及剪应力超过岩石的抗拉抗剪的极限强度时，就会在岩石表面或内部产生微裂纹，微裂纹初步形成并交汇贯通后，水流通过渗透或蔓延进入微裂纹空间，在微裂纹的尖端产生应力集中，使微裂纹迅速发展扩大，致使岩石破裂。

高压水冲击岩石等脆性材料时，影响其破岩效果的因素较多，目前普遍认为射流压力、喷嘴直径、喷射距离、喷嘴移动速度等几个方面的影响较大。

射流压力的大小决定高压水冲击岩石表面时所携带的能量，大的射流压力在岩石中引起的应力波和持续水射流冲击应力场更大，岩石更易产生裂纹且扩散速度更快。

喷嘴直径亦是影响破岩效率的重要因素之一。若喷嘴直径过大肯定会影响射流压力的提高，喷嘴直径过小首先对岩石切割的宽度较窄，其次高压水通过此种过小直径喷嘴时，易产生雾化作用，造成能量的溃散，不利于岩石的破碎，因此适当的喷嘴直径在高压水破岩参数的选取中也尤为重要。

喷射距离又称为“靶距”，是指高压水喷嘴至岩石表面的距离。高压水从喷嘴喷出后呈锥形扩散，锥形面称为边界面。边界面与靠近边界面的水流由于风阻等原因速度逐渐降低，但在射流刚出口处有一段距离，这段长度的中心部分各点处的流速均与射流刚出口的流速相等，被称为等速核区。等速核区内，水流的速度最大，所携带的能量最强。喷射距离在等速核区内尽可能大才会发挥水射流的破岩作用，提高破岩效率，因此喷射距离也影响着高压水破岩参数的选取。

喷嘴移动速度反映的是水射流冲击岩石的时间参数。有研究表明，一定时间内，喷嘴移动速度越小，岩石的切割深度越大。伴随移动速度的增大，切割深度明显下降，但伴随喷嘴移动速度的进一步增加，切割深度不会有太明显的减小，最后稳定在某一深度。这表明，破碎单位体积岩石所需的水射流时间是一致的，适当调整喷嘴的移动时间，有利于在切割岩石时向更深的方向发展。

岩石被认为是一种具有微裂纹和特殊构造的物质，当高压水作用于岩石表面时，由于渗透和贯入作用，裂纹缝隙中易受到水压力的影响，水射流的动压转换静压力，对岩石产生压裂作用，致使岩石裂纹迅速扩展直至贯穿，使岩石产生较大的裂缝，降低岩石本体的结构强度，配合机械刀具的挤压破碎作用，更易使岩块从岩石本体上分离下来，显著降低破岩所需能耗，节约成本。德国一家公司开发的水力掘进技术，是以 200MPa 压力高压水射流辅助机械刀具的一种岩石破碎技术，具有降低机械刀具工作温度、减轻刀具磨损 (减轻 30% 左右)、减小截割力 (减幅可达 25%)、降低扬尘等优点。

2.5 滚刀与高压水射流复合破岩

滚刀与高压水射流复合破岩是在两把滚刀之间加装高压水射流机构，用于切槽，与两把相邻滚刀共同作用，使片状岩块剥落，消除“岩脊”。高压水辅助破岩的方式可用于比较坚硬的地层。高压水射流喷射岩石时，一般瞬间形成细小的岩石碎粒且被水流迅速带走，往往形成一条仅仅比高压水射孔直径 (一般为 0.1~4mm) 大两三倍的切割岩石缝，见图 2.18，而不是较大的岩石块。目前已研制出高压水射流辅助破岩 TBM 见图 2.19。

图 2.18　高压水射流辅助破岩系统切割的岩石缝

图 2.19　高压水射流辅助破岩 TBM

如果高压水射流仅使用水不使用磨粒，则切割效率比较低且耗能高。如果在高压水中预先加入磨料，则会造成中心回转接头、高压管路及喷嘴的快速磨损。最合适的方法是在水射流喷口外面再加上一套特制的水砂混合喷射装置进行混合后喷出，见图 2.20。特制的水砂混合喷射装置减少了高压管路的磨损，有利于提高切割效率。水砂混合喷射装置为非封闭腔，压缩空气携带磨料与高压水分别通过不同喷嘴射出后在非封闭腔内混合后加速，由高压水携带磨料喷向岩石表面。

水刀与滚刀的相对位置关系主要有两种：一种是水刀安装于两相邻滚刀之间，一种是布置于滚刀的轨迹线上，见图 2.21。

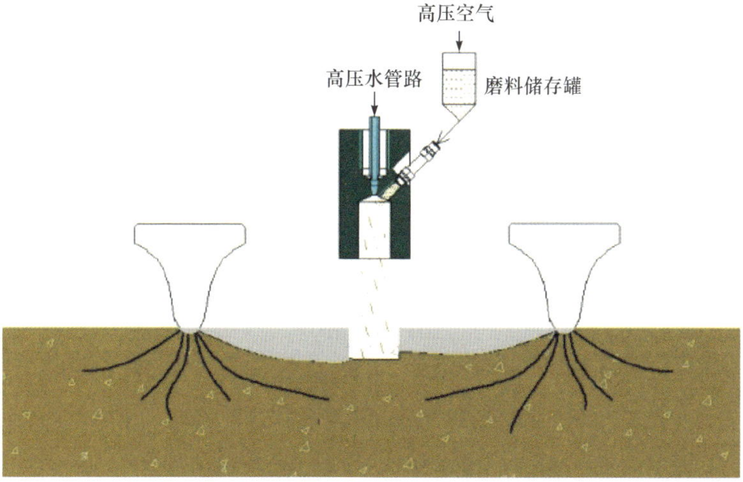

图 2.20　高压水砂混合喷嘴与滚刀位置

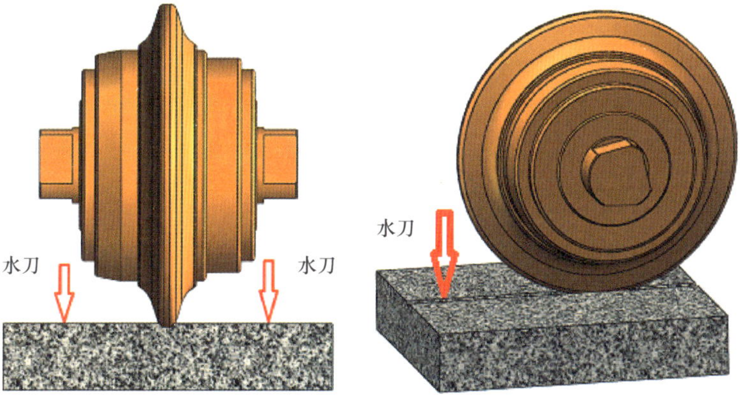

图 2.21　水刀布置位置示意图

2.6　振动增强高压水射流破岩

振动增强高压水射流破岩技术是设想将振动波和高压水射流技术相结合，形成一种流速不是恒定的，而是有一定波动性的高压水流（以下简称波动射流）。该技术试图结合高压水射流的柔性介质、高压高速冲击的优势与振动波的脉冲冲击的特点相结合，达到既能降低高压水压力等级，又能大幅提高破碎岩石等脆性材料效率的目的。

高压水射流的应力波、岩石拉裂等作用怎么反复、频繁地出现呢？我们的设想是将机械波叠加高压水射流，形成脉冲高压水射流，最好脉冲的频率可控可调且能够达到岩石固有频率范围。物体在共振的条件下产生的振幅最大，最容易受到破坏，岩石也是如此。当应力波频率与地层岩石的固有频率相近时，岩石一次谐振振幅大幅提升，再次提高岩石疲劳断裂、拉裂等方式的破岩效率，而达到高效破岩的效果，这就是超声振动在岩石共振点破岩的特点。花岗岩的固有频率在 30kHz 和 35kHz 之间，一般接近 30kHz。当机械振动频率高于 20kHz 时，一般称为超声波振动，是一种机械振动状态和能量的传播形式，高压水输出的应力波频率超过 20kHz 时就是一种超声波振动，即超振射流。超振射流很容易激发岩石共振点，最大化破岩效果。

脉冲高压水的自激振荡脉冲射流技术、脉冲水炮射流技术、电液脉冲射流技术等已有学者进行了研究，但这些技术要么自激振荡频率固定，不易改变，要么脉冲频率较低。将压电陶瓷制成的超声振子(也叫超声波换能器)驱动高压水射流形成超振射流是一个很好的方向。压电陶瓷超声振子在超声波发生器驱动下脉冲频率可以实现在 10~500kHz 范围内。

基于以上设想，我们提出了一个实现波动射流技术的方案，该方案将压电陶瓷超声振子安装在高压水射流喷头的高压腔内(见图 2.22)，高频信号通过电线控制驱动压电陶瓷换能器产生超声振动，经变幅杆放大振幅，通过水波增强

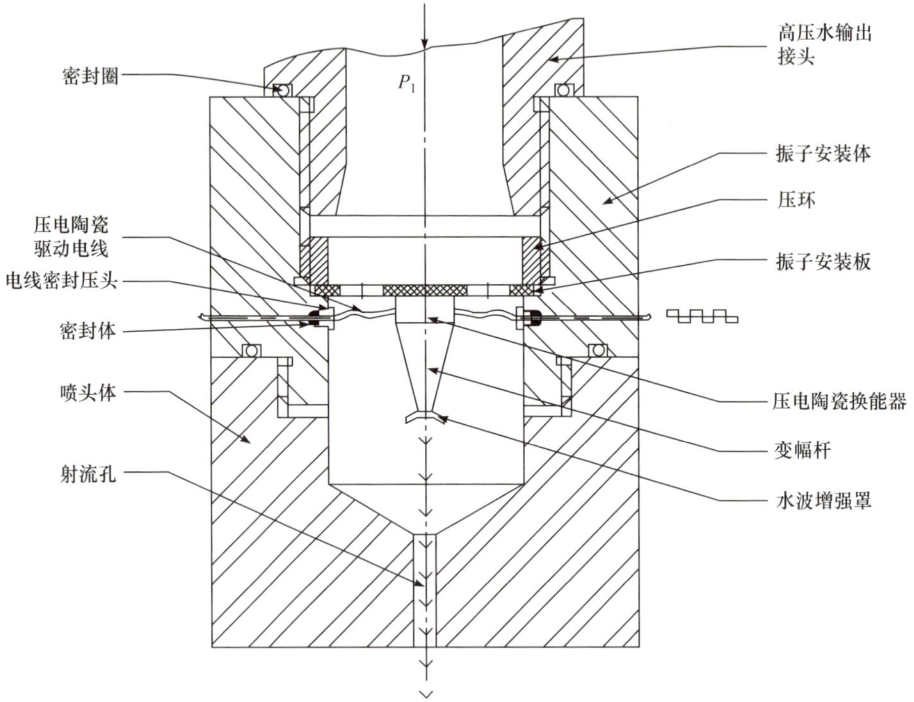

图 2.22　一种直接内置式超声振动辅助的高压水射流喷头示意图

罩定向地将大振幅振动转换成波幅较大的高压水压力波，经喷头体的射孔转化为波动射流。

隧道掘进破岩方式未来将由机械式的“压裂破岩方式”为主转变为以非机械式破岩为主，将隧道掘进破岩作业提高到一种加工级的水平。随着高压水射流破岩技术和大功率超声波发生器技术的不断发展，波动射流技术将逐渐成熟，为第五代隧道掘进技术的实现提供了一个研究方向。

2.7 微波破岩

微波是电磁波谱中介于超短波与红外线之间的波段，它属于无线电波中波长最短的波段，其频率范围从 300MHz(波长 1m) 至 3000GHz(波长 0.1m)。通常又将微波波段划分为分米波、厘米波、毫米波和亚毫米波四个分波段。当微波电磁能量传送到吸波物体内部时，就会使物体的分子互相碰撞、摩擦，从而使物体发热，这就是微波的热效应特性。在微波发射系统中，微波传输装置为关键技术。

微波独立或辅助机械破碎岩石的研究起源于 20 世纪 70 年代的苏联，最初的目的是想为冻土及岩石开挖探寻一种快速和低能耗的作业方法。他们设计了一台综合微波和机械作业优点的联合掘进机 (断面面积为 $10m^2$，微波功率为 450kW) 对磷灰矿石进行了现场开采试验。结果表明，机械掘进、微波掘进和微波 - 机械联合掘进三种模式的掘进速度分别为 0.2m/h、0.15m/h 和 0.7~0.8m/h，而比能分别为 $290kWh/m^3$、$160kWh/m^3$ 和 $60\sim70kWh/m^3$。

虽然微波辅助破岩在实验室实验效果显著，但同样存在很大的问题，需要进一步研究。大功率、长时间微波照射可使岩石性能发生明显弱化，但大功率的微波发生装置价格昂贵，如何降低设备的成本，是今后研究的重点。随着微波功率的提高，照射时间会有所降低，不同岩石对微波的敏感性不同，所以微波辅助破岩具有一定的局限性。目前，微波联合机械刀具破岩的方式为先采用微波辐射，随后利用滚刀破岩。

2.8 微波联合高压水射流破岩

由于岩石作为介质材料与微波电磁场相互耦合，形成各种功率耗散，从而使微波能在岩石内部转化成热能。岩石材料在微波场中所产生的热量大小和岩石种类及其介电特性有关。微波对岩石的弱化是通过加热岩石中的敏感造岩矿物，产生不同组分之间的差异性膨胀，从而致裂岩石，或者加热岩石孔隙中的水，使其汽化膨胀致裂。微波破岩主要与微波功率、辐射时间和岩石种类有关。

高压水射流破岩过程中，水射流的冲击载荷在岩石内部产生应力波和射流准静态压力共同作用使岩石破碎，其中应力波对破岩起主导作用。水射流破岩过程分为两个阶段：第一阶段由应力波诱导岩石内部损伤，形成岩石破坏的主体；第二阶段主要是准静态压力使岩石的损伤进一步增加，岩石内已有的微裂纹等继续扩展，并逐渐形成宏观破坏。

根据微波和高压水射流的破岩机理可知，二者的破岩可以达到相互匹配，通过微波对掌子面进行辐射，弱化岩石性能，再搭配高压水射流进一步使岩石内部微裂纹等缺陷扩展，提高破岩效率。在传统刀盘上布置喇叭口微波释放器和高压水喷射装置，见图 2.23。工作时，先用微波辐射器照射掌子面，照射结束后，收回微波辐射器，启动高压水泵，使高压水射流作用在掌子面，达到破岩效果。

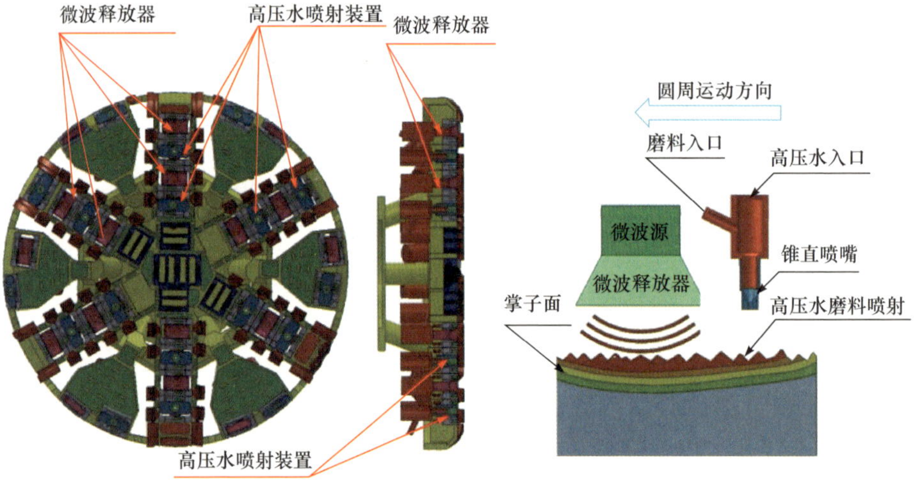

图 2.23　微波联合高压水射流破岩

2.9　微波联合液氮射流破岩

液氮温度极低，约为 −195.8℃。当液氮作用到岩石时，会对温度较高的岩石产生强烈的冻结作用，改变岩石物性，并对岩石产生裂隙损伤，从而降低岩石强度。岩石经微波辐射后，温度升高，内部由于造岩矿物之间热匹配性不同，产生大量的微裂纹及孔隙。此时，采用液氮射流作用于岩石，由于温度的急剧降低，岩石内部的微裂纹及孔隙会迅速扩展，破碎岩石。微波联合液氮射流破岩见图 2.24，掌子面岩体经微波作用后，再用液氮射流喷射掌子面，进行破岩。

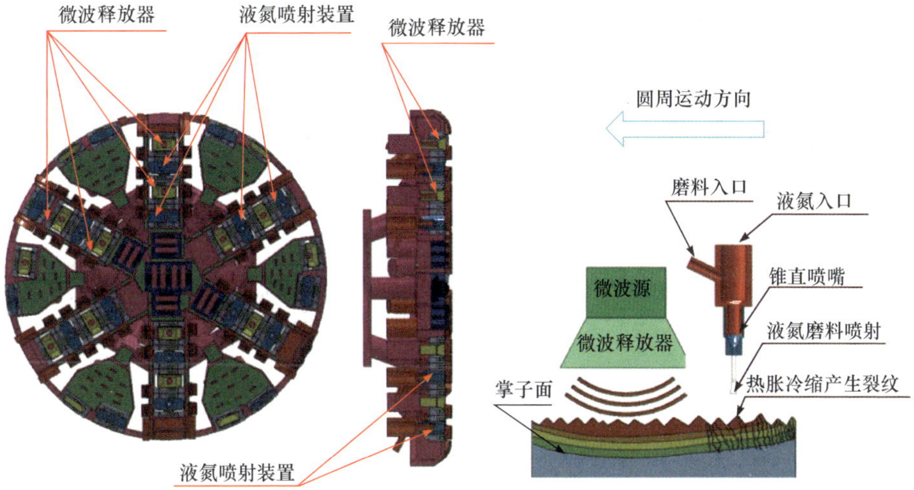

图 2.24　微波联合液氮射流破岩

2.10　微波辅助机械破岩

岩石经微波辐射后，其力学性能明显降低，此时搭配机械刀具进行破岩，可改善刀具损耗、掘进效率低等问题。微波辅助机械破岩的研究起源于 20 世纪 70 年代，随着 80 年代后隧道掘进机作业性能的大幅提升以及钻爆法的快速发展，微波辅助机械破岩的研究工作没有得到延续。随着经济的高速发展，重大建设项目的数量、规模和复杂性都显著增加，工程领域面对硬岩或极硬岩的情况越来越多，因此微波辅助机械破岩技术又逐渐成为研究的重点。

微波配合机械刀具进行破岩，要求将传统意义上封闭式腔体微波炉结构改进成适用于掘进的敞开式微波发射装置。目前，国内敞开式微波发射装置包括微波电源、磁控管、隔离器、耦合器、阻抗调谐器、波导传输线和微波辐射器。微波辅助机械破岩如图 2.25 所示，微波辐射器置于滚刀中心或两侧，工作时，先启动微波电源，微波通过波导传输至微波释放器，由微波释放器将微波照射岩石表面后采用滚刀破岩。

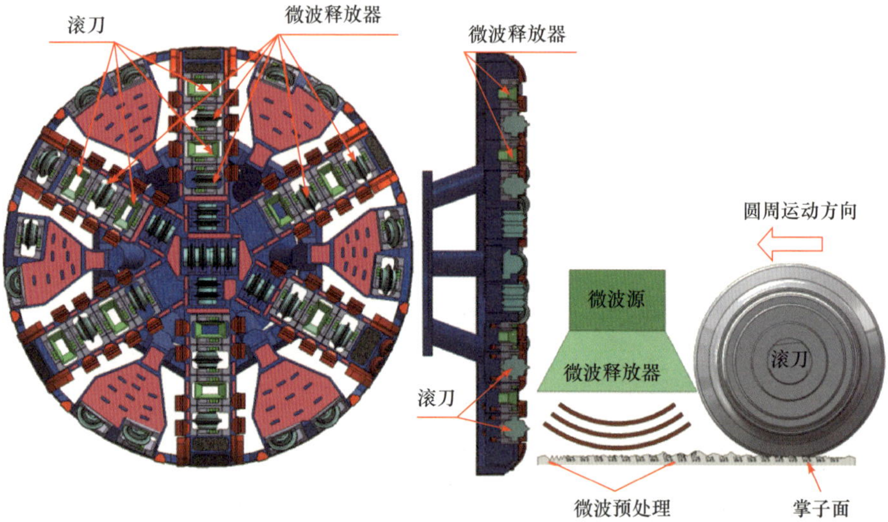

图 2.25 微波辅助机械破岩

2.11 链锯磨削破岩

链锯机已广泛应用于石材的切割加工中，其基本原理是采用硬质合金、人造金刚石等耐磨材料磨削岩石，从而实现破岩。链锯机所用切割链条结构见图 2.26，切割刀具安装在每一节链条的刀座上，由链轮带动刀具切割石材。切割的本质是磨削。

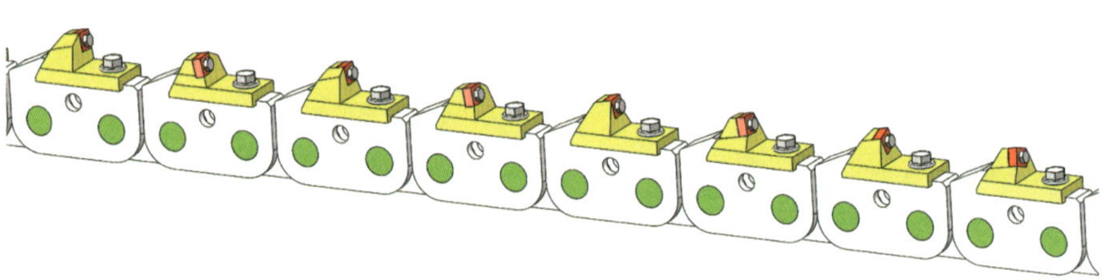

图 2.26 链条结构图

链锯的切割刀片有多种，需根据不同的石材选取刀片的形状和材质。按材质不同可分为钨钢刀片 (YG8) 和金刚石复合片 (PCD) 刀片；按形状可分为方形和圆形刀片。其中 PCD 圆形刀片主要用于硬质大理石切割。图 2.27 分别为装有方形钨钢刀片的链条和圆形 PCD 刀片及刀座。

(a) 方形钨钢刀片　　(b) 圆形PCD刀片及刀座

图 2.27　装有方形钨钢刀片的链条和圆形 PCD 刀片及刀座

链条的刀座是将 8~10 个不同形状的刀座按固定顺序组成一组，每组刀座上的刀片按不同的偏转方向排列，每个刀片负责一定区域的切割，从而形成一定宽度的切割缝隙，见图 2.28。切割缝形状为锥形，保证链条不跑偏。

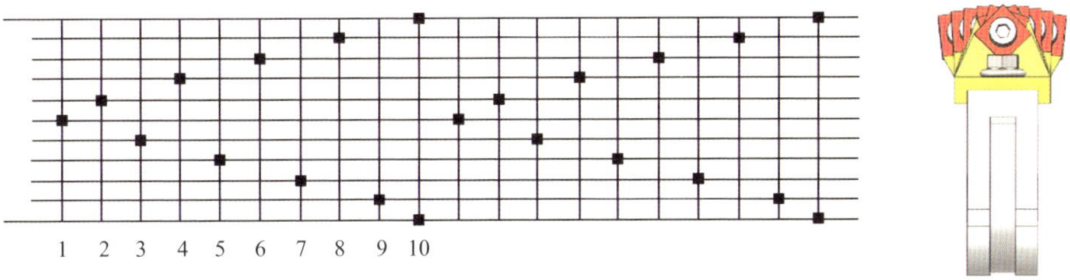

图 2.28　十一线式切齿布线形式

链锯机破岩只能切割出一个缝隙，破岩效率较低，可与劈裂破岩相结合提高破岩效率。每个掌子面用一台链锯机或几台链锯机同时作业，首先根据隧道轮廓切割掌子面，并将掌子面竖直和水平切割成槽，切割完竖向槽之后再切割横向槽，切割横向槽时从底部作业，见图 2.29。最后，用劈裂工具将岩体剥落下来，可利用撬杠插入切槽内，并利用撬杠将切槽后的条状岩石从根部掰断，经装载运出，继而安装拱架。如果切割直缝，则链锯的厚度不宜太大，在有限的功率范围提高链切速度。如果修整弧线，则链锯的厚度宜大些，增加破岩面积，避免刀具轨迹干涉。

在硬岩地层中，也可采用链锯破岩和钻爆发破岩相结合的方法。采用链锯机对隧道的断面轮廓进行切割后，隧道断面内的岩体成为独立的柱状结构，再通过钻爆法炸裂，最后将断面中心区域的岩石去除，见图 2.30。采用轮廓切割的方法，隧道成洞质量好，开挖速度快。

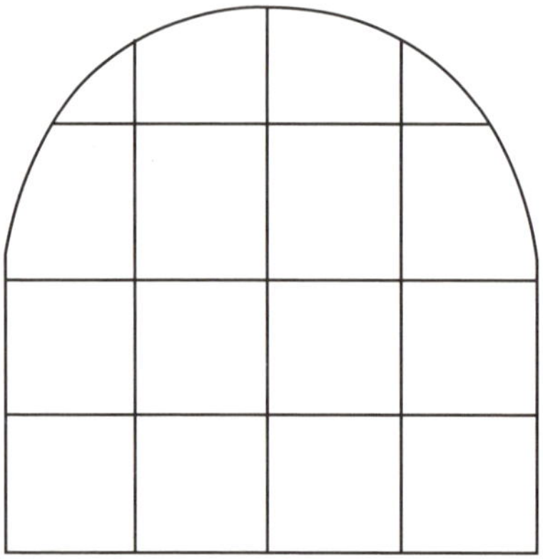

图 2.29 链锯切割轨迹

图 2.30 打孔装药爆破

2.12 破碎带挤压扩孔加固破岩

在遇到软弱破碎带地层时，可以根据地层情况选择挤压成型，见图 2.31。挤压成型可利用设备的挤压力，将破碎的围岩在洞壁上挤紧，及时喷混后使其形成一层坚固的壳体，起到有效的支撑作用。

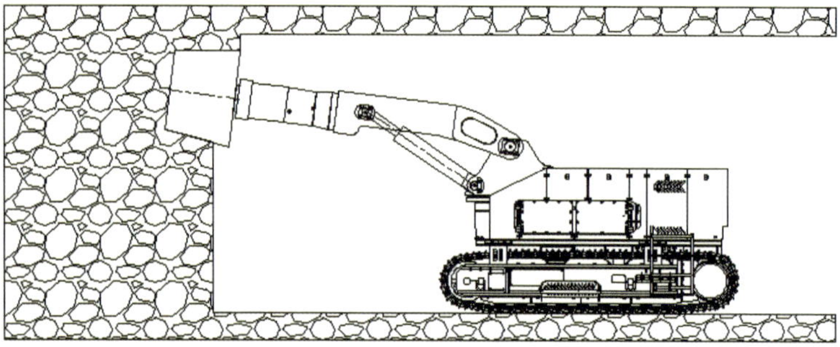

图 2.31 挤压成型

挤压成型设备的工作部件为挤压辊子，其尺寸可根据隧道断面尺寸选择。工作时，挤压辊子先挤入掌子面中心区域，摆臂成螺旋状摆动，挤压辊子与侧向岩石挤压，带动辊子转动，其轨迹见图 2.32。挤压过程中会有渣石从掌子面剥落，当辊子滚压到隧道洞壁附近时，辊子滚压过的岩石挤压密实，形成自身具有稳定性的壳体，形成稳定的隧道洞壁结构。

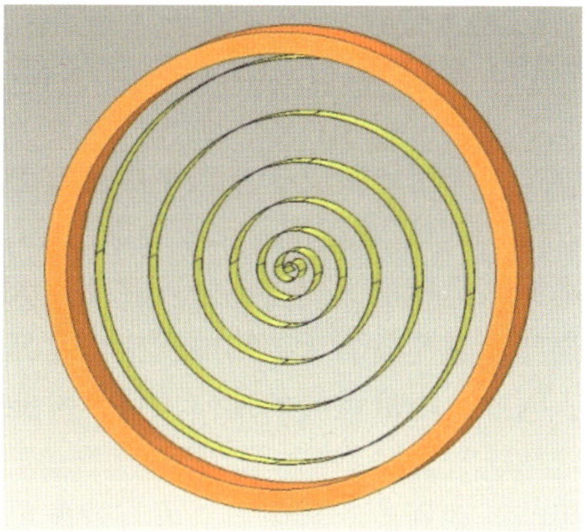

图 2.32　螺旋状挤压轨迹

2.13　软岩大变形超前小导洞释放变形

软岩大变形问题一般出现在变质岩、破碎断层、煤系地层等低强度围岩中，常见的岩石类型有板岩、蛇纹岩、砂页岩、千枚岩、泥灰岩等。软岩大变形一旦发生，将以快速、大量的形式进行，变形速率快，危害大。因此，软岩大变形是目前作业过程中经常遇到的典型问题，随着软岩隧道作业工程的不断发展，越来越多的支护手段和措施被提出，大体分为柔性支护和刚性支护两类。无论是哪种支护方式，都未从根本上改变软岩特性，软岩变形在支护完成后，会持续发生，严重时会破坏支护结构。

根据软岩特性可知，软岩大变形是一个长期持续应力释放的过程。因此在作业过程中，可在工作区域周围布置超前小导洞，使软岩变形向超前小导洞处转移，对工作面前方岩体进行应力释放，降低工作面区域软岩变形等级，对支护结构起到保护作用，如图 2.33 所示。

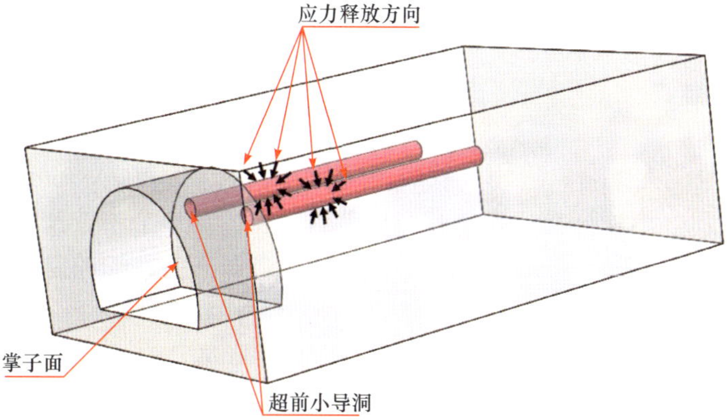

图 2.33　超前小导洞释放应力示意图

2.14 软岩大变形超前振动释放应力破岩

针对软岩大变形隧道，采用传统支护方式不能有效遏制大变形的发生，软岩快速、长期、持续的变形不但影响掘进机作业效率，还对支护结构造成破坏。软岩产生大变形的根本原因是地应力与岩体强度之比过大，从理论上可知，降低地应力或提高岩体强度可避免软岩大变形的发生。提高工作区域岩体强度的难度较大，不易实现，因此，降低软岩的地应力且尽可能保持其原始强度是目前比较可行的方式。

采用机械振动器超前振动释放软岩应力，可有效避免大变形的发生。超前振动释放高地应力示意图见图 2.34，高地应力软岩工作区域开挖前，在掌子面中心钻孔，采用激振器对掌子面中心孔进行超前振动处理，岩体经振动处理后，内部造岩矿物界面出现裂纹，原有裂隙或裂缝发生扩展，造成岩石破碎，释放地应力，最后对超前振动处理后的工作区域进行开挖。

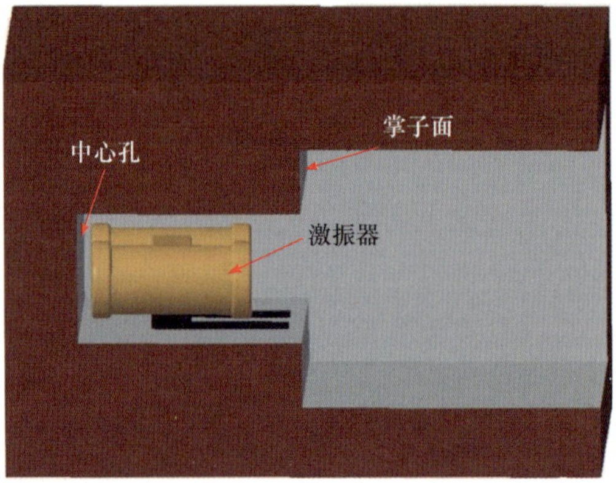

图 2.34 激振法超前释放高地应力

2.15 岩爆超前预处理破岩

针对高地应力灾害，应用了硬岩中钻孔爆破卸压的方法，布孔与安装方式如图 2.35 所示。当炸药在特定钻孔内爆破时，产生高压冲击波和爆生气体，致使炮孔周围岩石过度粉碎，扩大炮孔形成空腔，即产生压缩粉碎圈。之后，冲击波以应力波的形式向四周放射传播。当传播至控制孔时，就会产生应力波的完全反射，导致在爆破孔与控制孔连心线方向产生集中拉应力，从而在连心线方向开裂。然后，高压爆生气体以静态压应力场作用于裂缝表面，使得连心线方向上又形成静态压应力集中，致使裂缝能够继续扩展，最终在连心线方向形成贯通裂缝。因此，超前卸压爆破的结果是在爆破孔周围产生一柱状的压圈粉碎圈，以及贯通爆破孔与控制孔的爆破裂缝面。

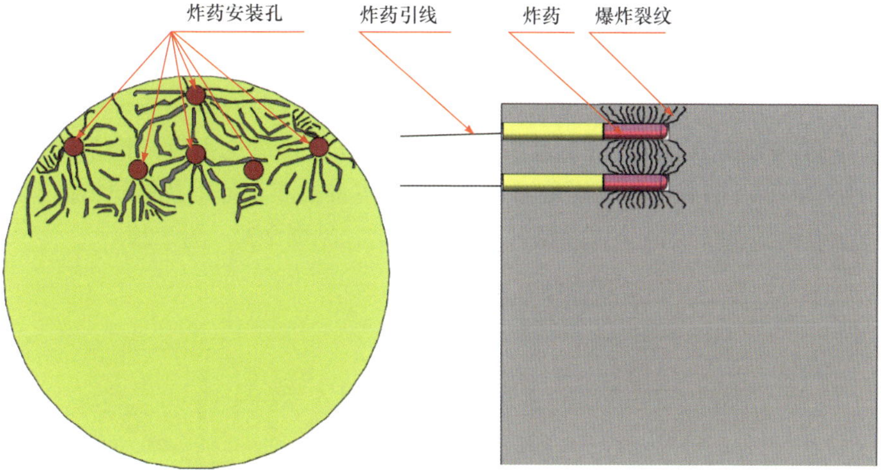

图 2.35　爆破法超前释放地应力

此外，采用可控冲击波可达到类似于钻孔爆破的效果。可控冲击波是基于大功率脉冲技术，利用脉冲电流或金属丝在水或者其他液体介质中高压放电或电爆炸产生的能量将在局部空间内迅速沉淀，并产生大量的离子体，使得整个作业空间剧烈膨胀，从而推动液体介质形成冲击波。采用可控冲击波预裂岩石，通常在工作面上或周围进行布孔，孔内放入可控冲击波释放装置，如图 2.36 所示。在岩石钻孔中，冲击波以柱面波定向作用于周围岩层，岩层既是冲击波的作用

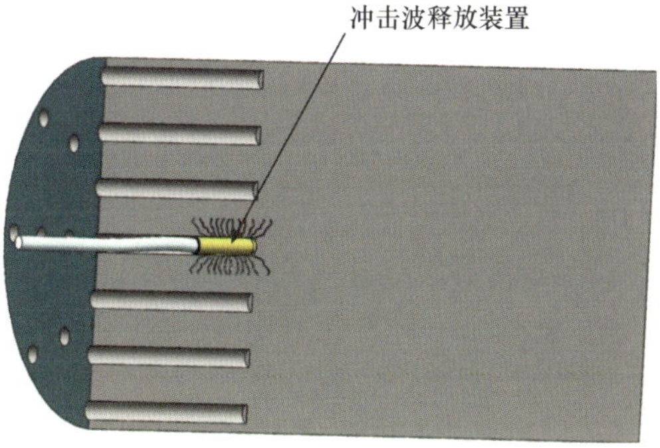

图 2.36　可控冲击波预裂

对象，又是传播冲击波的介质。冲击波发生之后，一方面对岩层做功，破坏岩石结构，产生弱化作用，消耗能量而衰减，另一方面传递剩余能量至下一层岩石，继续作用，达到超前释放软岩的应力，可以降低或避免岩爆，同时弱化岩石性能，提高破岩效率。

2.16 富水砂层挖掘

富水砂层地层掘进容易发生超挖和地面坍塌，控制好出土或排渣有利于隧道掌子面切削破岩。据此，具体方法有减小土压平衡盾构刀盘开挖直径与盾体结构外壁间隙、搭载轴式双螺旋输送机、搭载皮带机渣土称重及体积扫描系统、搭载泥浆循环系统出渣，以保证开挖面的稳定，见图 2.37~ 图 2.39。

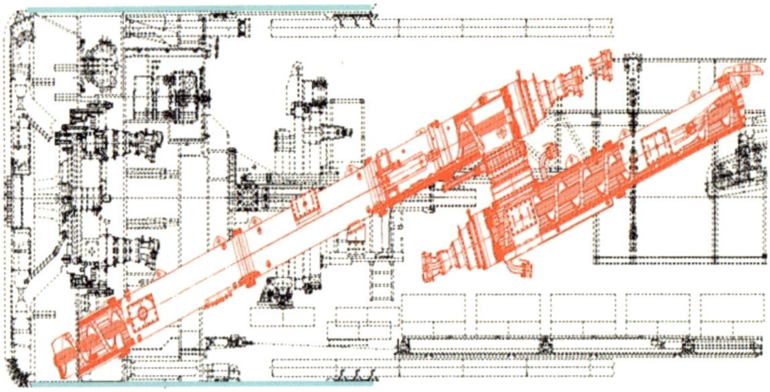

图 2.37　减小开挖间隙及搭载双螺旋输送机

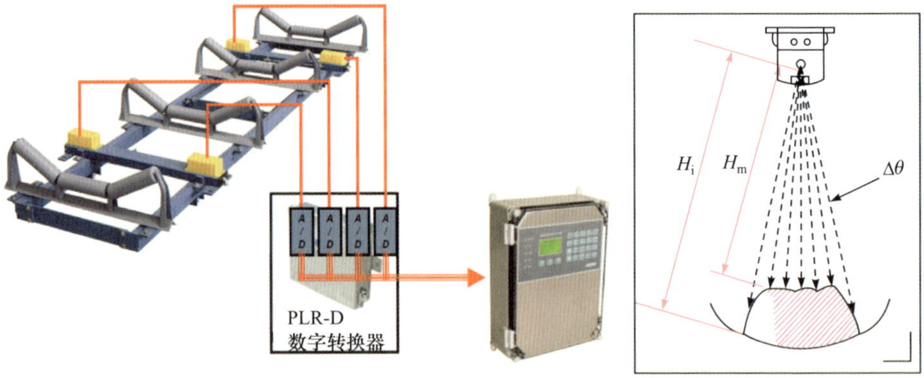

图 2.38　皮带机渣土称重及体积扫描系统

图 2.39　泥浆循环系统出渣

2.17　气泡空化破岩技术

水力破岩的另一种作用是空化汽蚀，即“气泡空化破岩”。空化是一种复杂的可压缩流体动力学现象，水在高速运动过程中，当某处的局部压力低于该处饱和蒸汽压时，形成许多空泡。气泡空化破岩的关键是产生空泡的数量、直径和撞击速度。气泡到达高压区时发生崩溃，充分利用气泡破裂所产生的能差，撞击岩石表面，使岩石产生微裂纹。在高速的射流中，出现气泡，这些气泡碰到掌子面的岩石上就会破裂（气泡爆炸），在岩石表面上形成局部的冲击力，此冲击力远远超过岩石的硬度（或强度），从而使岩石破碎，见图 2.40。

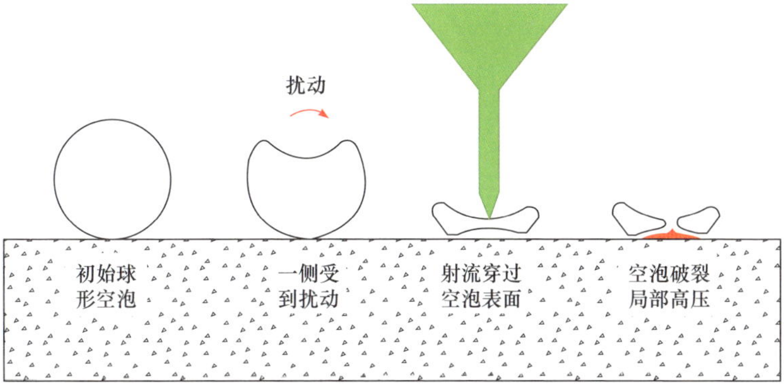

图 2.40　气泡空化破岩过程

2.18 破碎铲与破碎锤破岩

如果岩层节理发育，可采用钻爆法时，因地质破碎而爆破效果差，洞壁也不光滑，需要回填混凝土。如果使用滚刀或截齿破岩则刀具因掌子面不平而产生撞击，导致刀具不正常损坏。因此，在一些地质范围内，宜采用破碎锤或破碎铲破岩，尤其是破碎带可选择使用。当岩石较硬且为较大块状时，可以使用破碎锤破岩。当岩石较破碎时，可用破碎铲与冲击器一起斩断破碎带。

2.19 霹雳冲击破岩

霹雳冲击破岩采用三种破岩方式组合破岩，将掌子面分为三个区域，即中心区域、中间区域和边缘区域。掌子面中心区域采用撞击破岩，见图 2.41，通过撞击器撞击中心区域岩石，撞击器的原理与潜孔锤相似，使中心区域岩石产生裂纹剥落。掌子面中间环形区域的岩石采用滚刀破岩的方式，滚刀破岩时刀刃垂直挤压岩石并贯入岩石一定深度，滚刀滚动挤压岩石，使岩石不断地从掌子面剥落。在掌子面的边缘区域采用斜切破岩方式，斜切破岩抵抗的是岩石的抗拉强度，由于岩石的抗拉强度明显低于岩石的抗压和抗剪，所以斜切破岩方式破岩更容易，破岩效率更高。

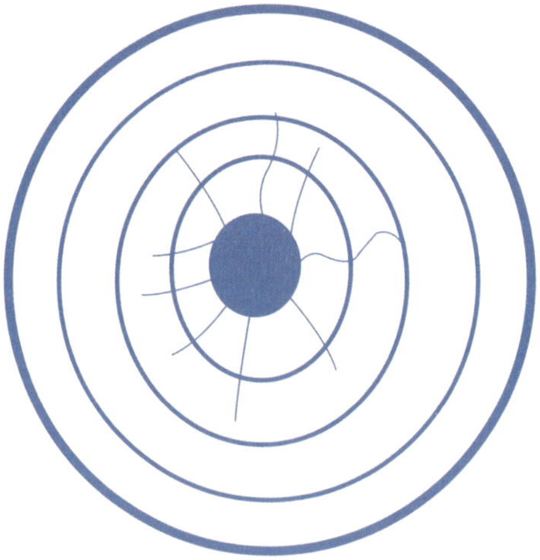

图 2.41　中心撞击破岩

另外一种霹雳冲击破岩方式是冲击和滚刀复合破岩，其原理是在刀盘中心设有冲锤，先将掌子面中心和四周的岩石冲击出裂纹，刀盘上的滚刀再碾压已有裂纹的岩石，提高滚刀的破岩效率，见图 2.42，该设备的工作过程可分为四步：

(1) 冲锤处于位置Ⅲ，电磁铁失电，液压油蓄能器开始放油，蓄能器和油泵一起供油将冲锤快速加速。

(2) 冲锤被加速至位置Ⅱ，蓄能器停止放油，仅由油泵供油，液压杆速度降低和冲锤分离，冲锤被抛出。

(3) 冲锤冲击岩石后反弹，停止到位置Ⅰ处，液压杆伸出至位置Ⅰ处，电磁铁得电将冲锤吸住。

(4) 液压杆缩回至位置Ⅲ，蓄能器蓄能，准备开始下一次冲击。

不同于常规 TBM 单纯依靠压裂岩石的破岩机理，冲击和滚刀复合 TBM 利用了高硬度岩石不耐冲击，在冲击载荷下易形成扩散型裂纹的特性，首先将硬岩冲击出裂纹，降低滚刀破岩难度，可提高滚刀破岩效率，减少滚刀磨损量和换刀量，降低 TBM 的功率及能耗，提高刀盘和主轴承等部件的使用寿命。

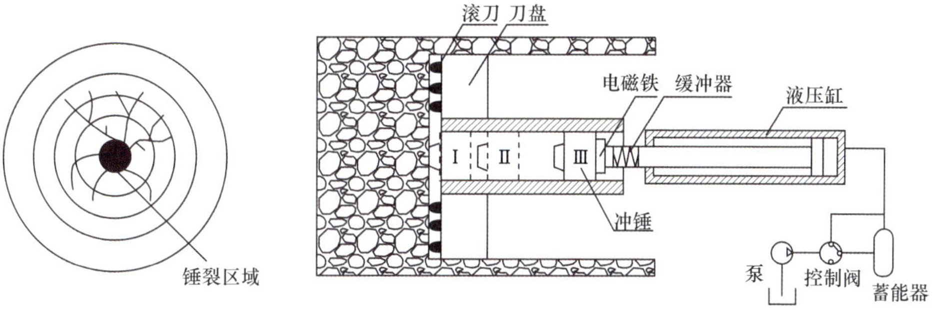

图 2.42　冲击和滚刀复合破岩 TBM 示意图

2.20　化学破岩

目前，除了传统机械破岩和一些利用其他形式的新型破岩方式外，在一些特殊作业环境下(对噪声和振动控制要求较高，不能采用大型设备及爆破法进行作业)，还会利用金属膨胀剂、岩石膨胀剂等方式进行破岩。这些新型破岩的作业流程为：首先，在掌子面采用“梅花状”布孔，中心为隔振孔，四角为安装孔，如图 2.43 所示。金属膨胀剂是一种装有金属混合物的胶囊状物体，掌子面布孔后插入金属膨胀剂，随后，装入砂石混合物和锚固剂，用以密封固定金属膨胀剂。最后把专用电线连接到启动装置，利用启动装置提供瞬间大电力，大电力冲击到膨胀剂时，瞬间在胶囊内部生成超高温和超高压，使装在胶囊里的金属混合物间发生反应产生高频等离子，反应过程中发生喷射式体积膨胀，以此热膨胀能量破碎岩石。

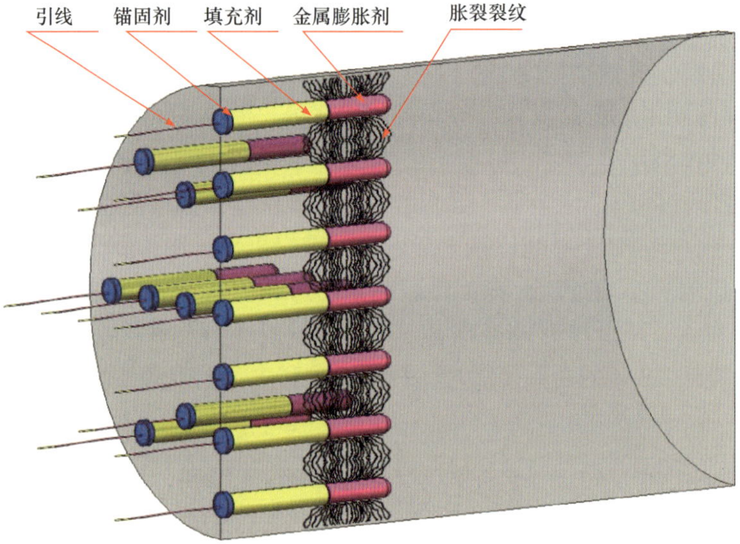

图 2.43 金属膨胀剂破岩示意图

岩石膨胀剂是一种通过物理或化学反应引起体积膨胀的材料，主要成分是生石灰，还含有一些按一定比例掺入的化合物催化剂。其破岩机理为利用装在钻孔中的岩石膨胀剂加水后发生化学反应，产生体积膨胀，将岩石破碎。

上述破岩方式均能有效地控制爆破振动，适用于对振动要求较高的作业环境。

2.21 链锯与滚刀复合破岩

在硬岩底层中，尤其是岩石的脆性较差时，相邻滚刀间的岩石由于裂缝贯穿能力差，滚刀破岩时很可能出现岩脊，导致破岩速度下降，还有可能损坏刀具。在这种情况下，设想在两把相邻滚刀间增加链锯设备，链锯在滚刀间的岩石上切割出一条窄缝，然后滚刀在已有裂缝的岩石上挤压，使破岩难度降低。链锯与滚刀复合破岩，链锯在掌子面切割出缝隙，滚刀挤压岩石使缝隙迅速延伸到链锯切割的缝隙，渣片从掌子面剥落。链锯与滚刀共同破岩，链锯的破岩量小，只需要切割出一条很窄的缝隙，滚刀挤压岩石时，链锯切割出来的缝隙能大幅度提高滚刀挤压出现的裂缝的延伸速度，使裂缝贯穿更容易，降低极硬岩条件下的破岩难度，见图 2.44。

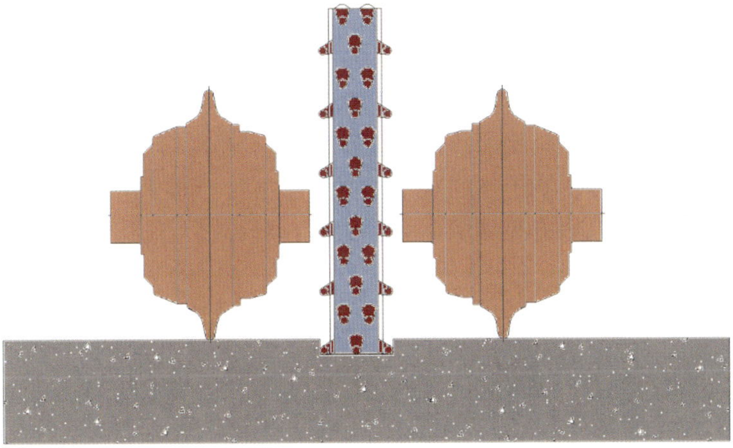

图 2.44　链锯滚刀相对位置

2.22　生物破岩

目前有研究人员在研究生物破岩，即利用生物生长过程中对岩石的破坏作用进行破岩。

2.23　液态二氧化碳破岩

液态二氧化碳破岩已经应用于开山工程，引入隧道爆破需要进行工程试验和工程安全验证。液态二氧化碳相变致裂岩石技术的原理是液态二氧化碳在空间有限的主管内受热时，会在极短的时间内发生相变，变成气态二氧化碳，此时二氧化碳的体积会迅速膨胀几百倍，管内压力不断升高，当压力达到定压泄能片破坏压力时，泄能片破碎，管内高压二氧化碳流体对岩石进行爆轰冲击，岩石在冲击作用下产生裂隙和初始裂纹，裂隙和初始裂纹在持续相变的气态二氧化碳作用下向钻孔周围岩体进行扩展，使岩石损伤进一步扩大，达到破碎岩石的目的。

2.24 氢能量爆破破岩

氢气质量轻，化学性质活跃，有的工业制造过程既产生氢气，又需要氢气，新能源动力就应用了压缩氢气。我们现在提出利用氢气容易膨胀的性质，可以爆破坚硬物体，如爆破岩石进行隧道建设或破除山体等。隧道作业现场可以利用电解水就地制氢，然后将氢气压缩到合适的容器中。在对岩体打眼后，将氢容器插入隧道钻孔中，使用远程控制装置引爆氢容器，对岩石产生冲击进而使岩石破裂。引爆氢容器使压缩的氢气迅速膨胀挤裂岩石，这样使用氢气相对于氢气爆炸更安全。具体流程见图 2.45，主要有电解水、压缩氢气、插入钻孔、远程爆破和出渣等工序。

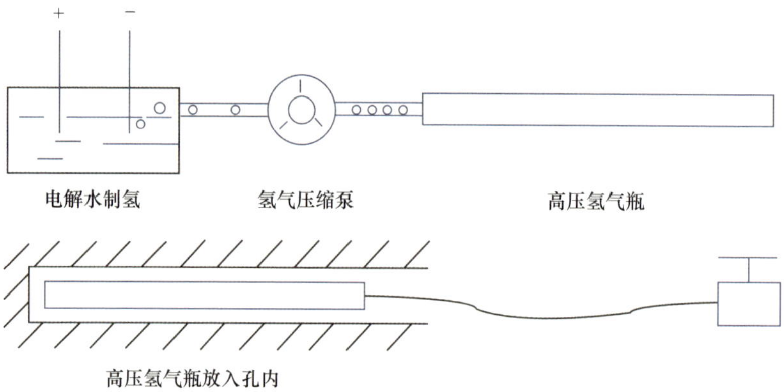

图 2.45　氢能破岩作业流程图

2.25 高压电磁脉冲破岩

电磁脉冲技术是基于大功率的脉冲技术，利用脉冲电流或金属丝在水或者其他液体介质中高压放电或电爆炸，产生的能量在局部空间内迅速沉淀，并产生大量的等离子体，使得整个作业空间剧烈膨胀，从而推动液体介质形成冲击波，冲击波会以柱面波定向作用于周围岩层，岩层既是冲击波的作用对象，又是传播冲击波的介质，见图 2.46。冲击波发生后，一方面对岩层做功，破坏岩石结构，释放岩石应力，对岩体产生弱化作用；另一方面传递剩余能量至下一层岩石继续发挥作用。利用新型高压电磁脉冲破岩技术对硬岩预裂处理，可提前释放岩石内部所储存的地应力，降低“岩爆”等地质灾害发生等级。同时利用高压电致裂原理，使完整岩体破碎，更利于破岩作业，降低金属刀具异常磨损的可能性，进而降低施工成本，大幅度提升施工效率。

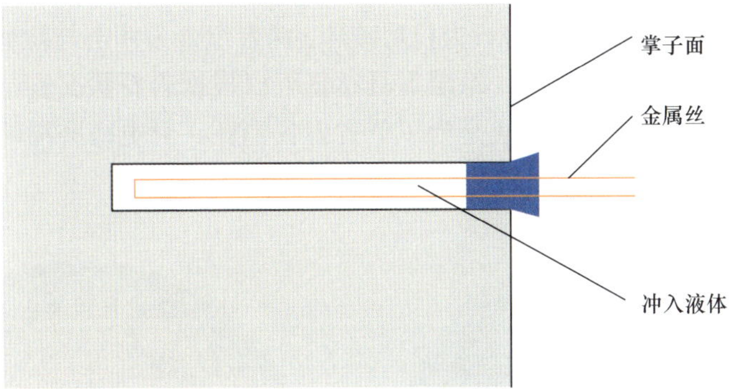

图 2.46　高压电磁脉冲破岩示意图

2.26　高压风破岩

有科研团队开展了 15MPa 以上压力的高压风加砂破岩研究，实现工程应用还需时日。

2.27　高温热气流破岩

美国加利福尼亚的机器人公司公布了一种名为“Swifty”的破岩设备，可以在非接触状态下利用热能破碎岩石，实现硬岩隧道的掘进。Swifty 使用了超过 982℃的超高温气体，通过热散裂技术在硬岩中实现破岩挖掘。这是第五代掘进机的首次应用，尽管耗能较大，但作为非接触、非刀具破岩已经开始工程应用，利用该技术在苏城 (Sioux) 的石英岩层中开挖了长约 12.5m 的导洞，之后在石英岩中成功掘进了一条 212.5m 的隧道，掘进速度达到 1.5m/h。

2.28　刀具冲击与拉剪复合破岩

作者设计了一种锥形多层布刀破岩装置，它具有刀具高频冲击与刀具拉剪复合破岩功能。这个高频冲击是作者想要得到的一种功能，所以对刀具本身有耐冲击要求。在锥形刀盘正面安装正滚刀，在锥形刀盘侧面偏心安装多层分块镶齿环形刀，首先使用滚刀在正面推进掌子面一定厚度，然后进行上下或左右摆动，这时正滚刀已经不参与岩石切削，环形刀因为偏心安装所以产生振动，依次对岩石进行冲击破坏，加上刀盘的旋转对岩石进行剪切破坏。刀盘呈锥形增加环形刀破岩临空面，其岩石为拉剪破坏，两者组合为冲击与拉剪复合破岩，掌子面可能是弧形面或直面，每层刀具布置可以根据岩石状况进行调节，偏心量大小也可以调节，每环分块是为了节省刀具消耗，只更换磨损的部分即可，不需要整环更换。带冲击破岩的锥形刀盘见图 2.47。

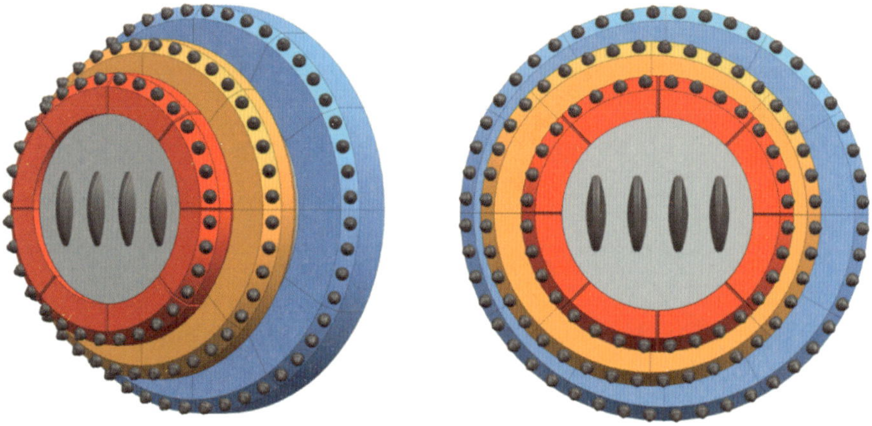

图 2.47　带冲击破岩的锥形刀盘

2.29　高速冰粒破岩

高速冰粒钻机是一种将高压空气和冰粒相结合的复合破岩设备，其示意图见图 2.48，高速流动的空气驱动冰粒冲击岩石，高速冰粒撞击岩石使其破裂。岩石在被撞击的同时，也吸收了冰的冷量，局部温度会降低形成内应力。高压水射流破岩是以水（有时含磨料）为介质冲击破岩，冰粒作为固体冲击力更大，破岩效率会更高。此外，可采用液氮或其他制冰设备制造冰粒，成本较低。冰粒不会对环境造成污染，作业环境良好。钻孔深度不断变化时，冰粒喷嘴要不断向前移动，相比采用钻杆打孔时需要多次接长钻杆的做法，冰粒钻孔更为简便。

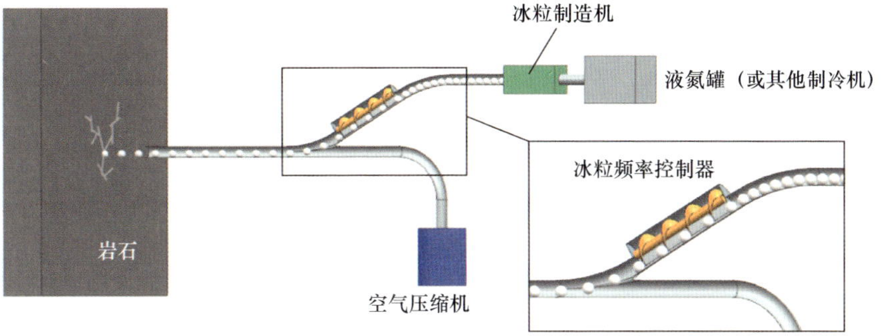

图 2.48　高速冰粒钻机破岩示意图

第3章

隧道加工新装备

根据隧道地质条件和隧道截面形状的不同，选择第 2 章中的某一种或几种破岩基本方法，设计出相应的机械装置，就形成了隧道加工装备。例如，对于软岩地层的马蹄形断面隧道，可采用滚刀和切削刀破岩方式，结合超前破岩刀盘和多刀盘破岩相结合的机械装置，就形成了软马盾构机。隧道地质条件多种多样，破岩方式多种多样，机械结构多种多样，使得隧道加工装备多种多样。本章介绍多种 TBM、马蹄形盾构、链锯机等隧道加工装备，其中一些是尚未制造出的新型装备。

3.1 双切削 TBM

3.1.1 双切削 TBM 刀盘结构

双切削 TBM 刀盘布置有挤压滚刀和斜切滚刀两种形式，挤压滚刀布置在刀盘的中心区域，斜切滚刀布置在刀盘的边缘区域。挤压滚刀布置在同一个平面上，开挖掌子面为平面形式。边缘区域的斜切滚刀呈阶梯布置，越靠近外缘的斜切刀沿刀盘轴线方向上距离平面掌子面越远，刀盘开挖的掌子面就呈现出中心区域为平面，边缘区域呈阶梯状的掌子面形式。双切削 TBM 刀盘开挖的掌子面较平面掌子面更稳定，不容易出现掌子面坍塌情况，如图 3.1、图 3.2 所示。

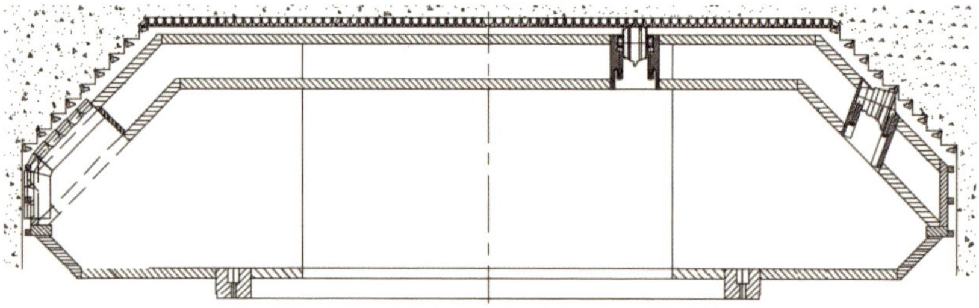

图 3.1　刀盘结构

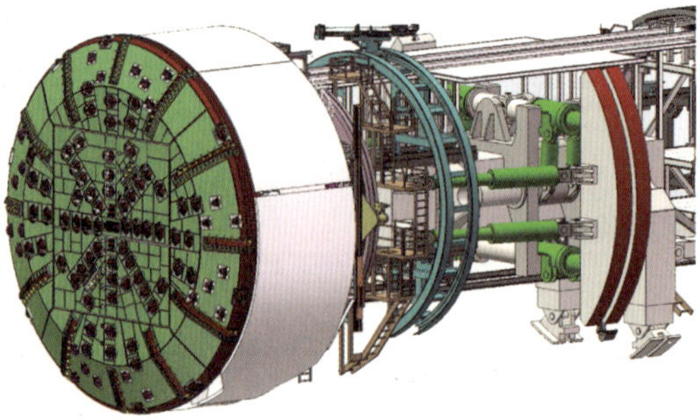

图 3.2　双切削 TBM

3.1.2　双切削 TBM 特点

斜切刀具破岩较挤压破岩所需载荷小，刀盘中心区域布置挤压滚刀，边缘区域布置斜切滚刀，有效减小大直径刀盘边缘区域的变形，提高刀盘的抗疲劳能力。双切削刀盘结构成锥形结构，中心区域先贯入岩石开挖，为斜切破岩提供沿隧洞径向的自由空间，边缘斜切刀具沿隧洞轴向依次布置，使每把斜切刀具都有一定长度的破岩范围，使刀盘周边区域破岩难度降低，缓解大直径刀盘周边区域破岩难、破岩慢的难题。

双切削 TBM 适合在较完整的地层中掘进，隧洞直径越大越能发挥双切削 TBM 的破岩优势。为了实现双切削 TBM 刀盘的斜切破岩功能，刀盘边缘的斜切刀具需要在隧洞轴向较长范围内布置，增加双切削 TBM 刀盘的轴向长度，使刀盘暴露的围岩中的面积增大，刀盘的驱动扭矩增加。此外，由于刀盘整体厚度增加，在不稳定地层中掘进时增大了卡刀盘的可能性，在围岩情况较差或地质条件不明确的条件下不建议使用双切削 TBM 进行隧道挖掘。

当然，斜面上的滚刀还可以与刀盘平面部分的滚刀方向一致，这样的优点是斜面滚刀破岩的岩渣体积要大于平面滚刀的破岩岩渣。

3.2　双结构 TBM

传统敞开式 TBM 主机区采用安装钢网片、钢拱架、钢筋排、锚杆及喷浆等工艺进行初期支护，在适合的地质中掘进时具有作业灵活、掘进效率高等优点。但遇长距离断层破碎、软弱围岩以及岩爆频发地质时，掘进效率低，作业风险高，主要体现在以下几方面：

(1) 主机区难以及时封闭围岩，大量落渣带来清渣工作量大，见图 3.3；

(2) 对不良地质的支护处理占用大量掘进时间；

(3) 撑靴处易出现塌腔或破碎围岩，围岩无法为撑靴提供支撑反力，见图 3.4；

(4) 岩爆时，尤其在强烈岩爆洞段，人员及设备裸露，安全风险高。

护盾式 TBM 主机区采用管片支护，人员及设备在管片的保护下进行作业，在长距离断层破碎、软弱围岩以及岩爆频发地质时，较敞开式 TBM 在掘进效率及作业安全性方面均具有一定优势，但其缺点是盾体长，卡机风险较高且处理时间较长。因此需结合两种机型的优点，研究新模式 TBM——双结构 TBM。其定义为：兼具敞开式 TBM 撑靴结构与盾构管片推进油缸撑靴结构，可以分别实现钢拱架支护和管片支护的 TBM。

图 3.3　TBM 上部大量落渣

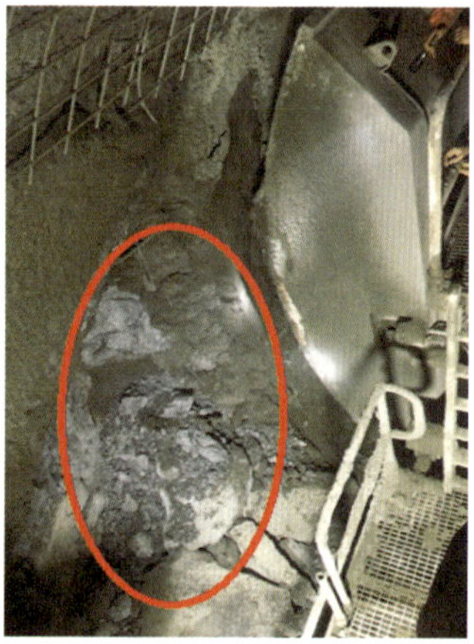

图 3.4　撑靴塌腔

3.2.1　双结构 TBM 主要功能

双结构 TBM 是在传统敞开式 TBM 的基础上，增加辅助推进和管片安装功能，其主要目的是：

(1) 在岩爆段掘进时进行管片安装，为作业人员和设备提供防护；

(2) 遇塌腔及软岩围岩，撑靴无法提供推进反力时，采用辅助推进，通过管片提供推进反力，实现推力转换；

(3) 在断层、破碎围岩时，安装管片或型钢骨架及时封闭围岩，减少清渣量。

双结构 TBM 本质上是基于敞开式 TBM，对敞开式 TBM 在长距离断层、岩爆等不良地质的功能进行补充和完善。在围岩良好时，双结构 TBM 主机区采用钢网片、钢拱架、钢筋排、锚杆及喷浆支护；在遇较长距离的断层、破碎、软岩、岩爆地质时，通过模式转换，在主机区安装管片或型钢骨架支护，提高不良地质适应性，管片实物见图 3.5。

(a) 混凝土管片

(b) 钢管片

图 3.5　管片实物图

3.2.2　双结构 TBM 主要结构

双结构 TBM 在主机区设置拱架 / 管片拼装机，既可进行钢拱架安装，也可进行管片或型钢骨架安装，见图 3.6。该装置设置了拱架安装所需的撑紧装置，同时设置有管片抓举装置，通过齿轮齿圈驱动实现管片回转。

在分块盾体周边沿隧道轴线布置多组辅助推进油缸，利用已安装管片提供推进反力，此时主推进油缸处于随动状态，并不提供推进力。

双结构 TBM 在撑靴前设置超前钻机，在隧道顶部通过根管钻进并配合超前注浆实现管棚支护作业，同时该钻机通过超前钻孔实现超前地质探测。

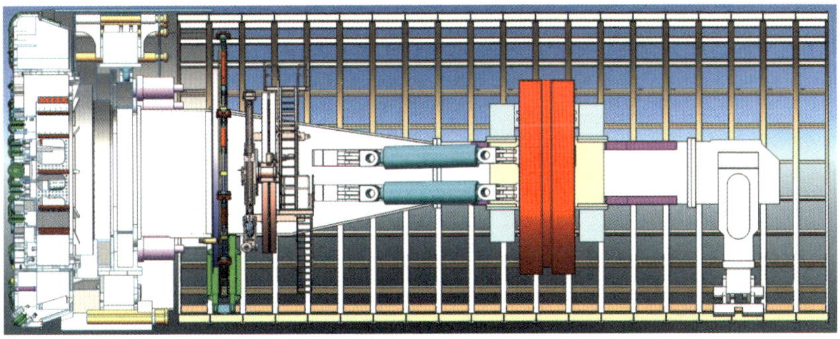

图 3.6　双结构 TBM 主机结构

3.2.3　双结构 TBM 模式作业方法

双结构 TBM 的网、喷、锚模式作业方法很成熟，在此不做详细介绍，仅对双结构 TBM 型钢骨架及管片支护模式作业主要流程进行介绍。型钢骨架主要由型钢与钢网片或钢板焊接而成，整环型钢骨架由多块钢板组成，见图 3.7。支护时可贴紧岩壁，主要起到及时封闭围岩的作用，由于结构较弱，不能承受刀盘推进反力，因而刀盘推力依然靠主推油缸提供。

采用型钢骨架支护时，双结构 TBM 主要操作方法如图 3.8 所示。采用管片支护时，主要操作方法如图 3.9 所示。

2021 年我国已制造出世界首台双结构 TBM，见图 3.10。该 TBM 刀盘直径 10.33m，整机总长 245m。针对项目作业大、埋深超长隧道存在的高地应力岩爆、软岩大变形、高地温、高烈度地震及活动断裂的影响，在传统敞开式 TBM 设计理念的基础上，增加了管片安装、辅助推进、智能辅助驾驶等功能，提高了设备的安全性、适应性和可靠性。

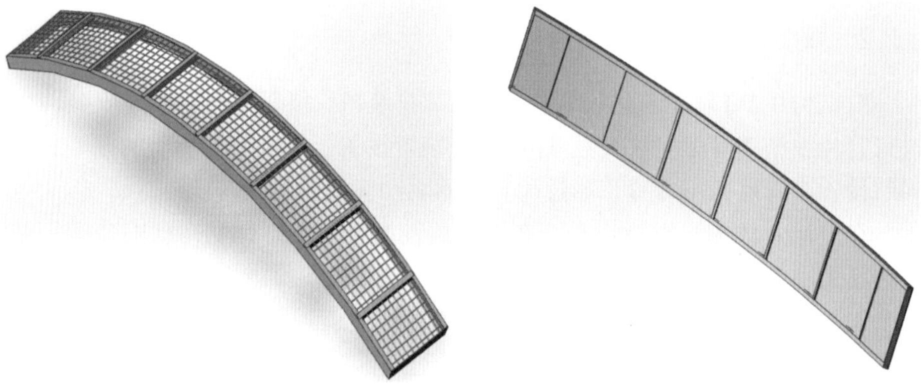

(a) 型钢+钢网片　　(b) 型钢+钢板

图 3.7　单块型钢骨架

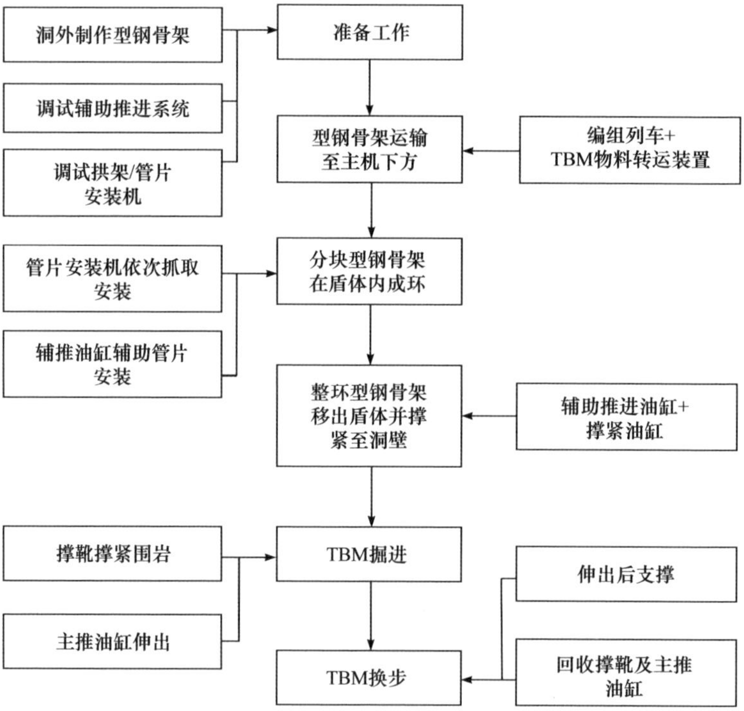

图 3.8　型钢骨架支护模式作业方法

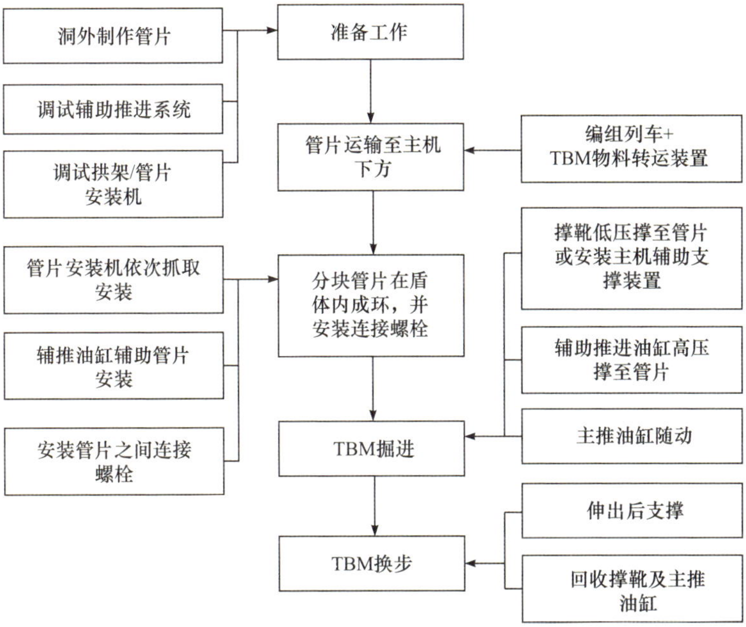

图 3.9　管片支护模式作业方法

图 3.10　世界首台双结构 TBM

3.3 双撑靴 TBM

在 TBM 掘进遇到破碎带、松软地层时，会出现撑靴“打滑”现象，即地层无法为撑靴提供足够反力，以至于撑靴不能为 TBM 提供推力。德国维尔特 (Wirth) 公司的双“X”撑靴 TBM 很好地解决了这个问题，但在 TBM 应用中存在转弯不流畅、使用偏好等问题。结合主梁式 TBM 与凯式 TBM 的优点，中铁工程装备集团有限公司 (简称“中铁装备”) 技术人员设计了主梁式双撑靴 TBM，见图 3.11 和图 3.12，一定程度上解决了地层松软问题，但必要的时候还要采取注浆加固措施，保证撑靴最低承载力要求。这个新装置的优点在于增加了 TBM 推力，降低卡机风险，或者降低了地层提供反力的要求。

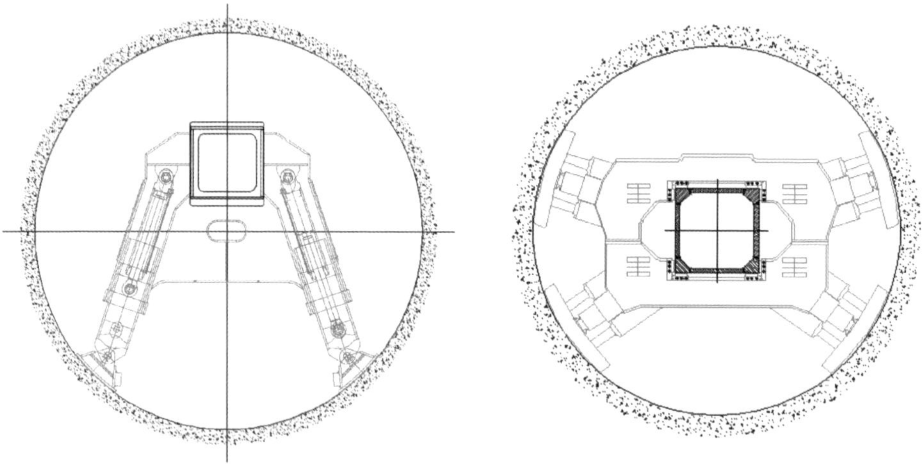

(a) 原设计的支撑　　(b) 新设计的撑靴

图 3.11　可增加 TBM 推力的撑靴结构示意图

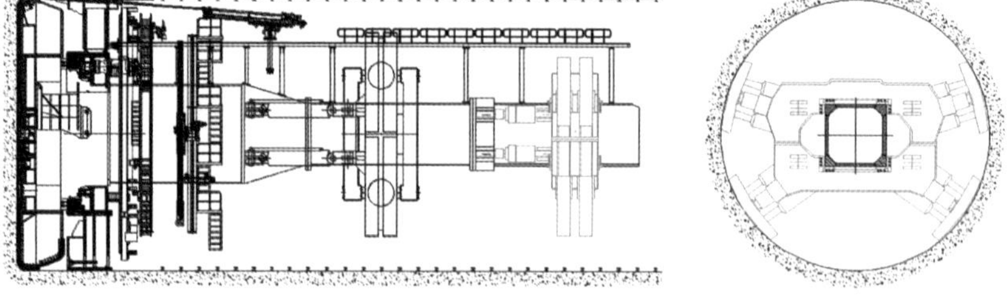

图 3.12　双撑靴 TBM

3.4　并联 / 串联机器人 TBM

在铁路隧道和公路隧道的建设中，TBM 设备尚未被大量使用，主要原因是铁路和公路隧道断面形状多为异形断面 (马蹄形、门洞形等)，而 TBM 断面为圆形，开挖后需进行隧道底部回填，造成资源浪费。目前，用于钻爆法作业的成套化机械装备也有很多，如三臂凿岩台车、悬臂掘进机、湿喷台车等，但总体来说中国隧道机械化应用程度并不高，主要原因是机械开挖作业与人工开挖作业工序循环时间相当，而悬臂掘进机只能适应 60MPa 以下的岩石地层。综上所述，目前隧道作业领域亟须一种能够高效、低成本、高度灵活的异形硬岩开挖装备。

目前异形断面掘进机有矩形盾构、马蹄形盾构、双圆盾构、三圆盾构等，能够大幅提高异形断面开挖效率，但只能用于软土地层，且装备断面形状固定单一。相对地，单台装备可实现不同形状断面开挖，称之为自由 (柔性) 断面装备，如悬臂掘进机，见图 3.13。德国维尔特公司开发了移动式隧道掘进机 (mobile tunnel machine，MTM) 矿用硬岩掘进设备，见图 3.14，目前并没有进行大量应用。总体来说，掘进机制造商均在针对异形硬岩断面隧道开挖进行相关研究，应用场景仍以矿用隧道为主，开挖装备创新集中在刀盘 / 截割部。

图 3.13　悬臂掘进机

图 3.14　维尔特硬岩掘进机

3.4.1　总体设计

机器人支撑的并联机器人 TBM，结合全断面硬岩掘进机刀盘高效率开挖和机器人技术高灵活度、高精度的优势，对掘进机刀盘支撑推进系统采用机械臂的形式进行设计优化，使刀盘具有多自由度运动性能，实现隧道变断面开挖。支撑结构可采用并联机构、串联机构或混联机构进行设计，见图 3.15 和图 3.16，动力源以电动驱动或液压驱动，同时还需对除渣系统、支护系统进行针对性设计，提高设备整体作业效率。

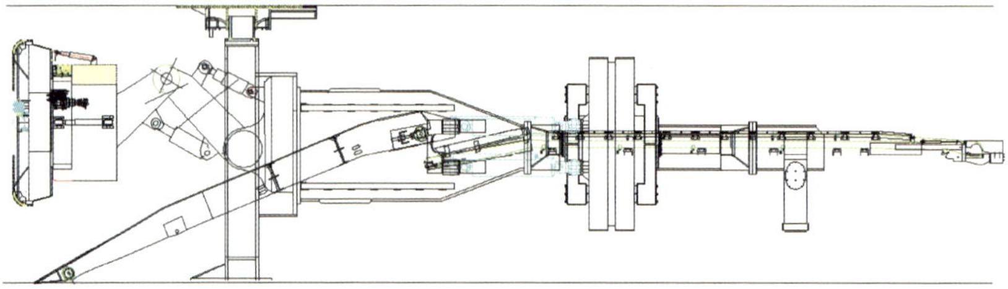

图 3.15　串联机器人掘进机概念图

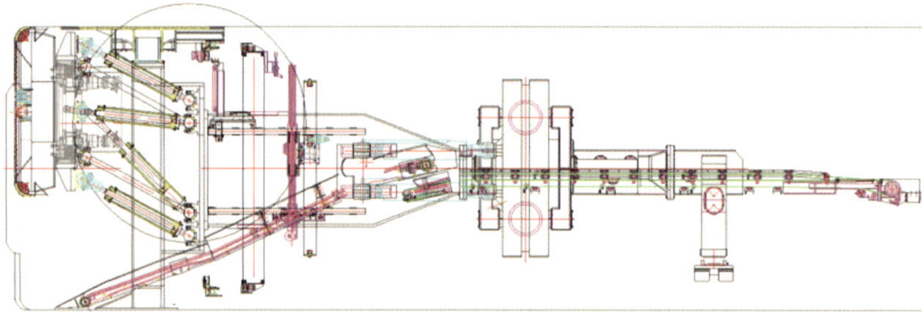

图 3.16　并联机器人掘进机概念图

整机结构采用 TBM 形式，刀具采用盘形滚刀，见图 3.17(a)。驱动部分可采用液压马达或电机加减速机的组合形式，刀盘和驱动部共同作为机器人末端执行机构，自由度数可根据实际工程需要对支撑机器人进行针对性设计。出渣系统采用隧道底部出渣方式，使用扒渣机将掉落在隧道底部的渣石运输至皮带机，通过皮带机运输至掘进机后端。同时为了提供足够大的反扭矩和推进支撑力，仍采用 TBM 撑靴或盾构管片拼装油缸结构形式。

另外，可以根据隧道结构设计一种超小（“迷你 mini”）型履带式并联机器人掘进机，见图 3.17(b)。这种小型、灵活的掘进机适合特小断面、大断面非爆破隧道掘进。

(a) TBM式

(b) 履带式

图 3.17　并联机器人掘进机

3.4.2　刀盘设计

刀盘开挖模式可分为两种：

(1) 刀盘首先正向贯入一定深度，然后向一侧摆动至隧道轮廓设计边界，然后开始做圆周或螺旋运动，直至覆盖整个隧道设计轮廓范围，见图 3.18、图 3.19。此时刀盘受力形式分为 3 个阶段。

① 正向推入阶段：刀盘主要受力为正推力、系统重力和扭矩；

② 刀盘向一侧摆动阶段：刀盘主要受力为径向力、正推力、系统重力和扭矩；

③ 机器人带动刀盘回转运动阶段：刀盘主要受力为径向力、正推力、系统重力和扭矩。

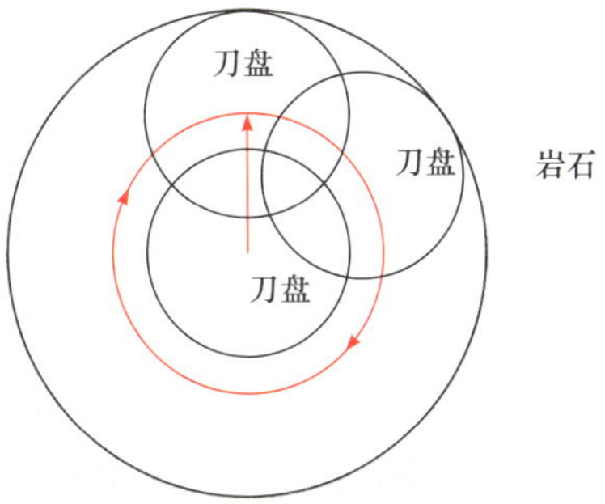

图 3.18　刀盘切削轨迹

图 3.19　刀盘布置位置关系

(2) 刀盘首先正向贯入一定深度，然后退出并向一侧摆动一定距离，再次正向贯入相同深度，如此往复，直至覆盖整个工作面，最后使刀盘按隧道设计轮廓回转进行修边。此时刀盘受力形式主要有两种。

① 正向推入阶段：刀盘主要受力为正推力、系统重力和扭矩，刀盘大多时间处于该阶段，只是每次的位置不同；

② 刀盘回转修边阶段：刀盘主要受力为径向力、系统重力和扭矩。

在上述两种工作模式中，驱动系统始终使刀盘自转，扭矩需由支撑机器人承受。

根据开挖方法，新型并联机器人 TBM 刀盘应具有正推破岩能力和斜切破岩能力，因此刀盘不但需要布置正面滚刀，还需布置侧面斜切刀具，可称之为复合刀盘，见图 3.20。

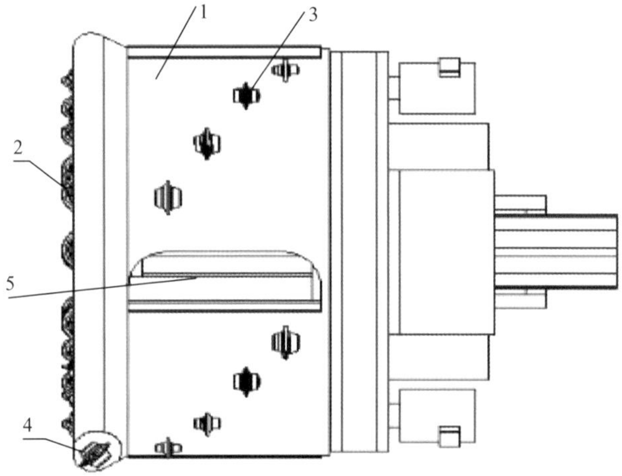

1. 刀盘本体；2. 正面滚刀；3. 边滚刀；4. 侧面滚刀；5. 刮渣板

图 3.20 复合刀盘

3.4.3 支撑系统设计

要实现刀盘的灵活运动，就要有能实现多自由度运动的支撑机构，类似机械臂(刀盘支撑系统)与末端执行器(刀盘)。多自由度机构按连接形式可分为串联型、并联型和串并混联型。串联机构研究得较为成熟，具有结构简单、成本低、控制简单、运动空间大等优点。并联机构具有刚度好、承载能力强、精度高、末端件惯性小等优点，适于用在重载场合，但是结构复杂，控制解耦难，关节的活动范围受到限制，工作空间较小，且并联结构的构型及自由度分析比串联机构复杂得多。

并联机器人 TBM 支撑系统工作状况极其恶劣，系统受随机强交变负载，耦合因素多，除了要求支撑机构具有高强度特性外，还应具有良好的系统顺应性以及结构稳定性。斯图尔特 (Stewart) 机器人结构由六根作动器按一定规律连接上下两个平台，其原理见图 3.21，结构承载能力大，目前国内外以电动伺服作动器为主流，以液压件为作动器(如液压缸)时可大幅度提高平台的承载力。斯图尔特平台的性能主要受平台直径 D、d，上平台铰接位置夹角 α、下平台铰接位置夹角 β 和上下平台间距 H 影响。

对于并联机器人掘进机，我们主要追求刀盘的正推力和侧向的摆动力，以及要求有尽量大的工作空间。根据设计目标，可以采用数值解析法和软件建模法来获得最优的设计参数，同时需要对系统进行三维建模，避免出现结构干涉。

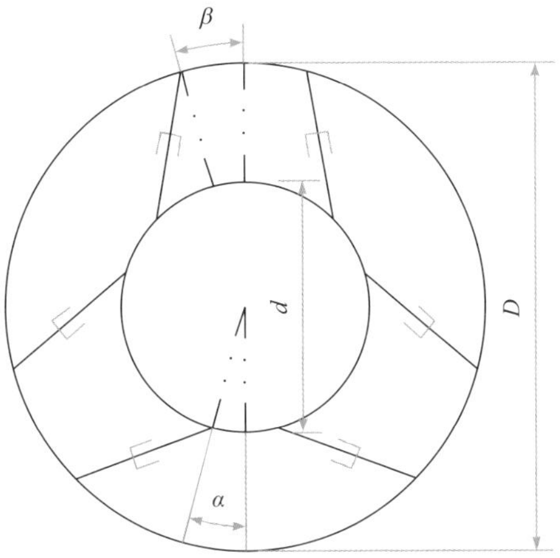

图 3.21　斯图尔特机构原理图

实际产品设计中，刀盘和下平台尺寸可根据隧道形状和直径基本确定，因此主要考虑铰接点夹角和平台间距的选择。以平台间距的设计为例，仿真计算结果显示：在同样负载和重力下，刀盘到达相同位置时，平台间距越大油缸行程越小，见图 3.22，增大平台间距可以实现增加工作空间；增加平台间距会使油缸受力增加，见图 3.23。因此在实际产品设计中需要在工作空间和零部件受力的取舍上寻找最佳平衡点。

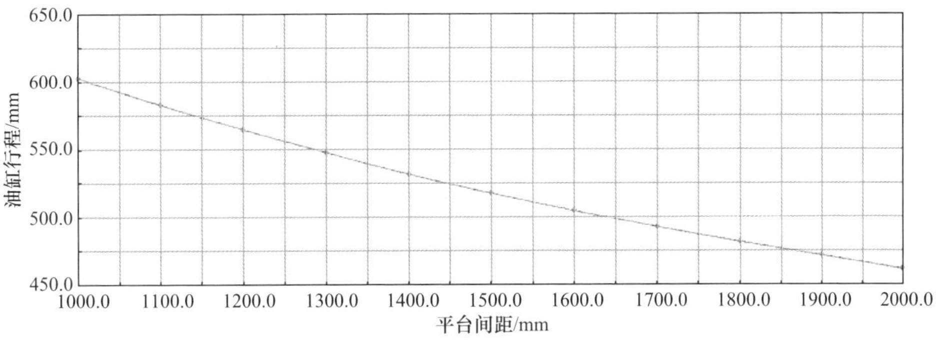

图 3.22　平台间距对油缸行程的影响

3.4.4　运动分析与位置逆解

在掘进过程中撑靴撑紧洞壁，依靠摩擦力保持后配套系统稳定，并为刀盘提供反扭矩及反推力。油缸一端铰接布置于撑靴结构上，沿铰接所在节圆平面和隧道设计轴线或其切线方向建立固定坐标系 *o-xyz*，铰接点表示为 A_i(i=1, 2,⋯,

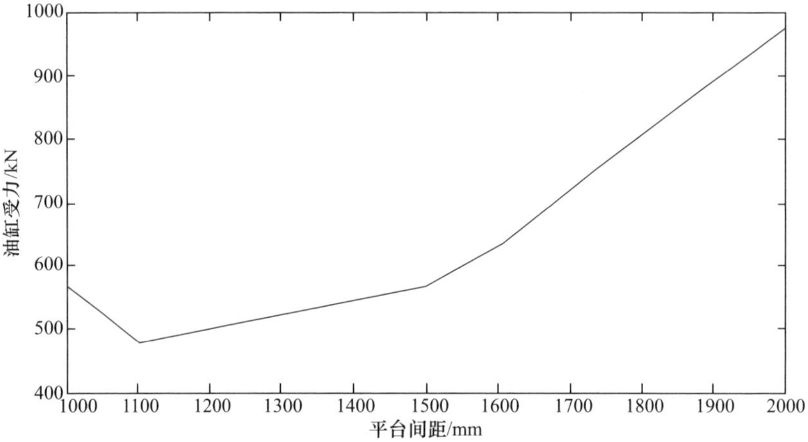

图 3.23　平台间距对油缸受力的影响

6)，在主机处建立动坐标系 *p-uvw*，其上与 A_i 相应的铰接点表示为 $B_i(i=1, 2, \cdots, 6)$，刀盘位姿表示为 $P(x, y, z, \theta, \gamma, \varphi)$，见图 3.24，$(x, y, z)$ 表示刀盘的位置坐标，θ、γ、φ 表示动坐标系分别绕定坐标系中 *z*、*y*、*x* 轴的转角，即刀盘的横滚角、偏移角和俯仰角。1#~6# 表示油缸编号。

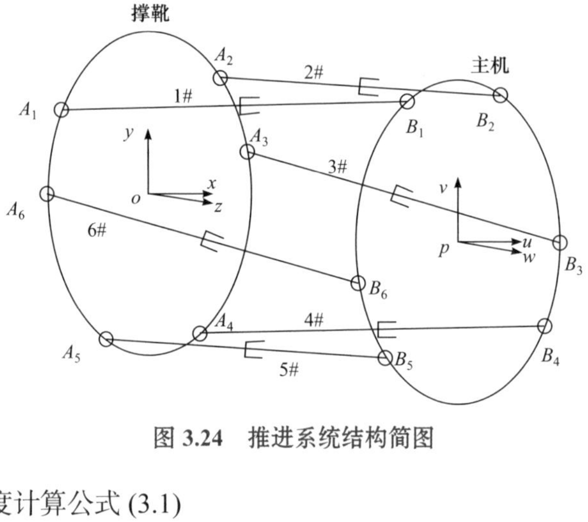

图 3.24　推进系统结构简图

根据自由度计算公式 (3.1)

$$\sigma = 6m - \sum k_i \tag{3.1}$$

式中，*m* 为活动构件数；k_i 为第 *i* 个运动副限制自由度数。可得式 (3.2)：

$$\sigma = 6\times13 - (6\times3 + 6\times5 + 6\times3) = 12 \tag{3.2}$$

因为刀盘部分为刚体，油缸两端球铰具有一个方向的冗余自由度，总数为 6，故刀盘部分共有 6 个有效自由度。

动静坐标系之间的旋转矩阵可以表示为

$$R = \begin{bmatrix} c\gamma c\theta & c\theta s\gamma s\varphi - s\theta c\varphi & c\varphi s\gamma c\theta + s\varphi s\theta \\ c\gamma s\theta & s\theta s\gamma s\varphi + c\theta c\varphi & c\varphi s\gamma s\theta - s\varphi c\theta \\ -s\gamma & s\varphi c\gamma & c\varphi c\gamma \end{bmatrix} \tag{3.3}$$

式中，s、c 分别表示正弦函数 sin、余弦函数 cos。

则各驱动油缸的位置向量可以表示为

$$L_i = RB_i - A_i + p \tag{3.4}$$

式中，$i = 1, 2, 3, \cdots, 6$；p 表示动坐标原点在静坐标系中的位置向量。则掘进机刀盘任意位姿下各油缸长度可表示为

$$l_i = \sqrt{L_i^{\mathrm{T}} L_i} \tag{3.5}$$

3.4.5　控制策略与系统

刀盘破岩过程中负载表现为交变载荷形式，刀盘及油缸自身质量大，刀盘运动范围广，且要实现 6 根并联油缸的协同控制，要求油缸具有一定的同步性，因此考虑采用油缸压力和系统重力双重力补偿，同时通过油缸的内置位移传感器实现油缸的位置补偿，达到对刀盘的精确控制，见图 3.25。

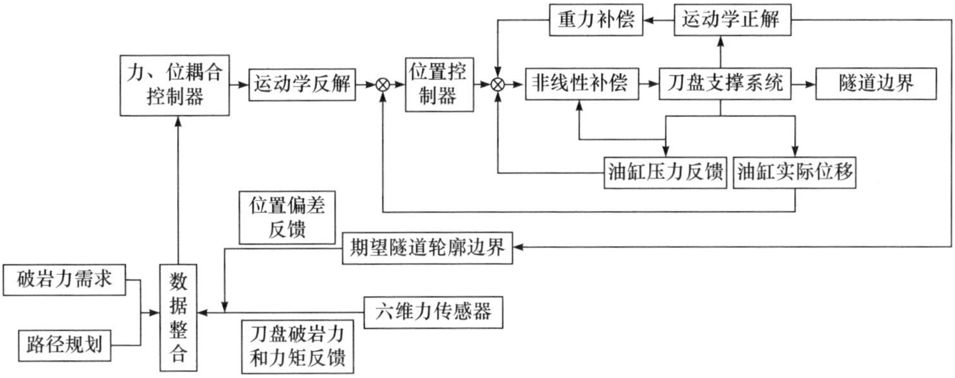

图 3.25　力、位控制策略图

由于系统采用闭环控制，工作时受力复杂，为保证系统安全可靠地运行，需要在控制系统中部署一系列的协同保护机制，防止在开挖过程中出现危险极端状况，对铰接运动干涉、阀或传感器故障，压力不稳定故障等因素进行及时

识别和判断，并使掘进机采取相应的保护机制。控制系统应具有：数据采集、系统参数设置、报警与故障处理、自我保护、运动状态检测、系统测量、系统显示、应急等运动控制与保护功能。

本节主要从异形硬岩隧道的建设需求出发，总结介绍了国内外相关装备的发展现状，并提出了并联机器人 TBM 的新型掘进机概念，对其总体方案、机构设计、运动控制等几个方面进行了阐述。并联机器人 TBM 作为一种新型装备，为异形硬岩隧道开挖难题提供了解决思路。

3.5 悬臂自由断面破岩设备

3.5.1 悬臂掘进机

悬臂掘进机结构见图 3.26，它属于一种自由断面开挖机械，具有灵活机动、可开挖任意断面、拆解运输方便、设备成本低等优势，目前受开挖方式的限制只能应用于软土、软岩地层，无法应用于硬岩地层，造成悬臂掘进机应用场景受到极大限制。研制悬臂 TBM，把悬臂掘进机的优势继续保留，攻克无法应用于硬岩地层的卡脖子技术，对推进地下空间的开发具有重大意义，可用于短距离任意形状隧道、硬岩地层(见图 3.27) 马蹄形隧道、车站站厅层等机械开挖场景。

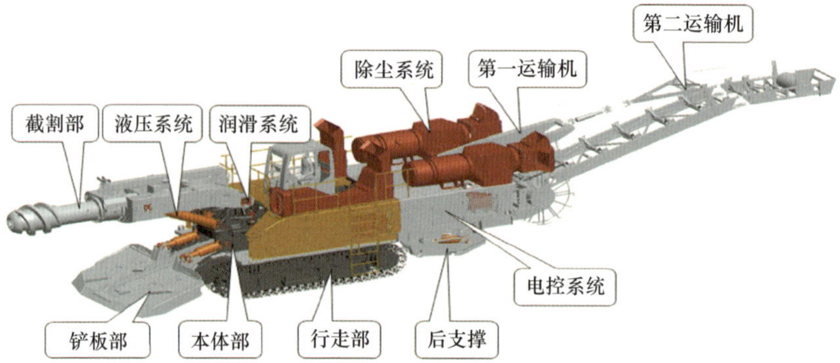

图 3.26 悬臂掘进机结构

悬臂 TBM 是在现有悬臂掘进机基础上延伸开发的针对硬岩地层掘进的设备，其关键技术主要包含刀盘刀具开挖系统和稳定推进系统。

悬臂 TBM 为自由断面开挖，在掘进过程中需要变换刀盘位置，刀盘既要能适应水平正向掘进，也要能适应上下左右侧向掘进，因此对刀盘上的刀具布置提出了全新的要求。同时在进行侧向掘进时，刀盘完全受偏载力，岩石对刀盘的冲击振动剧烈，刀盘同轨迹需尽量多布置刀具，可采用正锥形刀盘，也可以与盘形滚刀同轨迹布置高度稍低的截齿。

图 3.27　硬岩地层

刀盘正向掘进时，其旋转的同时摆臂伸长，刀盘顶住掌子面并贯入，伸缩臂油缸一直伸长使刀盘贯入岩石一定深度，滚刀以正向滚压方式破岩，贯入深度根据刀盘的布刀轨迹确定，正向掘进示意图见图 3.28。当刀盘贯入一定深度后，悬臂带动刀盘摆动，刀盘开始侧向开挖作业，滚刀以侧向悬装破岩方式为主，正向滚压破岩为辅，侧向掘进示意图见图 3.29。刀盘通过摆动完成整个掌子面的全覆盖开挖。一个循环开挖完成后，伸缩臂收回，整机向前移动一定距离，调整好整机位置后，开始下一个循环作业。

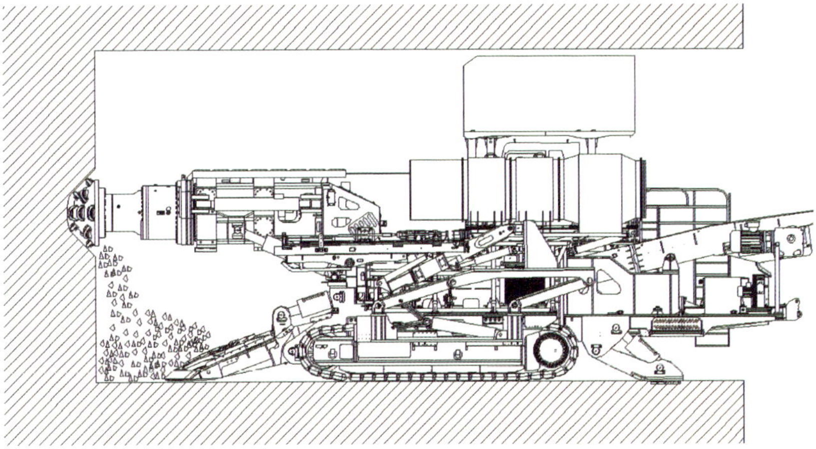

图 3.28　正向掘进示意图

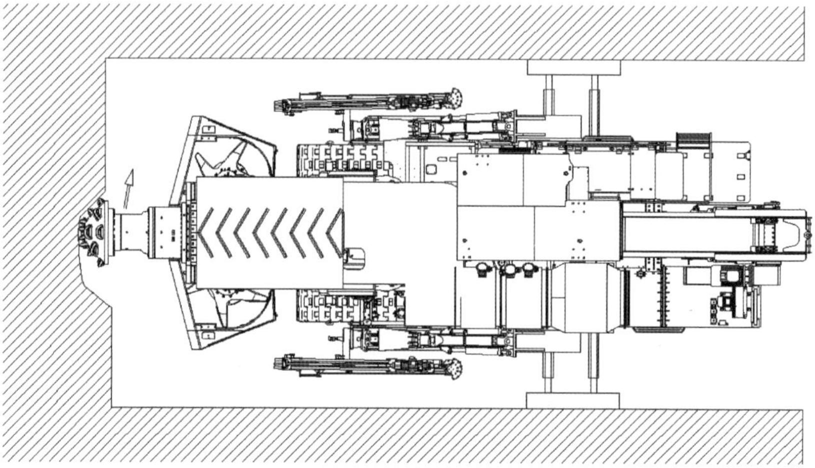

图 3.29　侧向掘进示意图

悬臂掘进机的另一种运行轨迹为竖直方向开挖深槽，见图 3.30，刀盘贯入岩层后，自上而下或自下而上竖直开挖，形成多条深槽和更多的临空面，降低了深槽之间岩体的破岩难度。竖槽开挖之后可以使用液压油缸对预留的“岩墙”进行撑裂破除，减少对掌子面“细碎”化破岩，降低破岩成本。

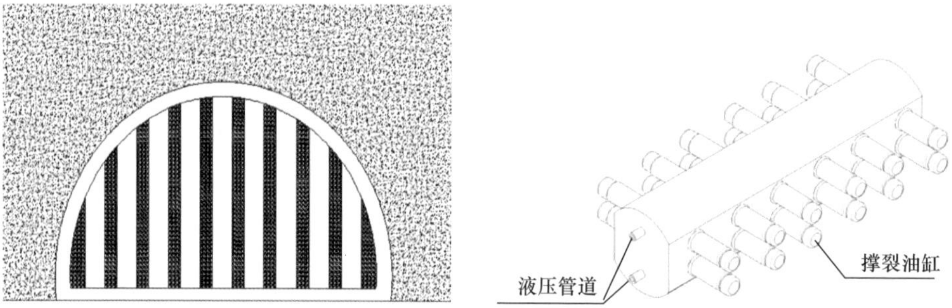

图 3.30　悬臂 TBM 竖直方向开挖深槽及“撑裂”破岩

刀盘在破岩过程中，会产生较强烈的振动，岩石强度越高，振动越强烈，故需对设备主机加以支撑稳定，见图 3.31，避免主机对开挖机构提供的反力不足，影响破岩效率。

为验证悬臂 TBM 的掘进效果，在工厂进行了模拟试验，采用的岩石为 80MPa 角闪岩，分别试验了正推、下摆、左摆、右摆四种掘进模式，见图 3.32。

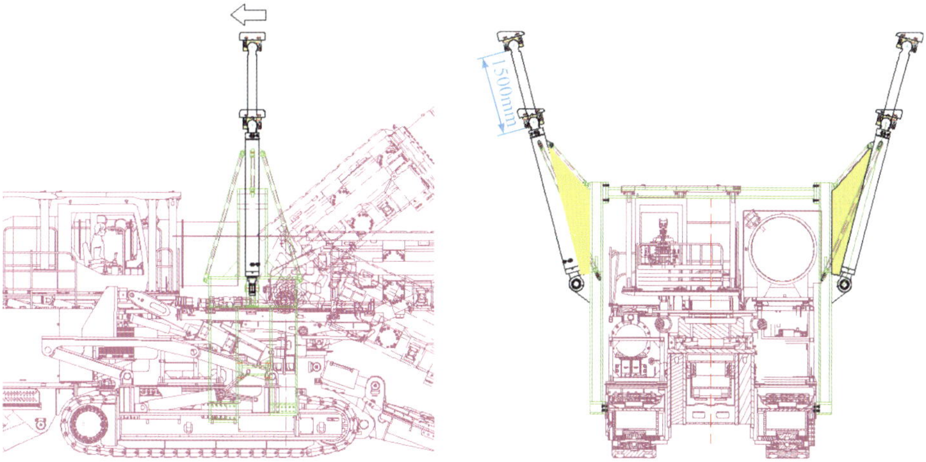

图 3.31　主机撑靴示意图

图 3.32　悬臂 TBM 试验图

3.5.2　铣岩机

铣岩机开挖隧道过程类似于机床加工中的铣床，是通过铣刀将被加工件的待加工部分一层层铣掉，铣岩过程及铣岩刀盘见图 3.33~ 图 3.35。铣刀一般具有周向和径向两个方向的切削功能。铣岩机的工作过程与机加工的铣削加工类似，也是一层层地对隧道掌子面进行开挖，铣岩机的破岩部件具有轴向推进破岩和侧向平移破岩两个方向的功能，使用铣岩机开挖隧道时，先将铣岩机的破岩机构沿轴向推进一定深度，然后破岩机构平移，将侧面的岩石挖掉。根据地层的不同，铣岩机的破岩机构有两种形式：在软岩地层作业时可选择安装有截齿的铣岩机构，在硬岩地层作业时选择安装有滚刀破岩的铣岩机构。

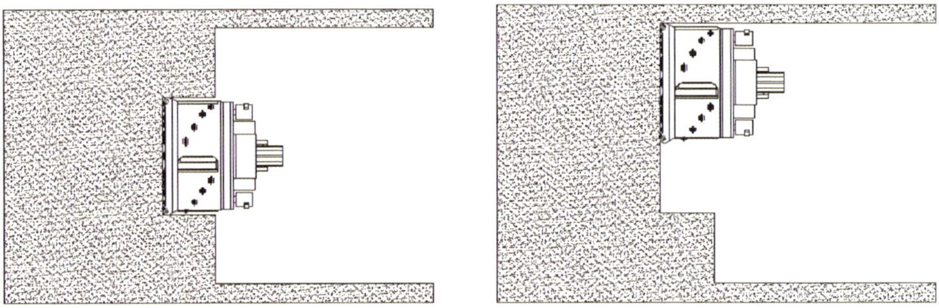

图 3.33　铣岩过程

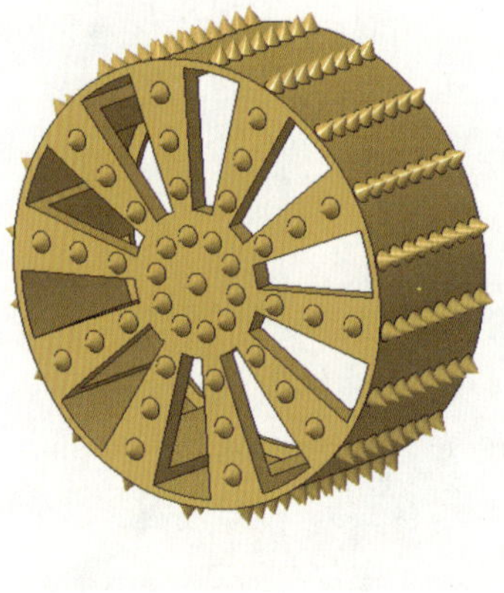

图 3.34　铣岩刀盘（软岩）

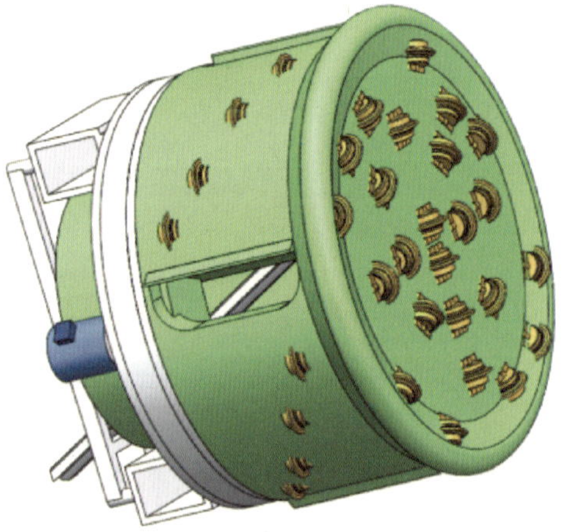

图 3.35　铣岩刀盘（硬岩）

3.5.3　轮式刀盘掘进机

纵切破岩是利用布置有滚刀的轮式刀盘对掌子面进行竖向分区域挖掘的一种隧道作业方法。轮式刀盘掘进机是纵向破岩的主要开挖设备，见图 3.36。轮式刀盘掘进机的开挖部件为轮式刀盘，轮式刀盘的旋转轴为平行于掌子面的水平轴线，其上安装有滚刀。轮式刀盘安装在大臂上，大臂可以上下左右摆动。掘进时，轮式刀盘处于与设备相同高度，旋转并向前推进，在掌子面掘进一定深度后，大臂向上摆动，带动轮式刀盘向上移动，开挖至隧道上部轮廓，设备在掌子面开挖出一条竖向区域，见图 3.37。重复上述操作，轮式刀盘将整个隧道断面开挖完成。

图 3.36　轮式刀盘掘进机

图 3.37　轮式刀盘掘进机切割轨迹

3.5.4　转盘式掘进机

常见的隧道掘进机开挖后，断面大部分为圆形，但有些隧道断面要求洞底为平面。为了满足这一需求，可以采用隧道掘进机先进行圆形断面的开挖，然后采用转盘式掘进机对两侧底部未开挖区域(盲区，见图 3.38)修整。转盘式掘进机采用旋转的刀盘搭载滚刀破岩，可实现硬岩地层开挖盲区的挖掘作业。

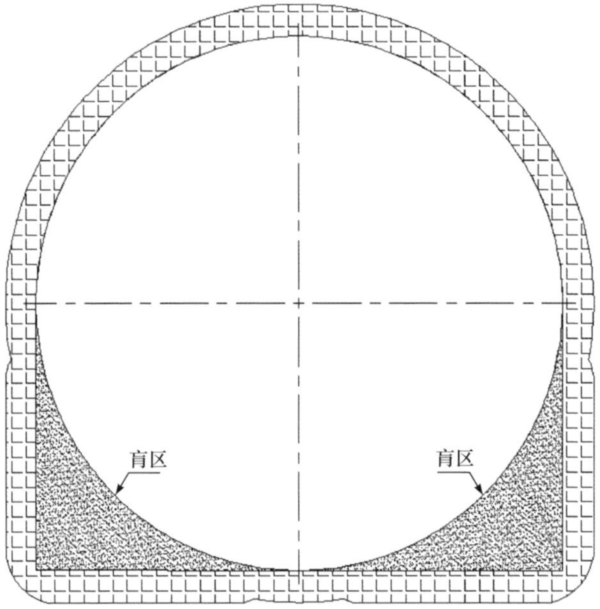

图 3.38 隧道盲区

转盘式掘进机由轮式刀盘、大臂、设备底盘组成，轮式刀盘的旋转轴线与地面垂直，刀盘的周向布置有滚刀，轮式刀盘旋转，带动滚刀与刀盘一起旋转，可以分两侧布置，也可以单独布置，见图 3.39。破岩时滚刀接触岩石，并在沿刀盘径向的挤压力作用下使滚刀贯入岩石一定深度，刀盘旋转，滚刀持续破岩。水平式轮式刀盘能够将圆形隧道截面的左右两侧盲区进行开挖，使隧道断面呈现门洞形，隧道底部呈水平面。

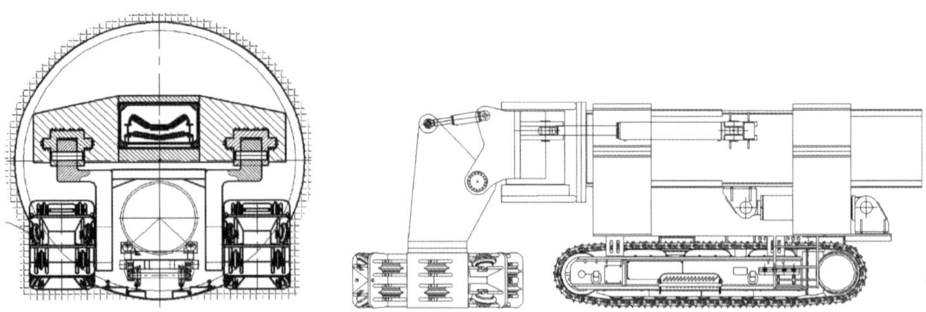

图 3.39 转盘式掘进机

3.6　双刀盘 TBM

TBM 在易发生岩爆地层掘进时，可采用打应力释放孔的方式降低地应力。双刀盘 TBM 结构见图 3.40，中心的超前小刀盘先掘进，在超前小刀盘和其后的螺旋出渣结构中，可以实现 360° 以及前方区域范围内的小规模爆破，形成岩石裂纹以释放地应力，减小大刀盘掘进时岩爆的发生概率和严重程度，实现“超前降爆、以爆制爆”的降爆思路。超前爆破后峰值压应力释放 70%~80%，通过控制超前爆破的装药量和钻孔长度，超前破坏区控制在 0.5~1 倍洞径，影响区控制在 2~3 倍洞径。

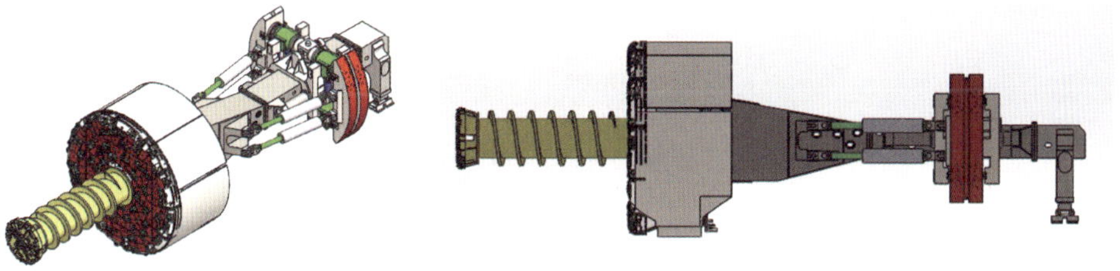

图 3.40　双刀盘 TBM

3.7　长大隧道多功能多模式掘进机

中国西部、西南部以及一些山区为了发展经济，需开展铁路交通、公路交通、水利水电、大规模的调水工程等基础设施建设，从作业安全、线路选择、作业技术难度、掘进速度、作业工期、作业成本及环境保护等角度考虑，传统钻爆法和机械化作业在局部极端工况下已经不能满足以上需求，而 TBM 工法由于其技术特点和优势，迅速成为山岭隧道作业的发展趋势。

在铁路建设方面，未来海峡隧道也必将修建。在水利工程方面，引江济淮、滇中引水、引汉济渭二期等众多宏伟工程将陆续开建，但是针对大埋深山岭隧道存在局部高水压的极端地质。目前，多功能多模式 TBM 的研究及应用还处于初期阶段。随着采用多功能多模式 TBM 工法作业的一批大直径山岭铁路隧道的建成，该工法成为山岭铁路隧道建设的发展趋势。

3.7.1　多功能多模式掘进机技术原理

多功能多模式 TBM 具有闭式 TBM、土压平衡、泥水平衡三种掘进模式，在护盾式掘进机的基础上融合平衡式盾构作业理念，兼具护盾式 TBM 和平衡式盾构机的优点，具有两种出渣模式，两种模式共存，见图 3.41，两种模式无需拆装任何管线，在主控室内实现切换。

图 3.41　多功能多模式 TBM 主机示意图

多功能多模式 TBM 以单护盾 TBM 模式为主设计理念，同时也为主掘进功能模式，保证在隧道绝大部分区间采用TBM模式作业，提升掘进效率，降低刀盘、刀具磨损，降低单位掘进里程人员进舱换刀频次与作业风险，以适应长距离隧道高效掘进。同时因为是具有盾构功能的多模闭式 TBM，可以在地层发生突泥突水时，迅速隔绝土舱（即使来不及关闭也不存在风险），转换为土压或泥水平衡模式带压掘进作业。模式转换过程无需人员进舱，无需拆装任何部件，抗风险能力强，能够适应对不同地层的掘进要求。

3.7.2　闭式单护盾 TBM 掘进模式

闭式单护盾 TBM 掘进模式主要适用于在含水量不大且较为稳定的地层掘进，掘进过程中主要由滚刀进行岩石破碎，岩石破碎后的岩渣通过刀盘上的开口进入土舱内，并利用中心螺旋输送机排出。由于中心采用闭式设置，将刀盘开挖舱与设备人员作业区域隔离，同时将土舱粉尘隔离，大大改善 TBM 作业环境，提高现场人员作业效率，见图 3.42。

中心螺旋输送机出渣与中心皮带机出渣相比，由于中心皮带机的皮带为柔性结构，溜渣槽长期掉落的渣土会损坏主机皮带以及其他支撑机构，皮带机故障率会有所增加，经常需要人员维护。同时由于皮带机为开放结构，土舱大量污水及渣土会掉落主机人员作业区，导致需大量清渣，降低了设备有效掘进时间。另外，中心螺旋输送机相对于中心皮带机在驱动可靠性、免维护性、隧道清渣

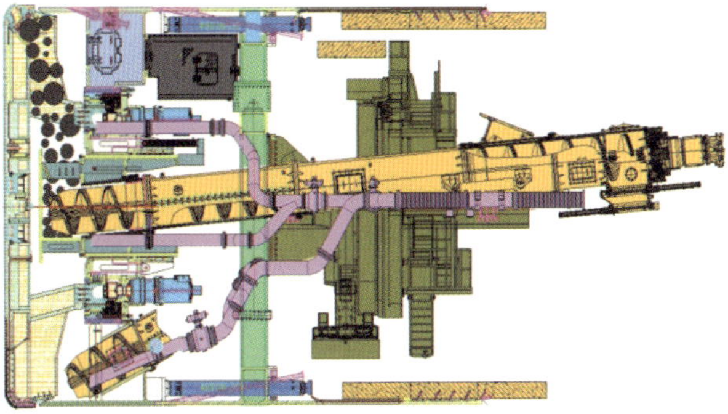

图 3.42　TBM 模式示意图及原理图(中心螺旋输送机出渣)

作业量、隧道作业环境方面均有一定优势，具有可靠性高、故障率低等特点。螺旋输送机在螺旋轴、内外筒体、可更换等方面特殊设计，保证螺旋输送机的耐磨可靠性，同时具有设备在线检查及更换部件功能，保证螺旋输送机长寿命使用。

3.7.3　土压平衡掘进模式

土压平衡掘进模式具备常规土压平衡盾构的所有功能特点，主要应用于不稳定地层，设备整体可以实现带压掘进，掘进过程中通过调整推进油缸的推进速度及底部螺旋输送机的出渣速度，进一步控制开挖舱内渣土的压力，确保开挖面稳定，实现连续掘进。

土压平衡模式出渣见图 3.43，主要适用于低水土压力(0~3bar①)、软土地层、复合地层、全断面岩及破碎地层作业，适应性较广。

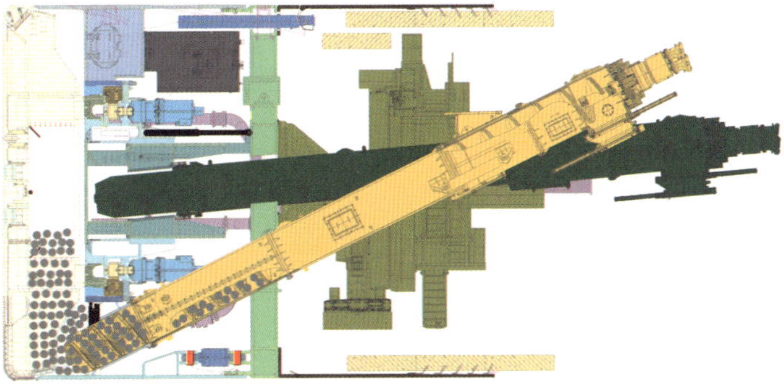

图 3.43　土压平衡模式示意图(底部螺旋输送机出渣)

① 1bar=10^5Pa。

3.7.4 泥水平衡掘进模式

泥水平衡掘进模式具备常规泥水平衡盾构的所有功能特点，主要应用于高水压等不稳定地层，设备整体可以实现带压掘进，掘进过程中通过调整 TBM 气垫舱的压力，控制开挖泥水舱的压力，进一步平衡开挖面水土压力，确保开挖面稳定，实现连续掘进。

泥水平衡模式出渣（气垫式泥水模式）见图 3.44，适用于高水压、软土地层、复合地层、全断面岩及破碎地层作业，适应性较广。如发生土舱块状渣土堆积至土舱底部引起滞排，可充分利用底部螺旋输送机主动取渣采石功能，保证泥水模式工作正常，见图 3.45。

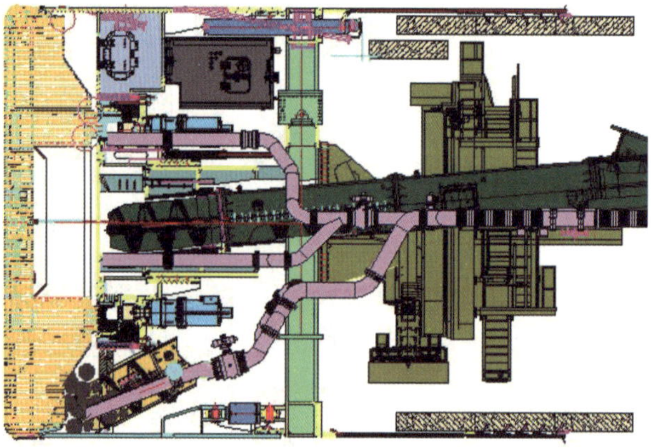

图 3.44　泥水平衡模式示意图及原理图（中心螺旋输送机缩回封闭）

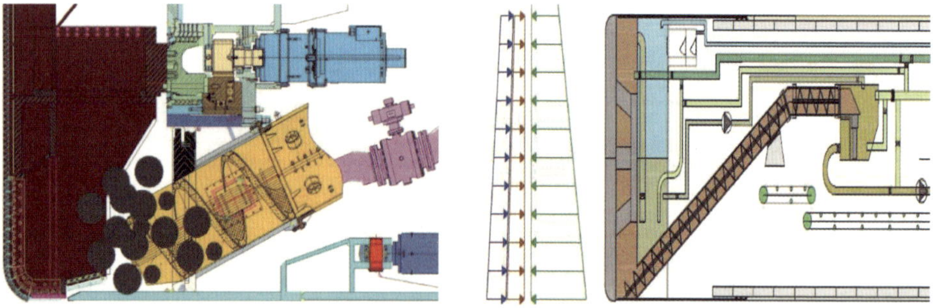

图 3.45　底部螺旋输送机采石功能

3.7.5　模式转换

在具体作业中，根据地质勘测、预报分析结果、掘进参数情况、出渣情况等，需提前进行模式转换，见图 3.46。如地质不明，也可在突水突泥情况下进行模式转换。设备在模式转换过程中可以实现在空舱 TBM 模式下快速关闭土舱（油缸控制皮带机及隔板伸缩关闭），进行土舱介质转换。闭式 TBM、土压平衡、泥水平衡三种模式之间相互转换过程无需设备拆除、无需人员进舱干预，保证模式转换过程在可控、安装条件下进行，模式转换时间约 0.5 天。

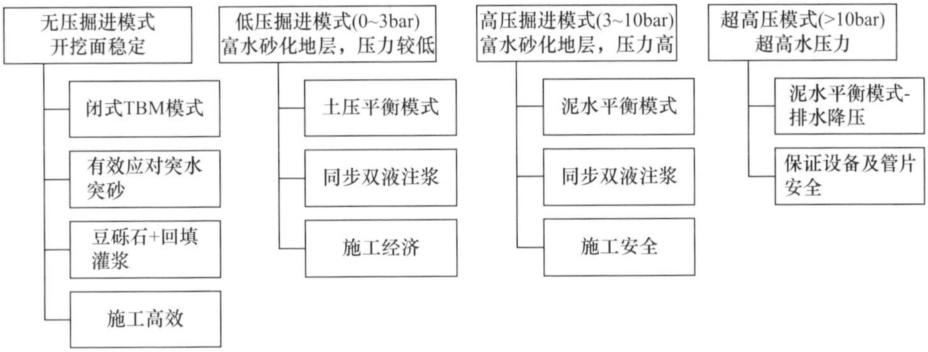

图 3.46　多模式 TBM 模式转换条件图

3.7.6　海底隧道、海峡隧道多功能多模式

1. 应对突水突泥问题

海底隧道、海峡隧道主要遇到的地质是花岗岩、全强风化带、风化槽、岩石裂隙等，当遇到突水突泥受阻时，要求设备可以实现带压连续掘进作业，而传统的开式 TBM（中心皮带机出渣）不能应对此类问题。具有盾构功能的多模闭式 TBM 可以针对各种情况采用最佳掘进模式，最大程度地发挥设备效能。海底隧道一般距离较短，大约在 10km 以内，因此选择以泥水盾构机为主，兼顾其他注浆堵水功能。海峡隧道距离较长，需要一种“全能”设备，应该选择以应用 TBM 为主，兼顾模式转换的多功能多模式掘进机，以适应不同含水量的各种不良地质。

1) 全过程闭式掘进功能

两种模式下设备示意图见图 3.47，开挖舱与 TBM 主机内部通过盾体、土压力隔板及中心螺旋输送机封闭；在单护盾模式，中心螺旋输送机作为一个整体封闭开挖舱与主机人员作业空间；在泥水平衡模式下，中心螺旋输送机通过伸缩结构后退，中心压力隔板封闭，达到封闭开挖舱的目的，实现土舱封闭、开挖面压力建立作用。

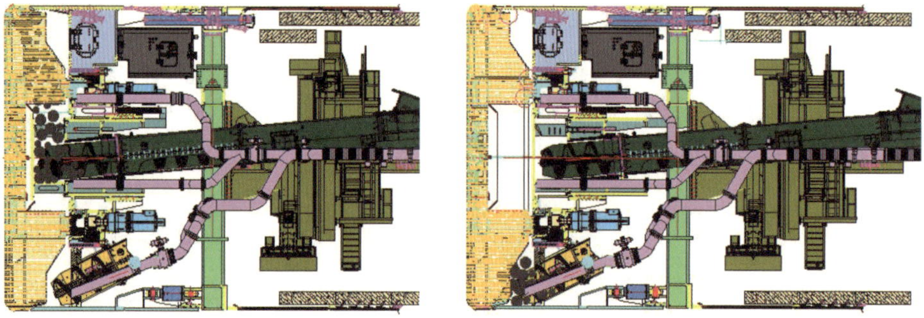

(a) 单护盾TBM模式(中心螺旋输送机出渣)　　(b) 泥水平衡盾构模式(中心螺旋输送机缩回封闭)

图 3.47　单护盾 TBM- 泥水平衡模式转换示意图

2) 闭胸下快速、无缝模式切换

模式转换过程无需人员进舱，无需拆装任何部件，抗风险能力强。主驱动中心螺旋输送机伸缩机构与驱动间为滑套高压密封结构，见图 3.48，由油缸控制伸出及缩回。全过程均为自动控制，设备无需拆装，人员无需干预，密封结构可靠，达到快速、安全、无缝切换目的。

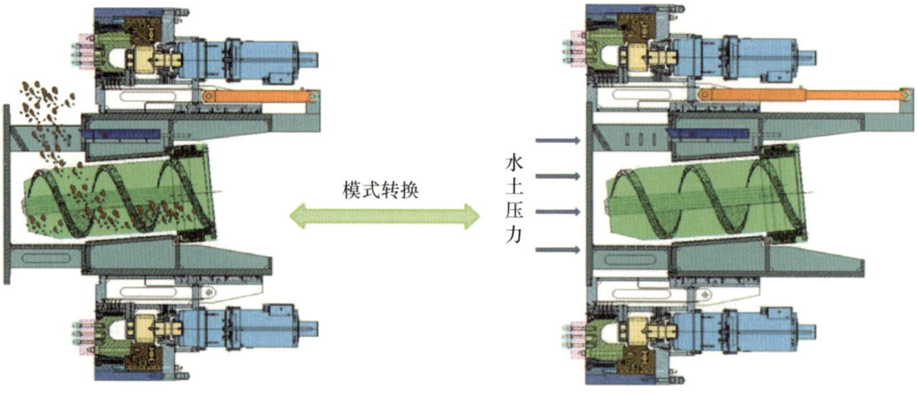

(a) 敞开模式(中心伸出接渣)　　(b) 泥水模式(中心缩回保压)

图 3.48　中心螺旋输送机转换示意图

2. 应对大埋深高水压问题

所有与开挖舱及地层接触部件（包含盾体、螺旋输送机等结构）及系统按照大于 15bar 甚至更高设计。

长大隧道往往地质都比较复杂，TBM 会遇到不同的围岩，如蚀变岩地质，刀盘很容易被卡住，而且这种“卡机”所占的比例最高。因此，需要对 TBM 刀盘进行针对性设计。赋水粉细砂地质一般含水量比较低，特别容易集聚在刀盘前后卡机。在刀盘上设计水射流喷嘴，喷嘴方向平行于刀盘平面，喷射水流几乎覆盖整个刀盘，这样在刀盘前面对泥沙进行稀释，一则减轻泥沙对刀盘的压力，二则增强泥沙的流动性，降低卡机风险，有利于刀盘转动。

3.8 插刀 TBM

常规 TBM 在破碎带等地层掘进时，碎石易进入刀盘内部造成刀盘被卡住，以及发生局部坍塌造成整个设备掘进困难。为此，设计了一种插刀 TBM，将护盾设计为可变幅插刀式护盾结构形式，见图 3.49，主要由插刀结构件、伸出油缸和变幅油缸组成。

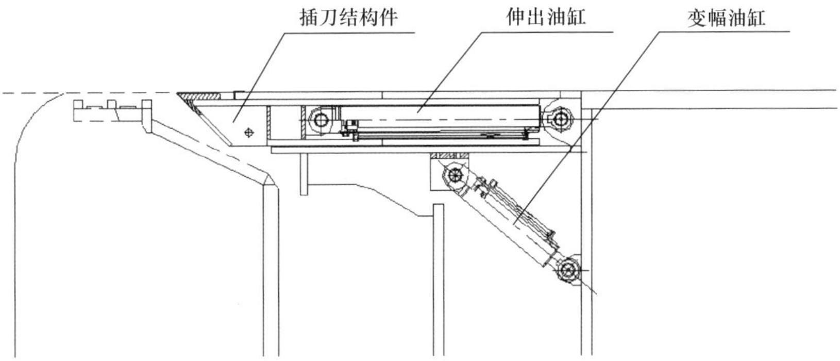

图 3.49　插刀 TBM 结构示意图

插刀 TBM 有常规加工隧道和超前支护两种工作模式。在常规加工过程中，插刀结构件为收回状态，插刀结构与护盾组成一个完成圆形轮廓，起到支撑及防护作用，见图 3.50。

若遇到破碎带区域，插刀结构中变幅油缸伸出，将插刀结构与洞壁成一定夹角，随后伸出油缸，插刀结构件伸至周围洞壁内。插刀结构为环状分布，此时多组插刀结构伸出，相对 TBM 主机区域形成环状防护，见图 3.51。待中间区域碎石清理之后，插刀结构在刀盘上方形成空腔，此时刀盘转动障碍已清除，刀盘可正常转动。插刀 TBM 能够实现超前防护，有效阻止碎石脱落或坍塌，保证刀盘正常转动，并顺利掘进，提高建造效率。

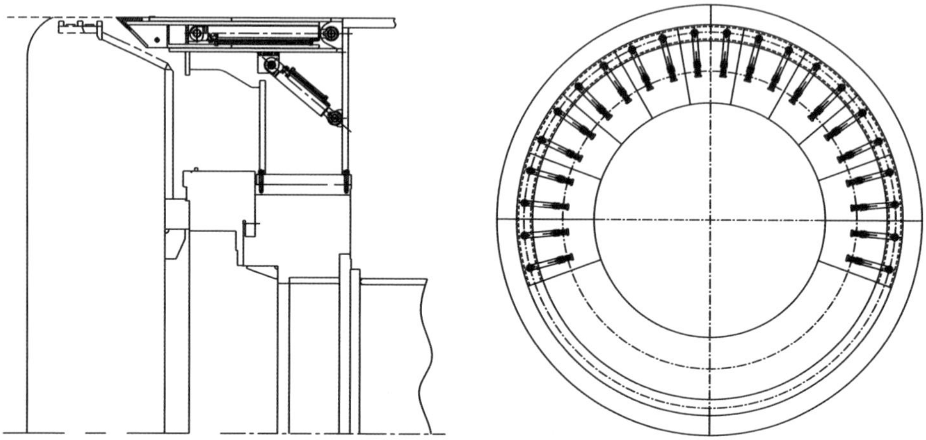

图 3.50 插刀 TBM 在常规加工隧道时的状态图

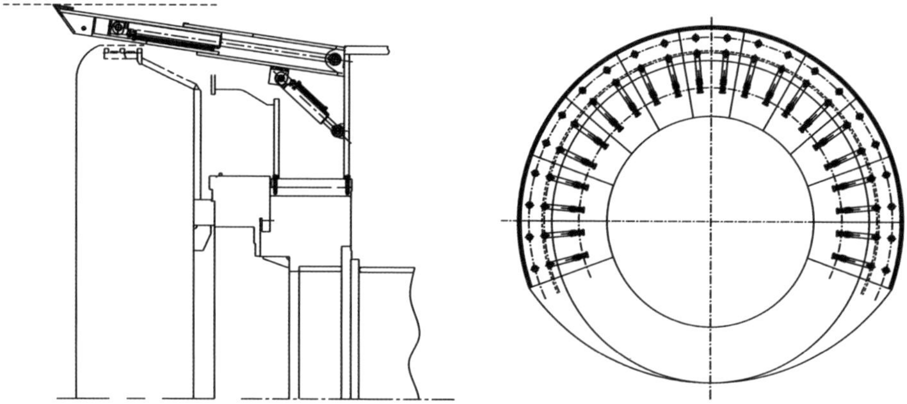

图 3.51 插刀 TBM 超前支护状态截面示意图

3.9 反锥形刀盘 TBM

目前绝大部分全断面隧道掘进机刀盘为平面型刀盘，刀盘破岩轨迹见图 3.52。平面型刀盘具有机身支撑稳定性好、刀盘径向力平衡好、工作面稳定、刀盘容易制造、刀具轴向力小、刀盘推力利用效率高等优势，但破岩消耗的能量比较大、破岩效率比较低。为提高破岩效率，利用滚刀斜切破岩技术研究了一种新型刀盘，增加刀盘破岩自由面，根据形状特征命名这种刀盘为反锥形刀盘，搭载这种刀盘的 TBM 称为反锥形刀盘 TBM。

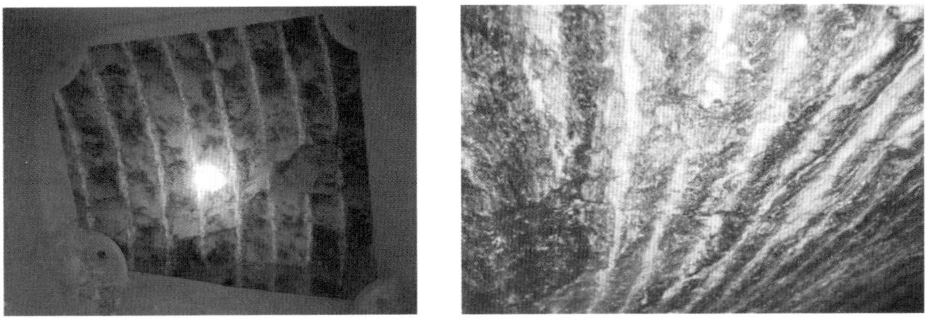

图 3.52　平面刀盘破岩轨迹

反锥形破岩刀盘是一种内凹形刀盘，其结构见图 3.53，相比正锥形刀盘，刀盘周边区域先行开挖，降低了围岩应力和岩爆对刀具的损坏。中心区域滚刀为平面布置，正面滚刀为阶梯式布置，所有滚刀与轴向方向平行。阶梯式布置滚刀破岩，实现了每把滚刀刀刃碾压部位的岩石靠近刀盘外周一侧有临空面，临空面降低了滚刀刀刃碾压部位的围岩应力，提高了破岩效率，另外平行于轴向方式布置，使滚刀的推力全部有效作用到滚刀挤压破岩上。

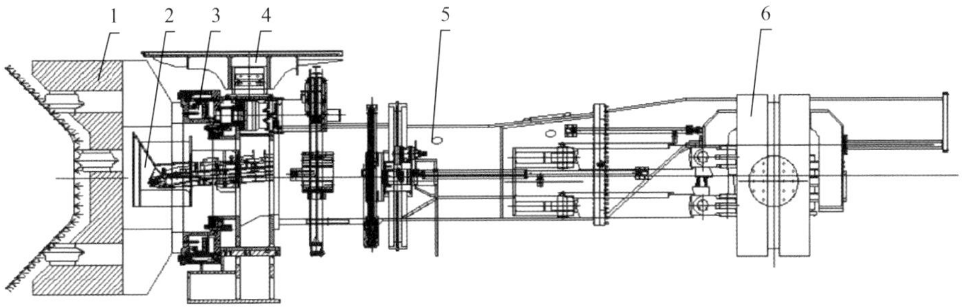

1. 刀盘；2. 出渣皮带机；3. 主驱动；4. 护盾；5. 主大梁；6. 撑靴

图 3.53　反锥形刀盘 TBM 结构图

刀盘进渣口布置了刮渣的刮板，通过刮板把掌子面上切削的渣块主动刮入溜渣板内，通过刀盘的旋转，溜渣板上的渣块转运至中心出渣口。

3.10　叶片式刀盘 TBM

叶片式滚刀刀盘是一种曲面刀盘，见图 3.54，刀盘辅臂采用曲面设计，类似于涡轮叶片，辅臂上布置相应滚刀，滚刀刀尖平面随涡轮叶片仿形，立体式布置，辅臂叶片同时具有导渣功能。通过叶片式滚刀布置，增加了刀盘滚刀开挖的临空面，相比一个临空面破岩，具有更高的破岩效率。根据形状特征，将这种刀盘命名为叶片式硬岩刀盘，搭载这种刀盘的 TBM 称为叶片式刀盘 TBM。

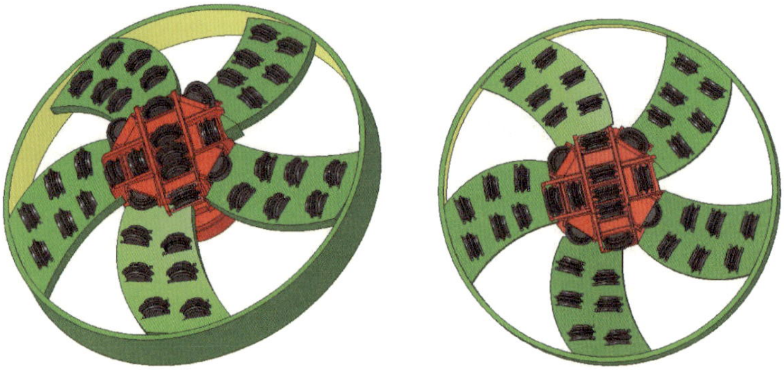

图 3.54 叶片式刀盘

3.11 螺旋刀盘 TBM

借鉴螺旋钻的原理，将滚刀布置在螺旋形状的刀盘上，见图 3.55，每把滚刀与相邻刀具的刀高差为 5mm 左右，相当于一个滚刀贯入度的深度，刀盘的

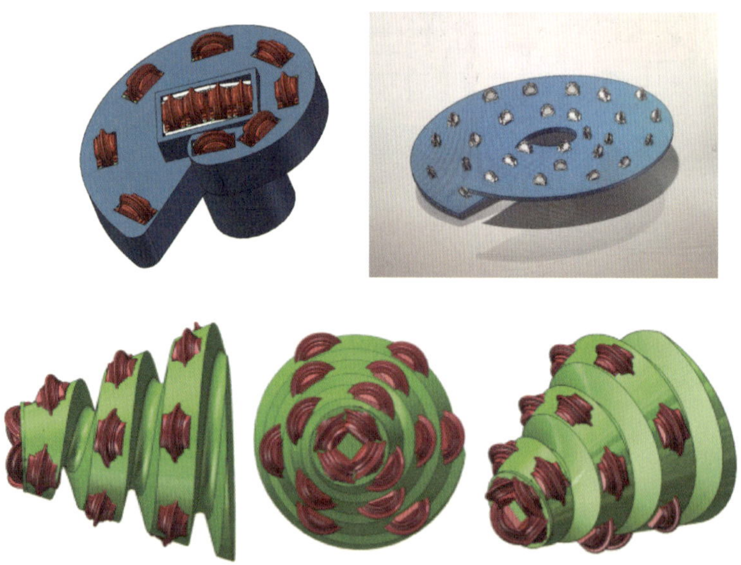

图 3.55 平面螺旋刀盘和锥形螺旋刀盘

推力从零逐渐加大到全部刀具开始破岩，这时的掌子面呈现的是一个螺旋状面而不是平面。需要注意的是，最低位置的滚刀的刀圈要高于螺旋刀盘刀梁的最高处，避免刀梁无法通过螺旋掌子面。螺旋刀盘的优点是破岩效率高，耗费能量少，因为是不对称形状，设备的振动也会减少；缺点是刀盘制造要求高，增加制造成本。另外还有小部分岩渣存留在螺旋掌子面，增加了滚刀二次破岩。

3.12　双滚筒无盲区矩形断面 TBM

单滚筒 TBM 在设计时因为支撑装置的存在，所以在切割上出现盲区。直线布置的双滚筒 TBM 也存在盲区。现在设计一种无盲区的双滚筒 TBM，见图 3.56，可以解决这类盲区的问题。只是隧道掌子面变成了 M 型，图 3.57。这种双滚筒无盲区矩形断面 TBM 可以一次成型，也可以设计成上下摆动完成隧道的切割。让滚筒斜向布置，使两个滚筒上的滚刀尽量靠近，相当于一个刀间距，那么这个盲区的岩石会被破碎。滚筒直径越大，这个倾斜角度越小。因为掌子面呈 M 型，所以破岩效率会高于直线布置的滚筒 TBM，但因为滚刀布置不在同一个平面，所以刀具很容易被损坏，操作时需要特别注意。

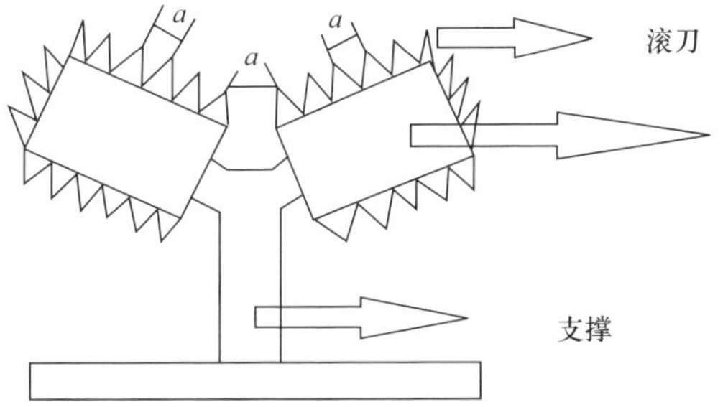

图 3.56　双滚筒 TBM 设计示意图

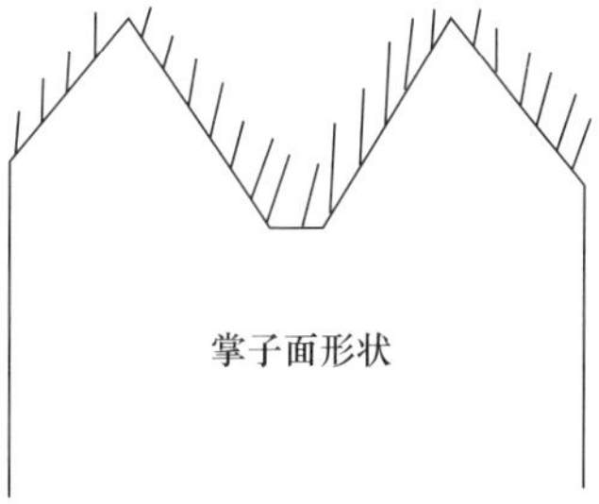

图 3.57　双滚筒 TBM 切削掌子面形状

3.13　三圆 TBM

三圆 TBM 是异形 TBM 的一种，其基本原理是通过三组圆形刀盘协同组合完成全断面的开挖，见图 3.58。由于其单个刀盘破岩原理与常规 TBM 类似，三圆 TBM 整体可行性高，且具有广阔的市场前景。目前用于软土隧道作业的三圆盾构机在日本已有成功应用的工程案例，但硬岩双圆、三圆 TBM 尚无相关成熟案例。

图 3.58　三圆断面与圆形断面对比

3.13.1　三圆 TBM 技术难点

三圆 TBM 是通过前后分层布置的三个刀盘协同作业实现三圆断面的开挖。三圆 TBM 设计主要包括以下难点：

(1) 开挖成型难。相比圆形单一刀盘回转切削，三圆 TBM 断面形状不规则，全断面切削难度大。

(2) 设备出渣难。相比单圆 TBM，三圆 TBM 共三套出渣系统，三套出渣系统的协同效率是设备顺利掘进的关键。

(3) 拱架拼装支护定型难。相比圆形单曲率拱架唯一圆心回转拼装，三圆 TBM 多段拱架运动轨迹复杂，拱架拼装机构设计难点多。

(4) 位姿控型难。相比单圆 TBM 轴线偏转单维度控制，三圆 TBM 存在轴线偏转、姿态滚转等多维度协同控制难题。

3.13.2　三圆 TBM 构成及关键技术

三圆 TBM 主要由刀盘开挖系统、刀盘驱动系统、出渣系统、主机系统、支护系统以及后配套系统组成，见图 3.59。

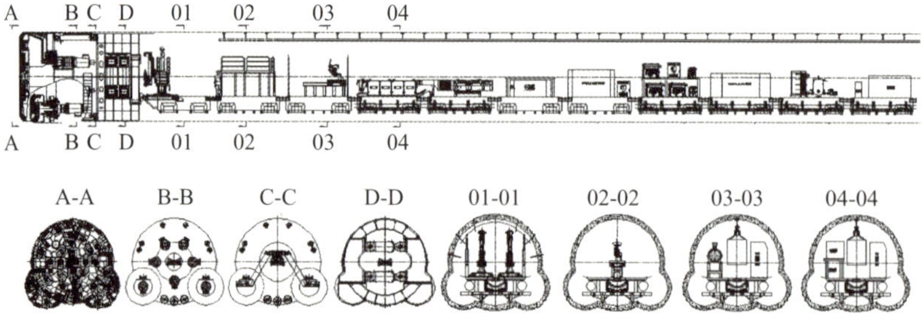

图 3.59　三圆 TBM 方案示意图

1) 刀盘

在设计开挖方式时，为了实现较高开挖覆盖率，采用不同直径多刀盘前后搭配联合开挖，见图 3.60，需要研究每个刀盘本身对地质的适用性，包括分析刀盘、刀具的受力形式、组合方式。同时还要对多个刀盘联合开挖过程中不同直径刀盘的转速与开挖效率关系进行研究，提升不同刀盘掘进效率的匹配性。刀盘面板结构采用箱体式结构，增强刀盘的强度和刚度，刀盘面板和外周部位堆焊耐磨材料，保证其可靠性。

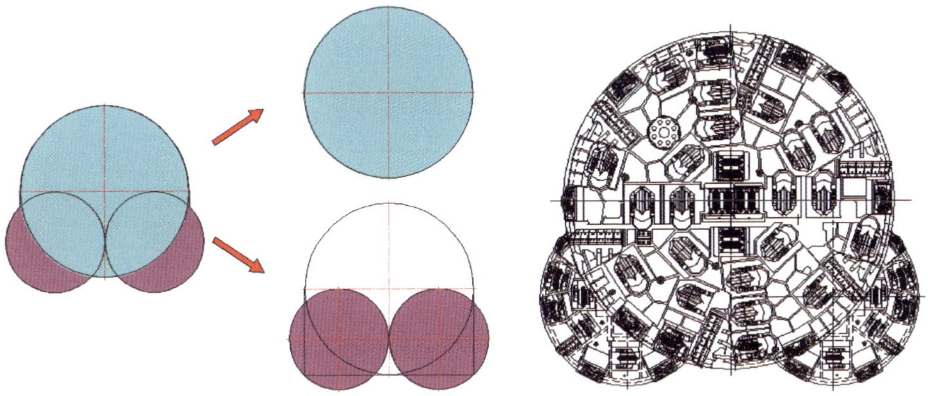

图 3.60　开挖系统构型设计

对于局部凸起区域的破岩需求，可根据地质情况搭载高压水切割、钻机打孔 + 液压胀裂、链锯切割、悬臂掘进机等辅助破岩技术进行二次处理。

2) 刀盘驱动系统

三圆 TBM 多刀盘多驱动协同开挖系统，实现了异形断面低扰动切削掘进。三个刀盘各有一套独立的驱动系统，三套驱动系统分别采用小尺寸轴承，降低成本，节约布置空间，满足多驱动同时作业需求。其中主刀盘采用多组电机驱动，底部小刀盘采用一组电机驱动，小刀盘与驱动的连接方式采用中心轴，见图 3.61。

3) 主机系统

主机系统包括盾体、推进系统、撑靴系统等。其中，盾体包括前盾、伸缩护盾、支撑盾等结构，见图 3.62。所有盾体轮廓与开挖轮廓相匹配，且满足盾体前大后小的要求，避免围岩收敛情况下卡机风险。在前盾和支撑盾之间设置有推进油缸，为设备向前掘进提供推力。盾体采用箱体结构，具有足够的强度与刚度。

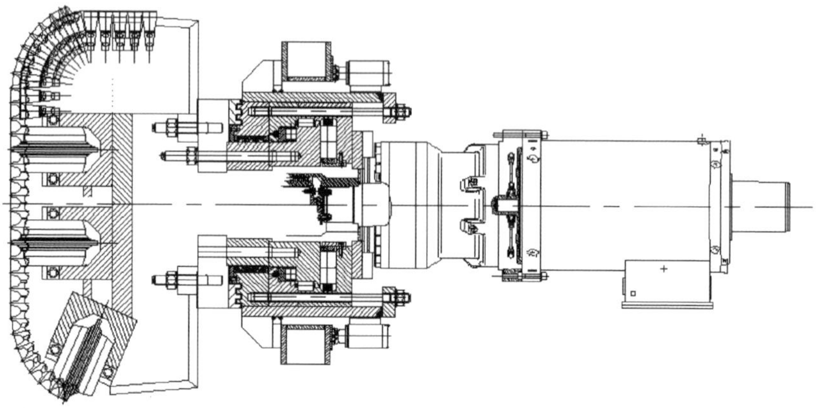

图 3.61 小刀盘驱动形式

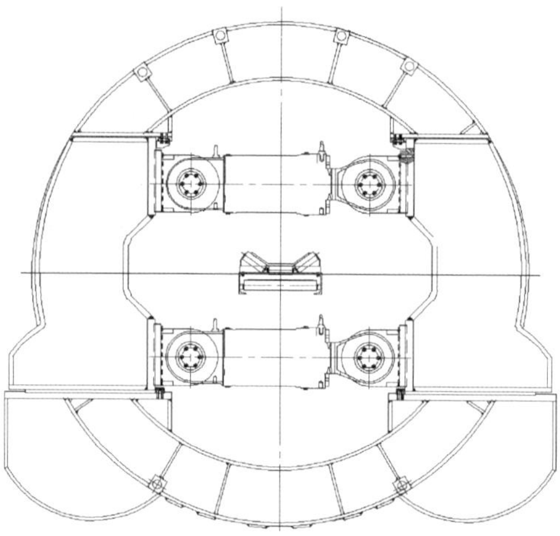

图 3.62 盾体断面示意图

4) 出渣系统

出渣系统效率决定了 TBM 的掘进效率，三圆 TBM 采用多皮带联合出渣技术，见图 3.63，确保出渣的稳定性和可靠性。三组刀盘分别配置独立的出渣系统，均采用皮带出渣。其中，底部两组小刀盘皮带布置于驱动顶部位置，在刀盘系统完成出渣后，采用斜向提升装置，将渣土运至大皮带上，实现 TBM 主机区域的顺利出渣。

5) 支护系统

拱架支护系统是三圆 TBM 的设计难点。拱架拼装机构可设置多套伸缩臂，通过精确控制各区域伸缩臂的行程，实现三圆断面拱架支护。可根据地质状况进行整环拱架安装或先拼装大圆形上部钢拱架，分部安装两个小圆形下部钢拱架，并喷射混凝土。

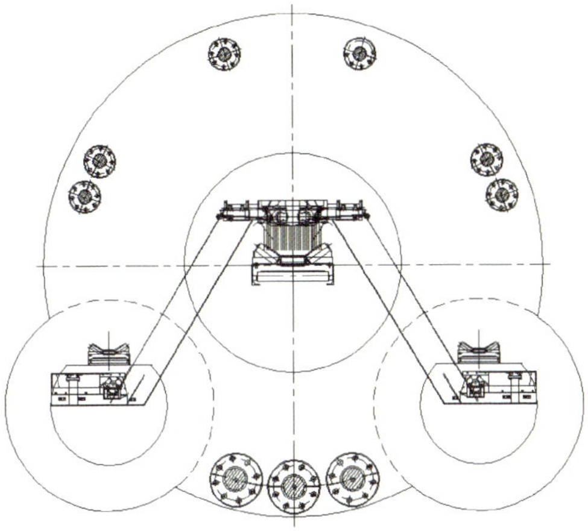

图 3.63　主机区域联合出渣系统

6) 后配套系统

后配套系统是 TBM 结构的重要组成部分。后配套系统位于主机后部，其主要的功能是物料运输、储存，后配套拖车上布置有液压、电气、流体等配套设备，为实现 TBM 的掘进支护功能提供动力。三圆 TBM 的后配套可采用滑靴式结构，并在台车底部布置导向轮结构，确保掘进过程中，后配套台车平稳向前移动。

我们还可以将并联机器人 TBM 与大直径 TBM 组合成三圆 TBM，见图 3.64。这样的 TBM 结构虽然复杂，但隧道成型效果好。

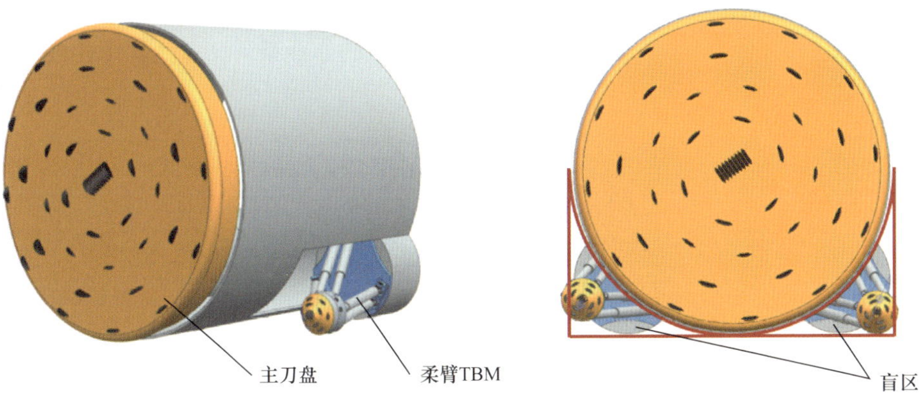

图 3.64　配备柔臂 TBM 的三圆硬岩掘进机

三圆 TBM 作为异形 TBM 的一种，可行性相对较高。随着研究的深入和技术的进步，应将 TBM 开挖断面形式进一步拓宽至马蹄形、矩形等，以满足不同隧道的应用环境。目前上述技术都还处于前期研究阶段，部分机型正在进行工业性试验，相信随着技术的发展成熟，异形 TBM 将得到快速的推广应用。下一节将介绍十二种马蹄形盾构机。

3.14 十二种马蹄形盾构机

马蹄形断面隧道比圆形断面隧道空间利用率可以提高 15% 以上，见图 3.65。马蹄形断面隧道受力情况优于矩形断面隧道，可适应深埋、复杂地质条件等工况，在公路、铁路、水利、城市地下空间开发等领域具有应用前景。

(a) 矩形断面与圆形断面对比　(b) 拱形断面与圆形断面对比　(c) 马蹄形断面与圆形断面对比

图 3.65 异形断面隧道与圆形断面隧道空间利用率对比

目前马蹄形隧道多采用传统矿山法进行作业，见图 3.66，在作业效率、成本、安全等方面较为落后。研发能够实现马蹄形隧道机械化作业的掘进机，特别是适用于山岭隧道的掘进机，有利于改善深埋隧道的作业条件，降低其作业成本。

图 3.66 马蹄形断面隧道传统作业工法

针对马蹄形断面隧道掘进机的研究及应用较少，日本曾做过一些研究，但仅有初步概念设计，停留在理论研究阶段，没有具体的工程应用案例。2016 年，中铁装备自主研发的世界首台马蹄形土压平衡盾构机正式下线，成功应用于蒙华铁路白城隧道的建设，开创了马蹄形断面隧道采用掘进机进行作业的先河。本节将介绍中铁装备自主研发的马蹄形盾构机系列，针对不同的地质条件等工况，提供各种适应性的解决方案，为马蹄形盾构机的选型应用及隧道建设提供参考和借鉴。

本节内容旨在为马蹄形断面隧道的建设提供各种适应性的解决方案，随着技术的不断突破，马蹄形盾构机系列不止于此，还会有各种各样的变形创新，适应各种复杂苛刻的条件。展望未来，马蹄形盾构技术能够替代传统矿山法，成为一种更加安全、高效、经济、环保的隧道修建技术。

3.14.1　全马盾构机

1. 全断面标准马蹄形盾构机简介

全断面标准马蹄形盾构机，简称“全马”盾构机，是一种用于马蹄形大断面长距离隧道作业的重大装备，见图 3.67，可实现隧道开挖、排渣、管片支护等过程一次作业成型，类似于工厂化连续作业。装备适应直径范围为 5~15m，可适应软岩、新老黄土、砂卵石等地质条件，具有空间利用率高、安全、高效、经济、环保等特点，可广泛应用于交通、水利、国防、城市地下空间开发等领域。

图 3.67　全马盾构机

全马盾构机作为隧道盾构工法中的一种，结构组成和工作原理与常规圆形盾构机类似，整机系统如图 3.68 所示。根据隧道开挖断面的不同，整机的开挖、盾体、出渣、管片拼装、后配套等系统均需要进行订制化设计。

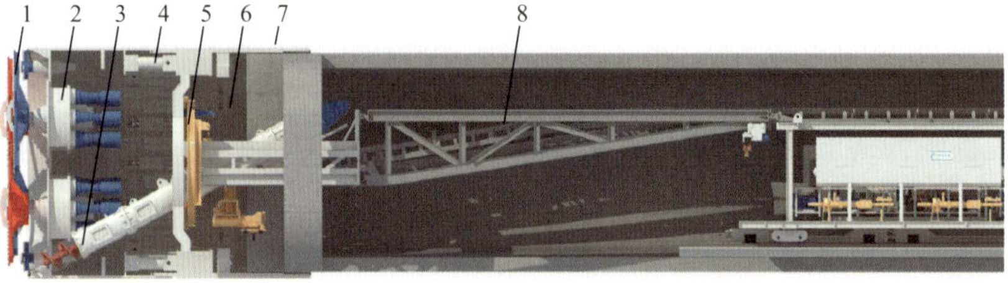

1. 开挖系统；2. 驱动系统；3. 出渣系统；4. 铰接系统；5. 管片拼装系统；6. 推进系统；7. 盾体系统；8. 后配套系统

图 3.68 全马盾构机整机系统

2. 全马盾构机关键技术

1) 开挖系统

马蹄形隧道不同于普通圆形隧道，刀盘无法通过绕单一中心回转开挖出马蹄形断面。如何实现马蹄形隧道全断面开挖，同时又能保证渣土改良的均匀性和作业精度是全马盾构机研制过程中需要解决的关键技术问题之一。实现马蹄形断面开挖的刀盘布置形式主要有两种：仿形摆动刀盘布置和多刀盘组合布置，如图 3.69 所示。

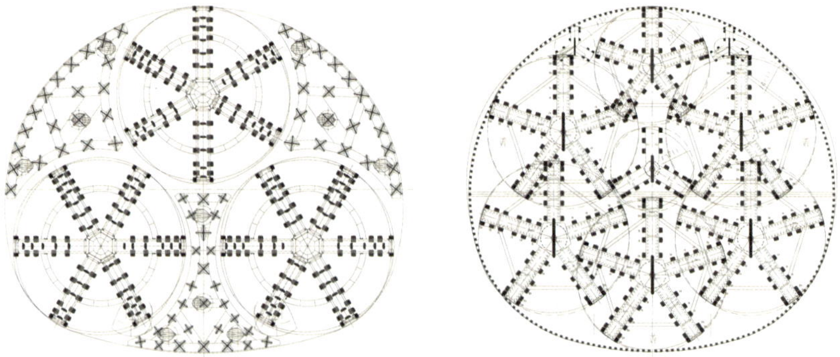

(a) 仿形摆动刀盘布置　　(b) 多刀盘组合布置

图 3.69 马蹄形断面刀盘布置形式

仿形摆动刀盘可以实现马蹄形隧道全断面开挖，但也有明显缺点：由于偏心摆动刀盘(图 3.69(a) 中三个近似于三角形的刀盘)均围绕各自的圆心旋转，其上布置的刀具受到的反力无法相互抵消，切削反力传递给盾体，容易造成对周围土体的扰动，若控制不好，易造成开挖的沉降量超标；偏心摆动刀盘后部的搅拌棒搅拌范围有限，搅拌棒布置数量少会引起土体搅拌效果不佳，搅拌棒布置数量多则将大大增加刀盘的扭矩，且形成的反作用力对盾体的平衡不利。

采用多刀盘组合开挖形式，主要依靠前、后刀盘错置安装，通过开挖面的相互弥补，尽可能地减少马蹄形断面的开挖盲区，组合式刀盘驱动方式简单可靠，相对于偏心摆动刀盘，圆形刀盘在开挖过程中，刀盘的切削反力能够相互抵消，因此对周围土体的扰动小。同时，搅拌棒的搅拌效果好，对地面的沉降控制更有优势。多刀盘组合开挖方式不可避免地存在开挖盲区，但是可以在盲区的位置以及搅拌棒搅拌作用较弱的区域布置高压水冲刷孔和改良孔，对盲区的渣土进行处理，同时盾体周边布置有盾体切刀，共同控制掌子面的开挖。

2) 多曲率管片拼装技术

管片拼装机的设计是全马盾构机整机设计中的重点和难点。马蹄形隧道管片共 8 块，每块大小、质量均不一致，分块管片位于马蹄形隧道管片不同曲率的位置上，见图 3.70。考虑到管片安装的需要，管片拼装机需要能够实现锁紧、升降、平移、回转、俯仰、横摇和偏转 7 种动作，具备足够的回转力矩和平移力，且回转机构应具备常闭制动功能。

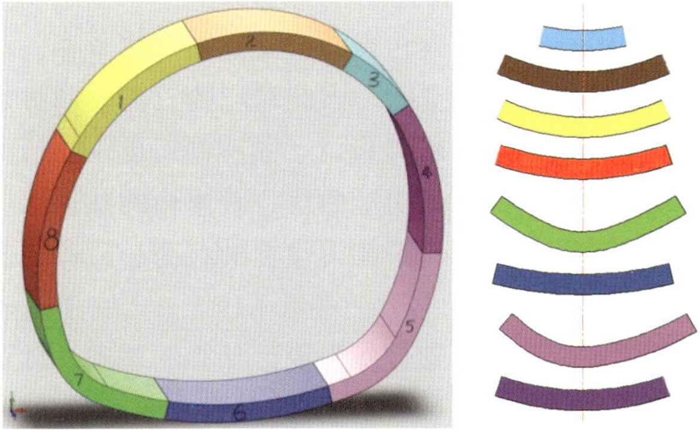

图 3.70　马蹄形隧道管片分块形式

马蹄形隧道可以采用错缝拼装或通缝拼装，若采用错缝拼装，需要根据管片拼装机的能力，合理设计奇数环和偶数环，各管片的拼装顺序从最下部管片开始，交替从左右侧往上拼。

全马盾构机根据掌子面平衡模式的不同，可以分为土压平衡式和泥水平衡式。对于泥水平衡式全马盾构机，盾体内部空间更大一点，拼装机的方案选择较多。对于土压平衡式全马盾构机，考虑到开挖截面的特殊性，一般需要两个螺旋输送机出渣，其拼装机的设计一般采用环式管片拼装机。

全马盾构机设计了一套多自由度管片拼装系统，主要结构包括回转机构、径向伸缩机构和管片抓取机构，见图 3.71。回转机构绕 Z 轴进行旋转运动，径向伸缩机构在油缸的驱动下实现沿 Y 轴的伸出和回缩。

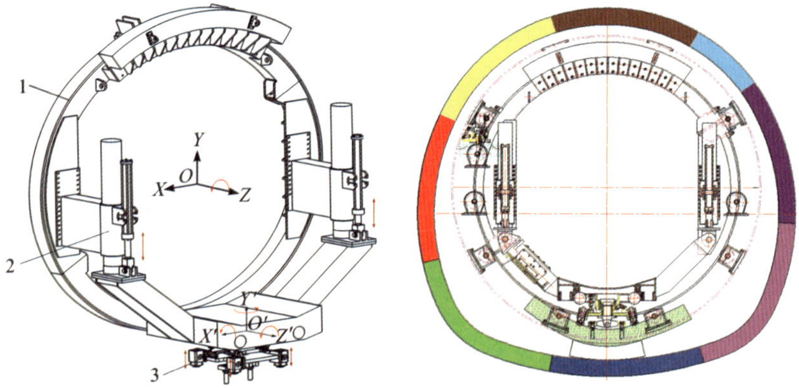

1. 回转机构；2. 径向伸缩机构；3. 管片抓取机构

图 3.71　全马盾构机管片拼装系统

3) 紧凑型刀盘驱动设计与联合控制

全马盾构机选用组合式多个旋转刀盘，其空间比较紧凑，同时还需要预留人孔、螺旋输送机、铰接油缸等空间，因此对应的刀盘驱动必须在具备高扭矩的同时占用空间较小。为此，针对性地设计了紧凑型刀盘驱动，通过对刀盘扭矩、转速、受力等参数计算，确认刀盘扭矩曲线、减速箱的减速比、调速范围和电机基频率，根据实际工况计算出作用在刀盘上的载荷、刀具切削土体所需的刀盘转速、刀盘外径大小、刀盘驱动装置的参数等因素，选取主轴承的外径、内径、额定动载荷、额定静载荷等主要参数作为设计计算的基础。针对刀盘驱动联合控制，研究了“一拖多”控制方式下各台电机在速度同步条件下的扭矩平衡问题，“一拖多”驱动同一负载时单台电机的状态监测和可靠保护问题，大功率、多负载环境下总线网络的通信干扰、可靠性问题等，开发出多刀盘联合控制的“一拖多”变频驱动系统，制定了合理的变频器控制策略，设计出满足功能要求并且安全可靠的 PLC(可编程控制器) 程序。全马盾构机多电机驱动和整体驱动系统分别如图 3.72 和图 3.73 所示。

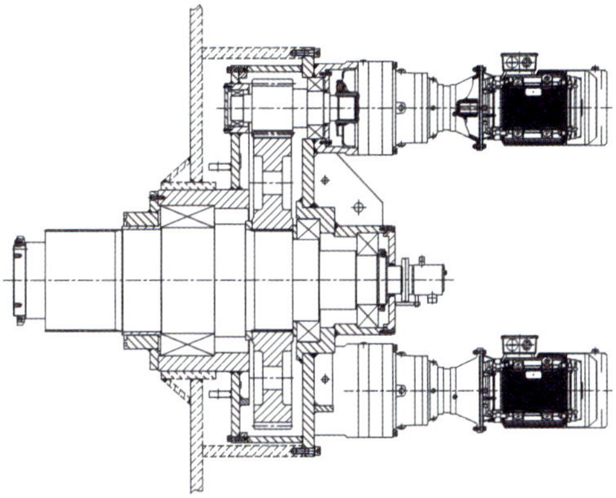

图 3.72　全马盾构机多电机驱动系统

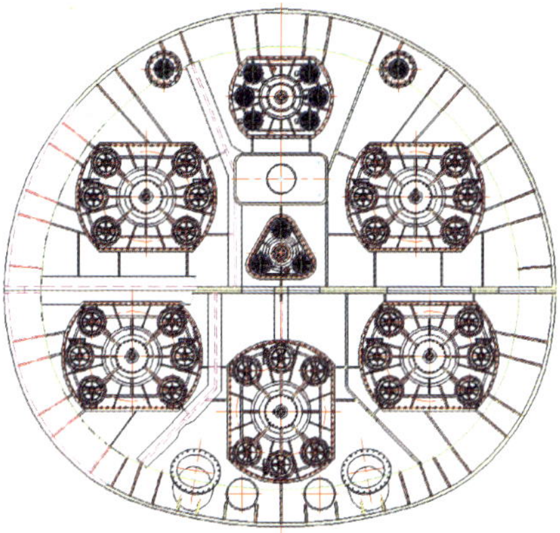

图 3.73　全马盾构机整体驱动系统

3. 工程案例

浩吉铁路白城隧道全长为 3345m，最大埋 81m，为 120km/h 双线电气化铁路隧道，隧道全段位于直线上，最大坡度 −5‰，见图 3.74。白城隧道主要穿越地层以粉砂、细砂、砂质新黄土为主，细颗粒含量足够，无地下水，隧道围岩级别为Ⅴ、Ⅵ级，其中Ⅴ级 2730m、Ⅵ级 305m。

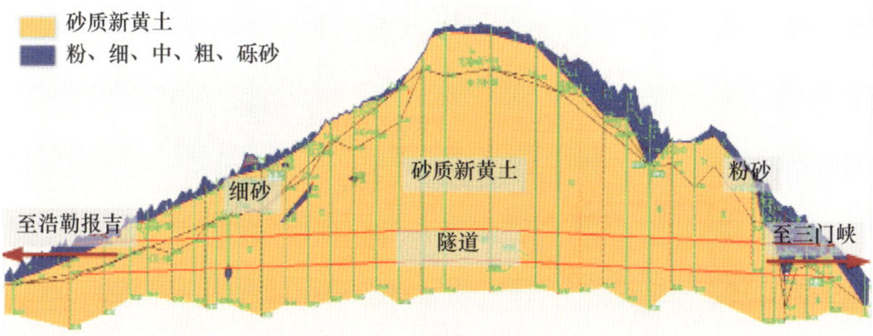

图 3.74　隧道纵断面图

2016 年 11 月至 2018 年 1 月，马蹄形盾构完成了浩吉铁路白城隧道整个工程标段，在整条隧道作业中设备掘进性能良好，实现了日最高 17.6m 的掘进速度 (平均每月掘进 203m，最高月掘进 308m)，真正实现了马蹄形隧道机械化、自动化、安全无障碍作业，为作业人员提供了可靠的安全保障，同时该项目也是一次对现代化环境友好型新型作业方法的成功探索。

全马盾构机在浩吉铁路白城隧道项目的成功应用，开创了全球马蹄形盾构机作业的先河，设备作业过程中，可以实现马蹄形隧道开挖、出渣、支护一次作业成型，与传统矿山法相比，作业效率提高了近 5 倍，项目成果获得国际隧道界最高奖——国际隧道协会 (International Tunnelling Association，ITA) 颁发的 2018 年度技术创新项目奖。

3.14.2 软马盾构机

1. 研究背景

许多隧道处于板块交接的地方，地质条件复杂，地应力水平高，作业难度大，高地应力造成的隧道大变形问题尤为突出。在这种隧道作业中，经常使用的作业方法及支护体系有台阶法、三台阶法、双侧壁导坑法、中隔壁 (CD) 法 (见图 3.75)、交叉中隔壁 (CRD) 法等。这些工法多以新奥法为基础，即以维护和利用围岩的自承载能力为基点，采用锚杆和喷射混凝土为主要支护手段，及时进行支护，控制围岩的变形和松弛。采用这些工法作业时，经常发生初期支护变形过大、单层初期支护拆换、双层初期支护拆换、二次衬砌作业时机难以选择、二次衬砌持续抵抗围岩塑性变形等问题，严重时二次衬砌还会开裂破坏。

图 3.75 CD 法作业

关于软岩大变形，目前还没有一致和明确的定义。含有相当数量黏土矿物的岩石，以不容易察觉的体积增加，缓慢地侵入隧道净空，这是太沙基 (Karl Terzaghi) 最早对隧道围岩大变形的描述和定义。

国际岩石力学学会于 1995 年提出软岩大变形概念，认为这是一种与时间相关的变形行为，通常发生在地下空间开挖周边，一般是由极限剪切应力失稳而导致的蠕变所造成。这种变形可能会在开挖期间停止，也可能持续非常长的时间。

隧道工程中所遇到的挤压大变形不良地质问题较多，如奥地利的陶恩隧道和阿尔贝格隧道，日本的惠那山隧道，中国的家竹箐隧道、大寨岭隧道、乌鞘岭隧道等，其共同点是围岩软弱、地应力较高、变形大且持续时间较长。

软岩大变形是长期困扰隧道作业的难题，在软岩隧道作业中，由于围岩变形过大，往往导致初期支护侵限、衬砌开裂甚至塌方，给工程带来重大安全隐患和经济损失。图 3.76 展示了厦门海底隧道软岩大变形造成的危害。

图 3.76　海底隧道软岩大变形

软岩大变形的处理措施主要为打长锚杆、分层支护、加厚衬砌，必要时辅以小导洞应力释放等，但其处理措施不仅与地质条件有关，还与作业工法、工艺及作业组织密切相关，往往到了作业阶段大变形现象出现后，再布置试验段进行试验，最终确定合适的处理措施才能取得较良好的效果。

随着大量高地应力软岩隧道工程经验的积累，人们发现单纯采用大刚度的支护结构难以抵抗围岩压力，隧道作业过程中依然会出现初期支护损坏或二次衬砌开裂的情况，给隧道后期运营带来很大的隐患。因此，“先放后抗，以柔克刚”的柔性支护结构理念已逐渐成为一种主导思想。

超前导洞应力释放技术，作为柔性支护方式的一种，在煤矿领域应用较为广泛，在铁路、公路隧道中，只有少量隧道采用导洞卸压的方式。据统计，堡镇隧道、乌鞘岭隧道、毛羽山隧道等采用了导洞应力释放技术，达到了控制围岩变形的效果。

某隧道作业变形监测数据和理论数据证实：

(1) 变形总量上，导洞扩挖法比三台阶法小很多。导洞法拱顶沉降总值为 488mm，比三台阶法降低了 60%，水平收敛量为 1641mm，比三台阶法降低了 37.5%。

(2) 由于提前卸压，导洞法的塑性区范围要明显大于三台阶马蹄形断面。

(3) 导洞法作业时，围岩拱顶位置的水平应力和边墙位置的竖向应力均有大幅度降低。

(4) 导洞法初期支护承受的应力与三台阶法相比明显降低。

基于此，我们提出“软马”盾构机概念。

2. 软马盾构机组成

本书提出了一种适用于软岩大变形地层的马蹄形盾构机(简称软马盾构机)，如图 3.77 所示。软马盾构机整机包括刀盘装置、盾体结构、超前掘进装置、渣土输送机、管片拼装机、推进系统、后配套系统、电气系统、液压系统等。

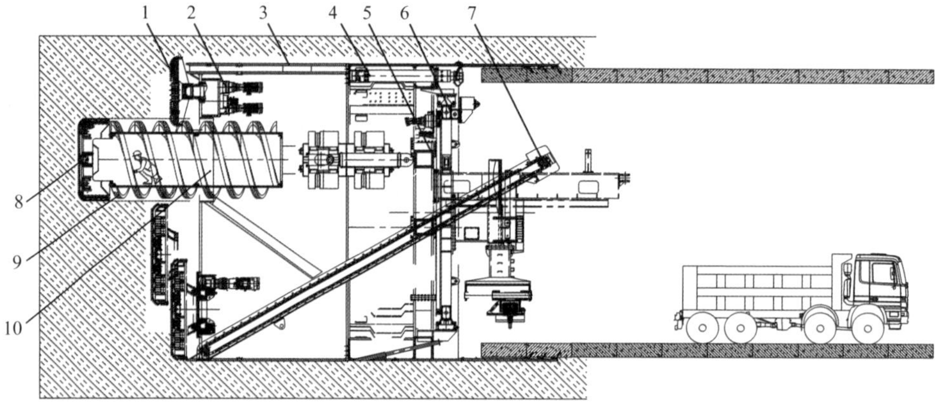

1. 刀盘；2. 驱动装置；3. 盾体；4. 主推系统；5. 米字梁；6. 管片拼装机；7. 渣土输送机；8.超前掘进装置；9. 螺旋叶片；10. 超前掘进刀盘

图 3.77　软马盾构机整机图

1) 刀盘部分

针对软岩大变形地层，刀盘的结构形式采用了多刀盘前后组合的形式，根据不同的隧道断面进行优化布置，可以将切削面积达到整个断面面积的 80% 以上，如图 3.78 所示。顶部和两侧的刀盘开挖直径会略微比盾体超挖，底部刀盘的开挖直径与盾体平齐。

刀盘与驱动的连接方式采用中心轴式，刀盘面板结构采用复合式，保证刀盘的强度和刚度，刀盘面板和外周部位堆焊耐磨材料，保证其可靠性。

针对软岩地层，刀具的配置以滚刀为主，同时为了抵抗地应力释放时产生的冲击，滚刀材料要具有一定的耐冲击性，并辅助配置部分宽刃撕裂刀。另外，在滚刀周边配置大量保护性刀具，保证刀具的使用寿命。

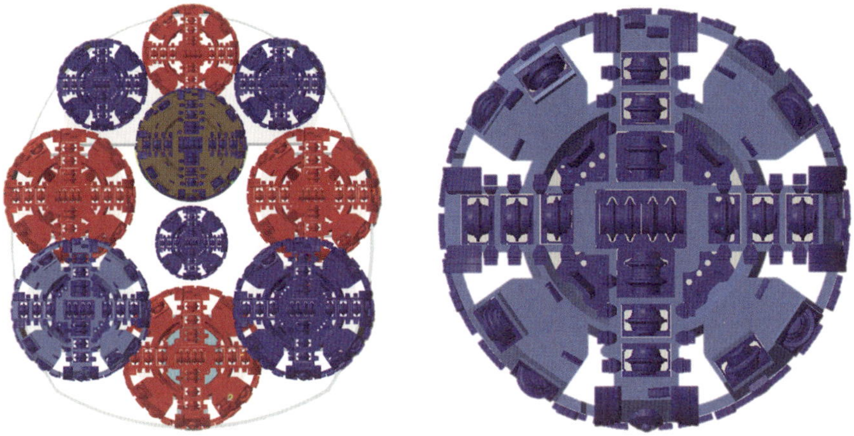

(a) 多刀盘布置图　　(b) 单个刀盘结构形式

图 3.78　软马盾构机刀盘

2) 盾体结构

盾体分为前盾、中盾、尾盾。前盾采用分半结构，初步分为上下两半部分，其中上部盾体采用双层结构，如图 3.79 所示，内层盾体与下部盾体采用螺栓连接，外层盾体分为多个分块，每个分块与内层盾体采用油缸及导向柱进行连接，可以实现外径尺寸的变化，以便于在高地应力地层提前释放一部分应力，减小后部管片衬砌变形的风险。

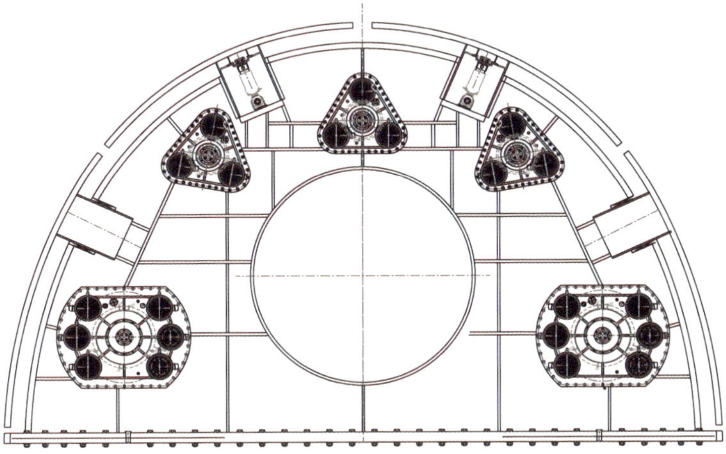

图 3.79　前盾上部变径结构

中盾与前盾采用螺栓连接，中盾内布置有推进油缸，为掘进提供前进的动力。同时中盾上布置有米字梁，为盾体内工作平台和管片拼装机提供安装支座，其边缘通过法兰与中盾外壳进行连接，具有足够的强度和刚度；在米字梁的上部中心位置，设计有专属的超前掘进装置的安装平台，梁体后部为超前掘进装置提供反力。

3) 超前掘进装置

超前掘进装置位于软岩大变形马蹄形盾构机的上部中心位置，根据隧道地质情况，可以选择刀盘加螺旋轴的形式或长螺旋水平钻的形式等。刀盘加螺旋轴的形式如图 3.80 所示，主要包括超前掘进刀盘、螺旋叶片轴、掘进导轨、超前掘进驱动、超前支撑装置和推进装置等。超前掘进刀盘位于最前端，采用了面板式复合结构，刀具布置全断面滚刀，安装形式为后装，刀盘支撑采用周边支撑形式。

螺旋叶片轴位于刀盘后面，与刀盘采用螺栓进行连接，主要由叶片和套筒焊接而成，套筒中间预留了人员进出的空间和刀具的运输空间，以便在刀具受损时，对前方的刀具进行更换。叶片采用分段式设计，叶片的长度和前盾里的空间进行匹配，叶片之间采用螺栓连接，最后一节叶片与后面的驱动装置进行连接，传递刀盘破岩所需要的扭矩。

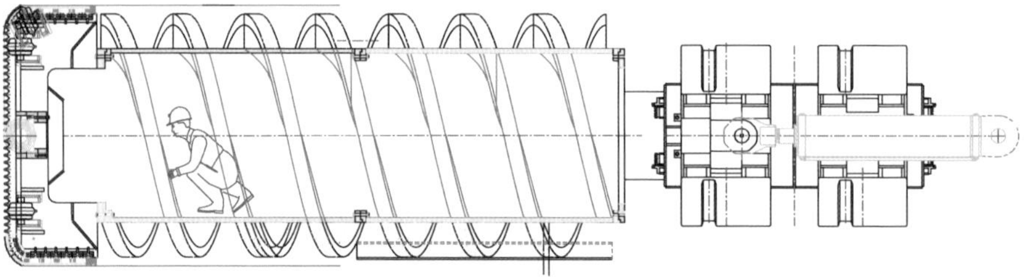

图 3.80 超前掘进装置

导轨与前盾隔板连接，掘进中对刀盘和螺旋叶片起到临时支撑的作用。

超前掘进装置的驱动和推进装置集成在后部，推进装置由两组油缸组成，推进的反力由后部的米字梁承担，推进装置采用换步推进结构，可以在有限的空间内保证推进的行程；驱动装置设置在推进装置前部，驱动的旋转端与前部的螺旋叶片采用螺栓连接，将动力传递到前方的掘进装置。

当软岩大变形隧道的地质抗压强度较低时，超前掘进装置可以选择图 3.81 所示的长螺旋水平钻机，钻机的钻孔直径可达 2m，钻孔深度可达 30m。

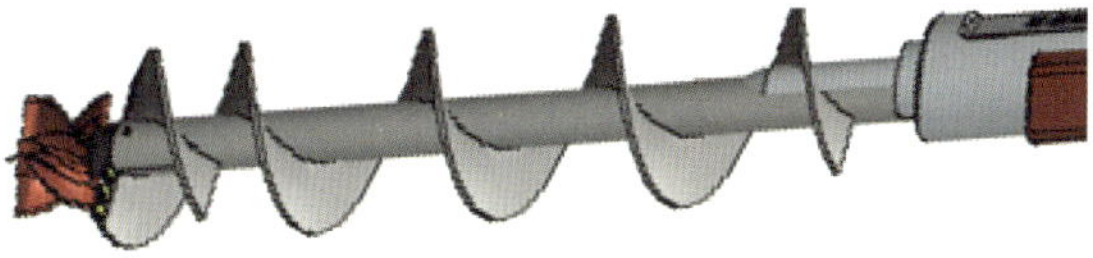

图 3.81　超前导洞用长螺旋水平钻机

4) 渣土输送装置

渣土输送分为前方掌子面的渣土输送和超前掘进装置的渣土输送。由于设备并未采用压力平衡原理，前方掌子面的渣土输送设计采用了刮板输送机的形式，刮板输送机位于前盾隔板的正下方，斜向后方穿越管片拼装机，将渣土源源不断地输送到后方的渣土运输车上。

超前掘进装置的渣土则由螺旋叶片运输至隔板后方，并通过设置在盾体隔板上的导槽，汇集到刮板输送机上，运输至洞外。

3. 工作原理

软马盾构机的工作原理是利用超前掘进装置挖出超前导洞，提前释放地层应力，然后使用全断面马蹄形掘进机开挖剩余掌子面岩体，能够实现超前应力释放、全断面隧道开挖、排渣、管片支护等过程一次作业成型的工厂化连续作业，具体过程为：

(1) 使用超前掘进装置向前掘进，由刀盘开挖的岩块通过螺旋叶片轴排出，在超前刀盘开挖面掘出一个长距离的导洞，由此将地层的高应力进行逐步释放。

(2) 隔板上的其他刀盘系统开始转动，主机在主推系统的顶推下向前移动，在掘进的过程中，根据地应力情况，撑靴油缸收回，调整盾体结构的外径尺寸，以防止在地层应力下卡盾。

(3) 刮板输送机将刀盘破碎下来的岩体输送至盾构主机后部，并转运至洞外。

(4) 随着掌子面下部的岩体逐步被输送机转移，掌子面上部失稳塌落的岩体因重力作用继续塌落到掌子面下部区域，进而被输送机转移。

(5) 随着主机逐步掘进，主推系统油缸伸出至可以拼装下一环管片，管片拼装机抓取管片进行拼装，同时将管片用螺栓紧固，拼装成一整环管片，如此往复循环，最终完成整条隧道的作业。

软岩大变形盾构机有效地汲取了超前应力释放技术和常规盾构 /TBM 作业的优点，设计了超前导洞掘进出渣、多刀盘联合开挖、盾体可伸缩支撑、管片衬砌等功能，不仅有利于提前释放积聚在岩体内的能量，同时也利用了盾体的伸缩功能二次释放应力，采用盾构管片衬砌一次成型技术，使隧道周边形成的高应力区向深部围岩转移，实现了高地应力软岩地层马蹄形全断面开挖、出渣、衬砌机械一体化作业，降低了该类型地质条件下的作业风险。

3.14.3 半马盾构机

如何在断层破碎带和高地应力的地质环境中实现设备的机械化作业是一项亟待攻克的难题。破碎带的宽度有达数百米甚至数公里的情况，其主要特征为破碎性和波动性，通常含有断层角砾岩、碎裂岩、糜棱岩或断层泥等。断层破碎带如图 3.82 所示，它具有稳定性差、强度低、透水性差、容易变形和压缩性差等特点。

图 3.82 断层破碎带照片

1. 结构特点

根据断层破碎带岩体稳定性差、易变形的特性，设计了适用于断层破碎带岩体的半敞开式马蹄形盾构机，简称“半马”盾构机，如图 3.83 所示，前盾上部拥有敞开式挖掘功能，前盾下部采用多刀盘组合开挖形式。本设备结构特点有：

(1) 马蹄形断面上半部分采用两台挖掘臂开挖，它是一种多功能开挖设备，具有俯仰转角、左右摆动转角、工作臂变径、前后移动、端部变幅等多个自由度，同时可配置铲斗、液压破碎锤、超前钻机、铣刨机、松土器、液压钳等。

(2) 马蹄形断面下半部分采用组合式同平面多刀盘开挖，每个小刀盘均配置有盘形滚刀和刮刀，相邻两个小刀盘间能够独立旋转且彼此同步，刀盘将碎石块进行破碎、过滤和搅动，使之顺利地被输送机送出掌子面。

(3) 前盾上部外壳内置有可伸缩的插刀，每把插刀上安装可反转一定角度的挡板。前盾的挡板起到临时支撑掌子面的作用，其斜板遮挡坍塌的岩土或石块，便于碎石块的处理和风险控制。

(4) 此处的输送机包含轴式或带式螺旋输送机、刮板输送机、皮带机等输送设备。

(5) 与常规护盾 TBM 类似，主推进油缸分布在尾盾的内环，以完成初凝的混凝土为依托向盾构机提供辅助推力，以拱底管片为依托向盾构机提供主推力，共同实现马蹄形半断面盾构机向前掘进。

(6) 专用的多功能管片拼装机附着于米字梁上，并将拱底管片铺设在马蹄形断面的下部，拼装机上还可以安装超前钻机作为开挖辅助。

(7) 马蹄形拱顶部分以钢拱架 + 钢筋排的支护手段，辅以配钻锚杆完成初期湿喷作业。

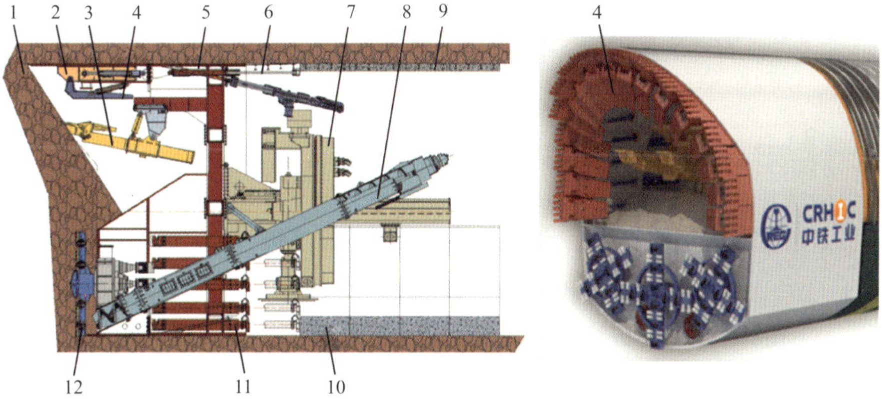

1. 断层破碎带；2. 插刀；3. 挖掘臂；4. 挡板；5. 护盾；6. 辅助推进系统；7. 支护、拼装一体机；8. 螺旋输送机；9. 初期支护喷锚；10. 预制管片；11. 主推进系统；12. 刀盘

图 3.83　适用于断层破碎带岩体的半敞开式马蹄形盾构机

2. 操作流程

该盾构机具体作业流程如下：

(1) 使用挖掘臂 (根据工程地质选择铲斗、液压破碎锤、超前钻机、铣刨机、松土器、液压钳等) 将破碎带岩体轻微触动，该类型岩体小范围失稳，塌落呈自然堆积状态。

(2) 此时护盾结构由主推系统提供前进动力，前盾上部的前伸梁和挡板临时支撑隧道拱顶和掌子面围岩，斜板防止破碎岩体堆积，长度进一步扩展。

(3) 前盾下部的驱动装置驱动组合刀盘开挖该区域岩体，并通过输送机将破碎岩体输送至盾构主机后部，然后运出洞外。

(4) 随着掌子面下部的岩体逐步被输送机转移，掌子面上部失稳塌落的岩体因重力作用继续塌落到掌子面下部区域，进而被输送机转移。

(5) 随着主机逐步掘进，主推系统油缸伸出至可以拼装下一环管片的位置，马蹄形隧道下部区域采用预制管片进行衬砌，上部区域采用钢拱架 + 钢筋排 + 锚杆作为初期支护，如此往复循环。

(6) 当遇到地质极不稳定情况时，在拼装装置和挖掘臂上安装超前钻机，对掌子面进行超前注浆、超前管棚等作业；同时前盾与尾盾之间设置有临时紧急闸门，如果遇到突泥突水情况，可以关闭紧急闸门，将掌子面与衬砌作业区域分隔。

3. 关键技术

(1) 隧道专用挖掘臂拥有灵活的操作系统，可以根据工程地质选择铲斗、液压破碎锤、超前钻机、铣刨机、松土器、液压钳等，工作端的铲斗能够覆盖整个拱顶区域，而且人员观察掌子面的视野良好；实时监测同平面多刀盘的运行参数，向土舱内注入膨润土等改良剂，提高渣土的流动性。此外，还可以根据需要设置多种电子监控设备，做到对拱顶岩体小范围失稳塌落过程和整个掌子面的安全稳定的监控。

(2) 除渣设备。根据具体的工程地质情况，输送机可以选择轴式或带式螺旋输送机、刮板输送机、皮带机等输送设备。排渣技术是半马盾构机的研发关键技术之一，对于粒径较大、发育不均匀的破碎岩石地质，宜采用大直径带式螺旋输送机，如图 3.84 所示，建立“以排为主，以破为辅”的排石机制，筒体上预留土压压力表接口、渣土改良口、观察窗等，螺旋输送机筒内壁及叶片外圆堆焊有耐磨层；当螺旋叶片被卡住时，可以通过控制电动机正反转来脱困，必要时可以打开螺旋输送机筒体上的观察窗来对壳体内部进行清理。图 3.85 为刮板链出渣装置实物照片。

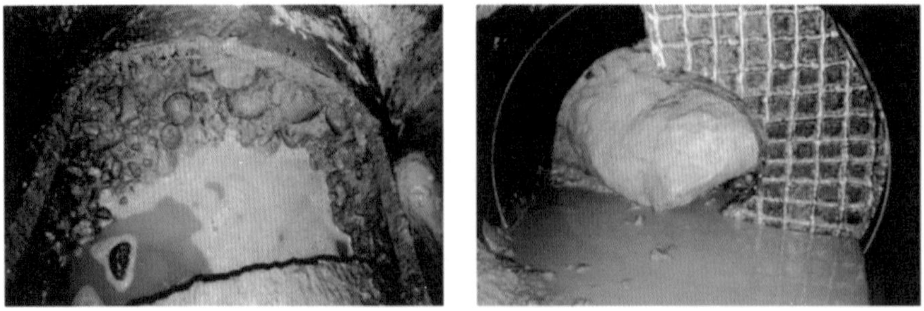

图 3.84　螺旋输送机

图 3.85　刮板链出渣装置

(3) 整机推进时的稳定性。半马盾构机的掘进反力主要来自于底部仰拱区域，掘进时拱顶的盾体没有直接的支反力来源，盾体顶部与围岩的摩擦力、插刀的迎面阻力等会造成主机在推进时有上抬的风险。基于此，在盾构机尾盾内适当增加一个支腿以提高整机运行的稳定性，同时，作业过程中要实时监测盾体姿态和隧道轴线偏差。

(4) 隧道衬砌的荷载结构模型。建立管片 + 初期支护的模型荷载系统，为隧道结构设计提供理论数据支撑。

半马盾构机有利于释放断层破碎带岩体的内部应力以及隧道 (收敛) 大变形，且利用了围岩自承载能力的特点，沿用了新奥法的理念精髓，为实现断层破碎带岩体马蹄形全断面开挖、出渣、衬砌机械一体化作业提供了一种思路，降低了该类型地质构造下的作业风险，它将在山岭铁路隧道的极端作业环境下发挥作用。

3.14.4　敞马盾构机

1. 研究背景

传统的新奥法作业对地层有较强的适应性和高度灵活性，但也存在着不方便机械化作业、工人劳动强度高、工作条件恶劣、风险大等缺点，为了提高马蹄形断面隧道机械化作业水平，进一步解放劳动力，同时兼具作业经济性，研发了敞口马蹄形盾构机，简称“敞马”盾构机。

敞马盾构机是一种安装一台或几台挖掘机开挖装置进行开挖，采用仰拱与管片或钢拱架组合封闭成环进行支护，依托仰拱提供前行反力的隧道挖掘设备，见图 3.86，主要应用于具有一定自稳性的软土、软岩、硬岩破碎带等地质隧道作业。设备采用集成化设计，将隧道的开挖、出渣、支护等多种功能集成，实现隧道平行作业，集成化管理，减少工序衔接时间，提高作业效率，不仅可以提高隧道作业机械化程度，解放劳动力，提高作业安全性，同时也可以提高隧道空间利用率，具有较好的经济性。

图 3.86 敞马盾构机

2. 结构组成和各系统工作原理

1) 开挖装置

敞马盾构机的开挖装置可由一台或几台挖掘机组成，并可配置但不限于铲斗、液压破碎锤、铣挖头、超前钻机、铣刨机、松土器、液压钳等装置。

开挖装置具有俯仰转角、左右摆动转角、工作臂变径、前后移动、端部变幅等多个自由度，工作端覆盖整个掌子面区域，且人员观察掌子面的视野良好。另外，此类挖掘设备还具有作业准备时间短、机械化程度高、对围岩扰动小、适应断面灵活、超欠挖易控制、开挖出渣连续、作业人员少、便于维修和运输等优点。

2) 盾体结构

盾体结构是开挖装置、除渣系统和人员作业平台等部件的支撑载体，同时对挖掘出还未衬砌的隧洞段起着临时支撑的作用，承受周围水土压力，为盾构机安全作业提供保护。根据断面大小、地层条件和加工、运输情况，盾体结构一般分为前、中、尾三部分，为防止正常掘进过程中突然遇到突泥涌水的意外情况，盾体之间设置有可以立即关闭的密封闸门，保证作业人员的安全。

盾体前部外壳内设置有可伸缩的插刀装置，每把插刀上还安装有可反转一定角度的挡板，在开挖时，插刀装置和挡板可以对隧道拱顶和掌子面起到一定的支撑作用。

3) 出渣系统

出渣系统是将开挖装置掘削下来的渣土加以收集并运送到洞外的一套设备系统，它是敞马盾构机的主要系统之一，其能力与开挖装置能力的匹配度直接影响整机的掘进速度。

出渣系统一般由星形拨渣轮、驱动装置、改向链轮、皮带机或刮板机、渣车编组列车等组成，各部分之间相互协调完成物料的收集与运输。

星形拨渣轮是收料装置，其连续旋转，通过星轮爪将切削下来的物料收集并装到运输装置上。星形拨渣轮一般很难覆盖主机底部全部区域，为了更好地集渣和出渣，在主机内布置有敞马盾构机专用的反铲挖掘机，通过反铲挖掘机与星形拨渣轮相互配合，将主机底部区域的渣土更好地收集起来，完成集渣和出渣作业。

4) 支护系统

这里的支护系统指初期支护，为了增加结构安全，一般情况下初期支护都是喷锚支护，由喷射混凝土、锚杆、钢拱架、钢筋网组成。初期支护应及时封闭成环，隧道的初期支护应根据围岩特点、断面大小和使用条件等选择喷射混凝土、锚杆、钢拱架、钢筋网等单一或组合的支护形式。

5) 衬砌系统

衬砌系统指二次衬砌。二次衬砌是在初期支护内侧施作的模筑混凝土或钢筋混凝土衬砌，与初期支护共同组成复合式衬砌，主要作用是提供安全储备或承受后期的围岩压力。

二次衬砌多采用模板台车浇筑，根据设计情况，有的部位是钢筋混凝土，有的部位也可以是素混凝土。根据作业现场实际情况以及围岩监控测量结果，选择好二次衬砌的施作时间，能够使结构处于最佳的受力状态，二次衬砌施作过早会使其承受较大的围岩压力，过晚则不利于初期支护的稳定。

3. 作业应用操作流程

在敞马盾构机作业前，首先要选择合适的机型。选择机型的决定因素有：隧道岩土的种类及特性，包括隧道岩土的抗压强度、抗拉强度和抗磨蚀性；隧道支护形式，采用仰拱与预制薄管片还是仰拱与钢拱架进行支护。采用预制薄管片就需要配置管片拼装装置，采用钢拱架形式则需要拱架安装机和相应的锚杆钻机等装置。

选定机型后，准备进行隧道的作业。准备阶段，需要对作业工艺流程进行合理优化，因为很多作业工艺是由配套设备来完成的。因此，隧道的作业效率不仅受到主机掘进效率的影响，还受到其他配套设备作业的影响。在配套设备作业的各个环节中，以支护和辅助运输难度最大。支护与掘进、渣土运转不能平行作业，辅料靠人力运送，这就严重制约了掘进效率，使掘进速度变慢。

准备工作完成后，进行整机进场。为便于拆卸，整机的运输和进场，可根据实际情况进行灵活调整，可拆散运至工作现场后再在现场进行组装。

对于地层较差的隧道作业，还需要进行超前支护。超前支护是在隧道开挖前，为保证隧道开挖掌子面稳定而采取的超前于掌子面开挖的一种辅助支护措施。一般有超前锚杆、超前小导管、超前管棚和超前预注浆等方法。

完成超前支护后，即可进行开挖掘进作业。根据断面的大小和岩土的稳定性，并结合挖掘设备，选择不同的挖掘作业工艺，分为一次性全断面开挖和分台阶法开挖。全断面法工序简单，能充分发挥开挖设备的优势。对于大断面隧道或稳定性较差地段，可采用台阶开挖方法，将整个断面分为不同的台阶进行开挖，包括上下两台阶、三台阶甚至多台阶方法。在开挖上层台阶时还可采用预留核心土的方法，核心土呈斜坡状，方便掘削的物料下滑至主机底部。

在开挖掘进的同时，进行渣土的收集与转运。在反铲挖掘机和星形拨渣轮作用下，通过刮渣板或皮带机将掘削下来的渣土运送至渣车上，通过渣车运送到洞外。挖掘前进一环后，安放隧道底部预制仰拱块，并通过钢拱架与仰拱封闭成环进行初期支护。初期支护应做到及时封闭成环，保证作业安全。初期支护应根据断面大小和地层条件，选择喷射混凝土、锚杆、钢筋网和钢拱架等单一或组合的支护形式，接着进行隧道的防水和二次衬砌作业。地下水一般具有腐蚀性，对隧道支护结构和二次衬砌构成很大的危害，如果地下水不能及时排除，渗透到衬砌中时，会对衬砌的混凝土和钢筋造成严重的腐蚀，将影响整个衬砌的强度，大大缩短工程使用寿命。二次衬砌与初期支护共同组成复合式衬砌，二次衬砌需在初期支护稳定后施作。

如此循环，完成整个隧道的作业。

4. 设计和作业中的关键技术

1) 盾体结构设计

敞马盾构机盾体结构的合理与否直接影响隧道建设的正常进行和作业人员的安全，同时也关系到生产制造的成本。

(1) 盾体结构的可靠性。盾体结构的可靠性是隧道建设正常进行的必备条件，关系到整个作业的安全。马蹄形断面隧道的受力条件要远差于圆形断面隧道，在设计初期，需要对盾体的各项载荷进行准确分析计算，对盾体主体结构和盾体作业平台等结构进行受力分析，保证盾体主体结构和盾体作业平台等结构满足强度、刚度要求。

(2) 盾体结构的轻量化。为保证盾体结构的可靠性，往往需要采用箱形结构、竖向支撑梁等结构形式。盾体结构的重量对推进系统等有着较大影响，在满足盾体结构可靠性的前提下，如何减轻盾体结构重量，对提高敞马盾构机经济性有着重要的影响。

(3) 盾体结构的分块设计。为了便于加工、拆卸和运输，对于敞马盾构机盾体结构，尤其是超大断面盾体结构，需要进行合理的分块设计，可以设计为上下分块或左中右分块等不同形式，分块之间需要布置合理、可靠的连接形式和密封，既要满足车间加工、道路运输的要求，更要满足现场吊装和作业使用等需求。

(4) 盾体结构安全装置。对于任何一个工程来说，安全性永远是放在第一位的。由于敞马盾构机独特的敞开式结构形式，对于掌子面处的作业人员来说，盾体结构布置一定的安全保护装置是必不可少的。应在盾体之间设计密封闸门，在遇到突泥涌水的情况时，可以关闭密封闸门，保护设备和作业人员的安全。

2) 主机姿态控制

(1) 开挖时主机姿态控制。由于敞马盾构机盾体内部布置有两台或多台开挖装置，不同开挖装置之间相互独立且同时工作，开挖时可能会造成主机偏载，引起主机滚转等问题；马蹄形断面偏载预测困难，联动纠偏约束条件多，控制难度大，一旦发生偏转，对隧道的成型质量影响较大，可以采用在盾体结构内部加装配重结构的形式进行滚转纠偏，或考虑在盾体内增加撑靴装置，保证主机在开挖时具有良好的姿态。

(2) 推进时主机姿态控制。敞马盾构机整机在推进时，推力主要来自底部仰拱提供的反力，如主机推力来源不对称，拱顶的盾体就没有直接的支反力来源。另外，盾体顶部与围岩的摩擦力、插刀的迎面阻力等会造成主机在推进时有上抬的风险。为了保证敞马盾构机主机在推进时姿态的稳定性，可以在尾盾处适当增加一个支腿装置，以提高主机推进时的稳定性。同时，作业时应实时监测盾构机的姿态和隧道轴线偏差，做到“勤测量、勤纠偏”。

敞马盾构机作业结合了盾构法与新奥法的作业特点，将盾构法安全快速掘进和新奥法衬砌结构经济合理的优点相结合，解决了新奥法作业效率低、安全风险高，以及盾构法作业成本高的问题。相信在不久的将来，在软土、软岩地质隧道能看到越来越多敞马盾构机的身影。

3.14.5 外马盾构机

1. 研究背景

新奥法的特点是充分发挥围岩本身所具有的承载效能，在开挖面附近及时施作密贴于围岩的薄层柔性喷射混凝土和锚杆支护，以便控制围岩的变形和应力释放，从而在支护和围岩的共同变形过程中，调整围岩应力重分布而达到新的平衡。盾构机 /TBM 的衬砌支护在盾体之后，满足不了及时支护的要求，但盾构机 /TBM 具备开挖效率高、设备集成度高、人力资源消耗少等诸多优势。高原环境下隧道穿越软弱围岩和破碎带时，体力劳动效率受到严重限制，自动化、智能化高度集成的掘进机是解决作业效率问题的关键。“外马”盾构机是一种集成开挖、立拱、锚固和喷浆功能的新型掘进机，其特点在于铣挖臂、拱架安装机、锚杆钻机和喷浆机械手集成在盾构机主机最前端，盾尾集成第二套拱架安装机和锚杆钻机，后配套拖车上设置第二套喷浆机械手和其他附属设备，见图 3.87。铣挖臂能够大范围超挖，开挖洞径远大于盾体直径，开挖后立即安装钢拱架，然后打锚杆，喷射混凝土，完成开挖和初期支护。盾构机盾体直径小于初期支护后的隧道直径，初期支护结构始终位于盾体外部，故称之为“外马”盾构机。

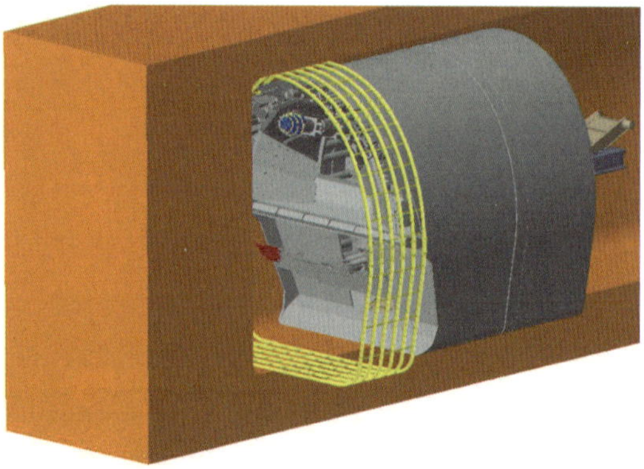

图 3.87 外马盾构机概念图

2. 作业流程

外马盾构机作业流程如下：

(1) 开挖隧道上部岩体，同步出渣；

(2) 在隧道顶部安装钢拱架和锚杆；

(3) 在隧道上部喷射混凝土；

(4) 开挖隧道下部岩体，同步出渣；

(5) 在隧道下部安装钢拱架和锚杆；

(6) 在隧道下部喷射混凝土，注意保持隧道底部平整；

(7) 盾构机主机向前推进，安装隧道底部预制仰拱；

(8) 根据隧道变形情况，在主机尾部安装钢拱架和锚杆；

(9) 后配套拖车上的喷浆机械手补喷混凝土至满足初期支护要求。

以上工序为一个工作循环，遇到破碎带或突泥涌水等特殊地带，开挖前需要在掌子面注浆加固，然后再进行开挖。

外马盾构机与传统盾构机不同，它集成了矿山法的开挖设备和支护体系。外马盾构机的开挖设备为铣挖臂，上下分层布置，分层开挖，形成微台阶，有利于维持掌子面稳定；拱架安装机和锚杆钻机集成在盾构机主机最前端，可以在开挖工作完成后立即钻孔安装锚杆，比传统矿山法工序衔接更加紧密；盾体前端集成的喷浆机械手作为初喷，及时稳定裸露的洞壁，后配套上的喷浆机械手补喷至初期支护要求的混凝土厚度；外马盾构机需要顶推系统推动主机前进，但新奥法的支护体系内不存在管片，也不允许撑靴撑紧在初期支护上为盾构机提供推进力，因此外马盾构机需要依靠仰拱为整机提供推进反力，作业成本可能比矿山法略高。

外马盾构机为软岩大变形和破碎带地质条件下建造隧道提供了一种新的解决方案，为川藏铁路隧道的修建提供了一种新的思路。

3.14.6　多马盾构机

1. 研究背景

对于局部高水压极端地质、高地应力、软岩大变形等掘进难度大的隧道，从作业安全、技术难度、工期、成本及环境保护等方面考虑，传统的单一模式工法无法应对复杂多样的挑战，能够实现多种工法掘进的多功能多模式隧道掘进机的研发需求日益迫切。

2. 原理简述

多功能多模式马蹄形盾构机，简称“多马”盾构机，具有全封闭压力平衡(全马)、半封闭(半马)、敞开(敞马)模式 3 种掘进模式，见图 3.88，整机模块化设计，3 种模式可以在洞内任意换装，以适应突泥涌水地质、蚀变岩隧道、软岩大变形隧道、复合地质隧道等各种极端复杂工况。

(a) 全马模式　(b) 半马模式　(c) 敞马模式

图 3.88　多马盾构机

3. 模式切换

多马盾构机采用模块化设计，根据具体的地质情况，在洞内完成换装，以适应不同的地层掘进要求。

1) 全马模式

全马模式适用于软土、砂卵石、Ⅳ级和Ⅴ级围岩断层破碎带，以及突泥涌水等不良地质条件，开挖装置可以采用多刀盘组合形式或刀盘和滚筒的组合形式，掘进模式可以选择土压平衡模式或泥水平衡模式。全马模式的优点是压力平衡掘进，沉降控制更精确，作业更安全。

2) 半马模式

半马模式适用于Ⅲ级、Ⅳ级、Ⅴ级围岩（轻微变形）等正常地质条件，开挖装置上部可以搭载铣挖臂、反铲挖掘臂或破碎锤等，下部可以采用多刀盘或滚筒形式。半马模式采用螺旋输送机或刮板输送机出渣，隧道衬砌可以选择预制管片或初期支护 + 二次衬砌的支护形式。半马模式掘进开挖更灵活，可以防止卡盾，有效应对各种突发地质情况。

3) 敞马模式

敞马模式适用于Ⅲ级、Ⅳ级硬岩地层以及中度、严重软岩大变形的特殊地质等条件，开挖装置可以配备铣挖臂、反铲挖掘臂、破碎锤、并联机器人刀盘、螺旋刀盘、链锯、凿岩机等。根据地质情况可以进行超前地质加固或锚杆支护，隧道衬砌可以选择预制管片或初期支护 + 二次衬砌的支护形式。敞马模式掘进开挖无盲区，超挖量可控，可以提前释放地应力，操作灵活。

多马盾构机各种模式之间的对比分析见表 3.1。

表 3.1　多马盾构机各模式对比分析

对比项目	全马模式	半马模式	敞马模式
适应地层	软土、砂卵石、Ⅳ级、Ⅴ级围岩断层破碎带，以及突泥涌水等不良地质条件	Ⅲ级、Ⅳ级、Ⅴ级围岩(轻微变形)等正常地质地段	Ⅲ级、Ⅳ级硬岩地层；中度、严重软岩大变形的特殊地质
开挖装置	多刀盘组合或刀盘和滚筒组合	上部铣挖臂、反铲挖掘臂、破碎锤等；下部滚筒、多刀盘	铣挖臂、反铲挖掘臂、破碎锤、并联机器人刀盘、螺旋刀盘、链锯、凿岩机等
掌子面措施	可选择超前地质加固	可选择超前地质加固	超前地质加固(根据情况)
支护措施	预制钢、混凝土管片	预制钢、混凝土管片或初期支护 + 二次衬砌	柔性钢拱架(钢管片)，或预制钢、混凝土管片或初期支护 + 二次衬砌
优点	压力平衡掘进、沉降易控制、作业更安全、效率高	开挖更灵活、可以防止卡盾、有效应对各种突发情况	开挖无盲区、超挖量可控、可以提前释放地应力、操作灵活

3.14.7　爆马盾构机

1. 研究背景

随着隧道作业技术的完善发展，绿色、环保作业理念不断得到加强，非爆破开挖技术越来越多地用于隧道作业。但是，非爆破开挖成本高、耗能大等问题普遍存在，对于工程建设而言，经济性无疑是最主要的制约因素，爆破开挖作为目前最经济的开挖方式，具有不可替代的优势。针对特硬岩石地质的开挖，钻爆法开挖经过百余年的发展，作业技术成熟，形成了一套完善的作业技术体系和技术积累。近些年，凿岩机结构性能和爆破技术发展迅速，例如，使用电子雷管为主导的微震爆破工法的发展，爆破作业仍然具有一定的发展和应用前景。

“爆马”盾构机是将凿岩机、破碎锤或挖掘机等安装在敞口马蹄形盾构机内，集钻眼、爆破、出渣、支护、衬砌为一体，实现钻爆开挖、出渣、支护、衬砌技术智能化、机械化连续作业的一种作业设备。爆马盾构机将传统爆破开挖方式和盾构作业技术结合起来，发挥两种工法的优势，取长补短，同时发挥爆破开挖经济性好、技术成熟的优点，结合盾构维护隧道稳定、安全智能化程度高的特点，将传统钻爆开挖方式在盾构机上实现，具有较高的研究和应用价值。

2. 结构组成

爆马盾构机主要包括开挖系统（悬臂凿岩机、破碎锤、挖掘机）、盾体（盾壳、插刀）、出渣系统（拨渣轮 + 皮带机等）、衬砌系统（初期支护和二次衬砌）、推进系统（顶推油缸、仰拱）等，见图 3.89(a)。

3. 各系统工作原理

1) 开挖系统

开挖系统配备一组悬臂凿岩机，悬臂凿岩机安装在旋转台上，旋转台可以沿隧道轴线旋转或径向平移，使凿岩机作业范围覆盖全断面。同时，凿岩机也可以沿隧道轴向前后平移，使凿岩机退出作业区域，远离爆炸范围。凿岩机具有小角度的俯仰转角、左右摆动转角、工作臂变径等多个自由度，以调整钻孔间距、角度，进行超前钻探，同时还可以根据工程地质配置铲斗、液压破碎锤等，对爆炸后残留的岩体进行清理。凿岩机工作台具有灵活的操作系统，根据不同的地质情况，可以进行灵活的布孔作业；工作端的铲斗覆盖拱顶区域完整，且人员观察掌子面的视野良好。

2) 盾体（插刀）结构

爆马盾构机对盾体有更高的防护要求，盾体不仅要对掌子面和挖掘出还未衬砌的隧洞起到临时支撑的作用，还要配备爆炸防护（闸门）和减振装置等，尽可能地保护盾体，减小爆破冲击、振动对盾体造成的破坏。

3) 出渣系统（拨渣轮 + 皮带机等）

输送机可以选择轴式或带式螺旋输送机、刮板输送机、皮带机等输送设备，将渣土通过分级传递，连续地排出到隧道外。

4) 推进系统（顶推油缸、仰拱）

主推进油缸分布在尾盾内，多功能仰拱拼装机附着于米字梁上，并将拱底管片铺设在马蹄形断面隧道的下部，主推进油缸以仰拱为支撑，为盾构机提供前进的动力。

爆马盾构机的具体作业流程如下：①作业准备；②超前地质预报、测量；③钻爆设计；④围岩处理；⑤布置炮眼；⑥凿岩机钻孔（铣孔、验孔）；⑦装药机装药；⑧撑开爆破挡板；⑨爆破；⑩出渣；⑪ 收回爆破挡板；⑫ 通风、排险。

4. 简易结构

可将爆马盾构机的结构进行简化，根据隧道断面大小在盾壳内设置掘进平台层数，每层配备一台可自行走的单臂多钻凿岩台车，盾壳后部设置推进油缸，配置带有轮式行走的薄管片拼装机，代替隧道的初期支护，也可以拼装各种管片，以适应不同的地质要求，见图 3.89(b) 和 (c)。钻爆法作业的方式基本一致，

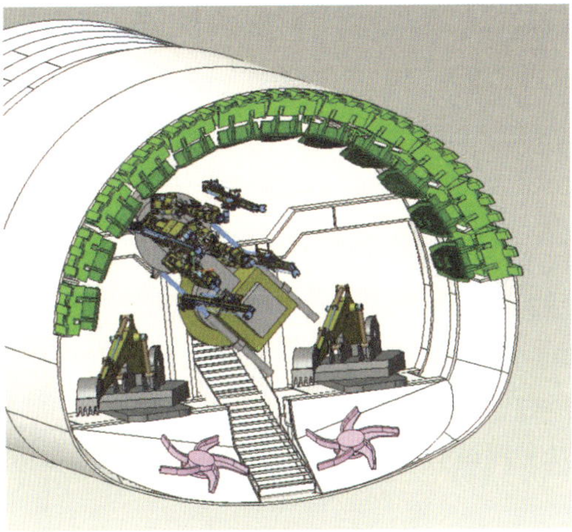

(a) 爆马盾构机结构示意图

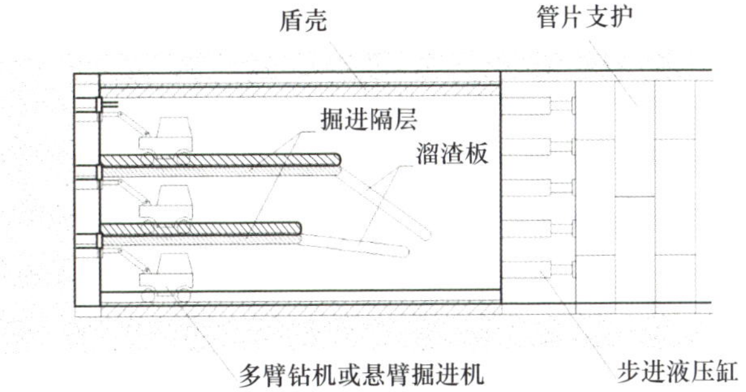

(b) 爆马盾构机简易结构图和钻孔示意图

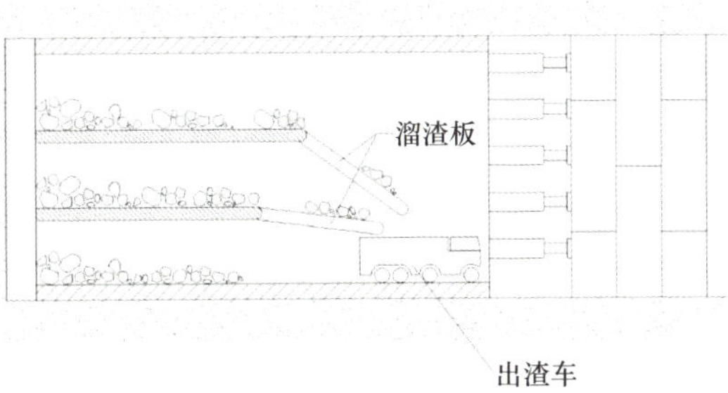

(c) 爆马盾构机简易出渣示意图

图 3.89　爆马盾构机

首先钻孔，然后装药爆破，之后是出渣工序。最底层石渣靠扒渣机或装载机装渣，自卸车出渣。平台层既是钻孔平台也是集渣平台，在掌子面爆破时盾构机盾壳保持在原位，只是开走凿岩台车并对平台和盾壳进行必要的保护即可。平台上的废渣可以通过调整平台倾斜角度让石渣溜进自卸车。因为使用了薄管片，所以隧道省去了拼装拱架和湿喷混凝土这些最占作业时间的工序。这种简易装置的优点是造价低、操作人员少，同时因为凿岩台车钻孔较浅，故隧道超欠挖比较容易控制，也因为钻孔深度较浅，带来每循环作业进度较少。

5. 适用范围及应用优势

爆马盾构机主要适用于岩石、特硬岩石等隧道的开挖，具有以下几点突出优势。

(1) 安全性高：利用盾构的安全防护功能，解决了传统爆破法作业安全性低这个最大弊端，坚固的金属壳体保证了作业人员的安全。

(2) 改善作业环境：全机械化、智能化作业改善了洞内作业人员的劳动条件，极大地减少了体力劳动。

(3) 效率高：可以实现凿孔爆破、出渣、衬砌支护同步进行，相比矿山法大大缩短了作业时间。

(4) 经济性好：凿岩机爆破开挖方法经济性好，机械化出渣、支护，极大地降低了人力成本。

3.14.8 链马盾构机

1. 研究背景

在石材开采领域的“链臂锯”和隧道建设领域的“预切槽机”等设备上，均可以看到链式切割设备进行隧道开挖的方式。将链锯与敞口马蹄形盾构机结合，采用链式切割进行隧道开挖，形成一种新型盾构机——“链马”盾构机。

2. 结构组成及工作原理

链马盾构机以链锯为开挖工具，将马蹄形隧道网割成块，以劈裂破坏为破岩工艺，从而获得较大的石块或土块，通过渣土输送装置排出隧道，盾构机尾部可以同步拼装仰拱和拱架、薄管片等，并通过推进油缸推动设备向前掘进，见图 3.90 和图 3.91。

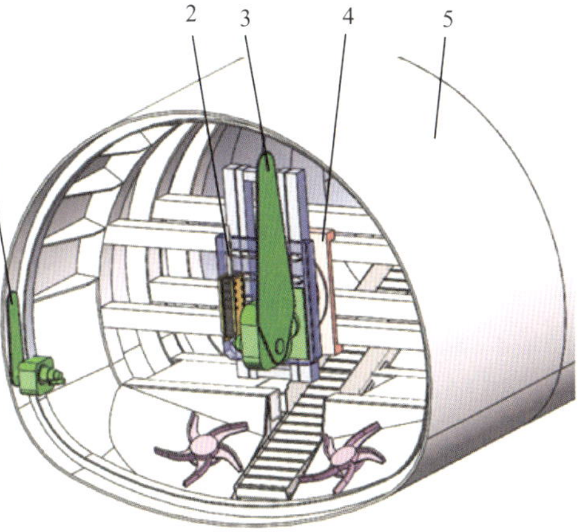

1. 环切链锯；2. 劈裂器；3. 网割链锯；4. 链锯驱动装置；5. 盾体

图 3.90　链马盾构机

图 3.91　链马盾构机切割模拟图

链马盾构机要实现马蹄形隧道的开挖，需要进行以下几点针对性设计。

1) 开挖设备

开挖设备包含一个环切链锯、一个网割链锯以及劈裂器等辅助破岩工具。链锯包含链臂和链条，链条上安装有刀具和清渣装置。环切链锯沿盾体上预设的轨道运动，将隧道掌子面切割出一条环形缝隙。网割链锯在驱动装置的驱动下，在隧道掌子面上切割出若干条呈网状的水平、竖直缝隙。即先用链锯将所需开挖的渣土切割成块，然后再利用劈裂机、绳锯等机械将渣土完全取出。

2) 出渣设备

盾体内的出渣设备与敞口马蹄形盾构机类似，主要包括星轮装载装置、刮板运输机、皮带运输机等。星轮装载装置将开挖设备切削下来的渣土收集到第一级运输机构刮板运输机上，再由刮板运输机转运至第二级运输机构皮带运输机上，最终由连续皮带机或渣车排出隧道，或者采用叉车、装载机等方式装渣。

3) 衬砌

根据具体的工程地质情况，隧道衬砌可以采用传统矿山法仰拱+拱架的支护形式，也可以采用盾构法薄管片的支护形式。

4) 推进系统

推进系统与敞马盾构机基本类似，布置在尾盾内的推进油缸作用在仰拱或预制薄管片上，为设备提供前进的动力。

3. 适用范围及应用优势

链马盾构机主要适用于掌子面稳定的岩石隧道作业。采用链马盾构机具有以下几点主要优势：

(1) 采用分割式隧道开挖理念，岩土破碎程度小，设备整体能耗小；

(2) 岩体破坏程度小，较好的岩石可以二次利用，经济价值高；

(3) 切割噪声、粉尘等污染少，作业环境更加友好。

3.14.9 锤马盾构机

“锤马”盾构机是以破碎锤为开挖手段的马蹄形盾构机。破碎锤一般是指液压破碎锤，也叫液压冲击破碎器 (hydraulic impact breaker)，其以液压为动力，驱动活塞往复运动，活塞冲程时高速撞击钎杆，由钎杆破碎岩石、混凝土等。破碎锤以劈裂破坏为破岩工艺，通过钎杆的冲击力使岩石产生破裂，由此可以获得较大的石块或土块，减少岩石或土体的破碎程度，节省能量。液压破碎锤常被安装在挖掘机的挖掘臂上进行使用，与挖斗可以进行互换，无需额外的设备，因此得到了广泛的应用。

在矿山法隧道作业中，也会用到破碎锤，但作业时，操作人员以及设备直接暴露在岩体下面，安全风险高，同时需要挖掘机进行辅助运渣，作业效率较低。锤马盾构机在敞马盾构机的基础上，将破碎锤安装在挖掘臂上，如图 3.92 所示，进行岩石隧道的开挖，即锤马盾构机可以提供一个盾体保护下的安全作业平台，盾体前部设置的地插刀和挡板装置可以在破碎锤破碎岩石后迅速进行支护，盾体底部则布置有集渣装置和出渣装置，破碎岩石与渣石输送同步进行，从而提高掘进效率。同时，锤马盾构机可以拼装仰拱和拱架、薄管片等作为隧道衬砌结构。

锤马盾构机通过换装破碎锤可以进行岩石隧道的开挖，从而实现软土地层与岩石地层的快速切换，设备的共用也可以很好地控制成本。因此，锤马盾构机能够在相对较低的成本下实现马蹄形断面岩石隧道的安全、高效开挖。

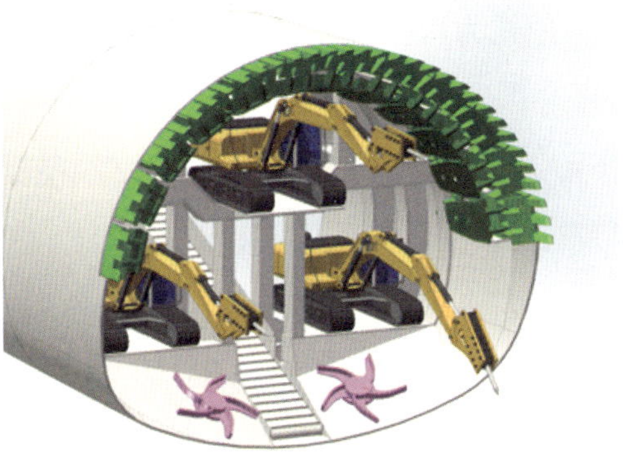

图 3.92　锤马盾构机

3.14.10　螺马盾构机

1. 背景概述

在大埋深高地应力隧道作业中，由于隧道开挖后围岩的应力重新进行分布，局部会出现应力集中，严重时容易诱发岩爆。在岩爆高发地层中作业，需要超前释放地应力，以降低岩爆的发生概率和强度，同时还需要完善的防护措施，紧急情况下保护人员和设备的安全。传统的矿山法作业在应对随机发生的岩爆方面措施极其有限，且大多数措施是在开挖的区域进行，应力释放程度有限。为此，综合螺旋 TBM 与敞马盾构机的优势，提出了“螺马”盾构机，见图 3.93。螺马盾构机可以实现超前开挖，提前释放应力，且能在盾体内同步进行衬砌支护，保护作业人员和设备的安全。

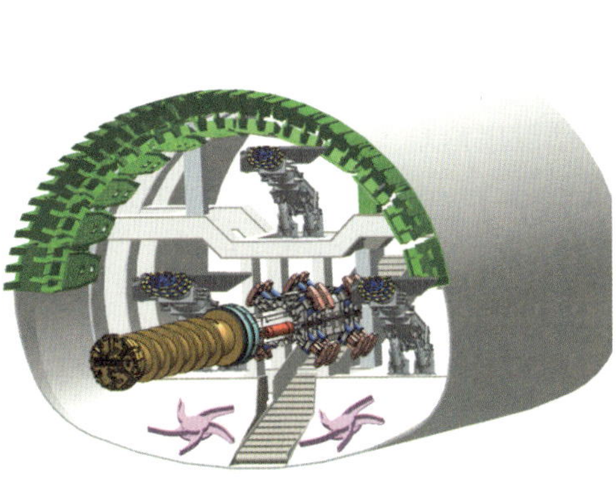

图 3.93　螺马盾构机

螺马盾构机采用TBM刀盘进行小范围超前挖掘，以释放地应力，收回刀盘后在盾体保护下进行扩挖，通过渣石输送装置排出隧道，盾构机尾部可以同步拼装管片，以管片为依托为盾构机提供主推力。整机主要包括开挖系统、出渣系统、管片拼装系统、推进系统、电气系统、液压系统等。

2. 螺马盾构机特点

1) 开挖系统

开挖功能通过主机内布置的超前开挖系统以及三台挖掘臂实现。超前开挖系统位于螺马盾构机的中下部位置，主要由TBM刀盘、螺旋叶片轴、伸缩机构、刀盘驱动系统等组成。刀盘位于系统最前端，通过螺栓与螺旋叶片轴相连。驱动装置布置在螺旋叶片轴后端。伸缩机构前端通过法兰盘与驱动箱体连接，后端支撑位于前盾。推进装置由两组油缸组成，推进的反力由后部的梁承担，通过油缸控制刀盘伸缩。挖掘臂采用盾构机专用悬臂掘进机，能够实现上下摆动、左右旋转、工作臂变径、前后移动等，可以覆盖全断面开挖。三台挖掘臂的控制完全独立，通过操纵杆控制各挖掘臂，有效地进行全断面开挖。

2) 出渣系统

渣土输送分为超前掘进装置的渣石输送和掌子面的渣石输送。超前切削出来的渣石通过刀盘内的刮渣板刮出，落入刀盘后部，通过螺旋叶片排出至掌子面。掌子面的渣石输送由星形拨渣轮、刮板运输机、皮带运输机、渣车编组列车等组成，星形拨渣轮将切削下来的碎岩收集到刮板运输机上，再由刮板运输机转运至皮带运输机上，最终由渣车运出隧道。

螺马盾构机具体作业流程如下：

(1) 伸缩机构推动TBM超前开挖刀盘掘进，提前释放地应力。

(2) 缩回超前开挖刀盘，使用挖掘臂进行扩挖，当完成上部的掘削后，前盾上部的插刀和挡板装置伸出，对拱顶和掌子面上部区域进行支护，防止小规模塌方，确保下部掘削的安全。

(3) 掘削下的渣石通过出渣系统运送至主机后部，并转运到隧道外。

(4) 随着主机向前掘进，主推进油缸伸出至可以拼装下一环管片的位置，同步拼装下一环管节，拼装完成后盾构机继续前进。

如此往复循环，直至整个隧道贯通。

3. 适用范围及应用优势

螺马盾构机主要应用于地应力高、岩爆频繁地层中的隧道建设。采用螺马盾构机预先超前开挖，释放围岩地应力，然后类似敞马盾构机进行开挖，拼装管节，完成隧道作业。螺马盾构机的主要优势有：

(1) 采用 TBM 刀盘超前开挖系统，提前释放地应力，降低岩爆风险；

(2) 采用多台挖掘臂实现全断面掘削，机械化程度高，作业效率高；

(3) 盾体内同步拼装管片，及时对隧道进行衬砌支护；

(4) 整个作业流程在盾体保护下进行，有效地保护了设备及人员的安全。

3.14.11　柔马盾构机

"柔马"盾构机是一种利用并联机器人 TBM 进行马蹄形断面隧道开挖的盾构机，其概念模型见图 3.94。柔马盾构机刀盘系统包括刀盘和内部的驱动装置，刀盘结构采用弧形设计，并同时装有正滚刀和旋切滚刀，以适应各个方向的破岩，内部的驱动装置则带动刀盘进行旋转。盾体前面上部区域安装有插刀和挡板装置，由于柔马盾构机是通过小刀盘进行开挖，无法进行全断面同时掘进，在刀盘开挖掌子面上部区域后，可以将插刀和挡板装置伸出，对拱顶和掌子面进行局部支护，以避免在破碎地层掘进时岩石失稳发生坍塌。盾体的底部设计有星形轮拨盘装置，将开挖下来的碎石向中部集中收集，然后通过刮板输送机和皮带输送机排出整个隧道。

并联机器人 TBM 依靠机器人支撑的刀盘在较大范围内实现六自由度运动，实现以小刀盘开挖大直径任意断面形状隧道，图 3.95 为马蹄形断面开挖示意图。

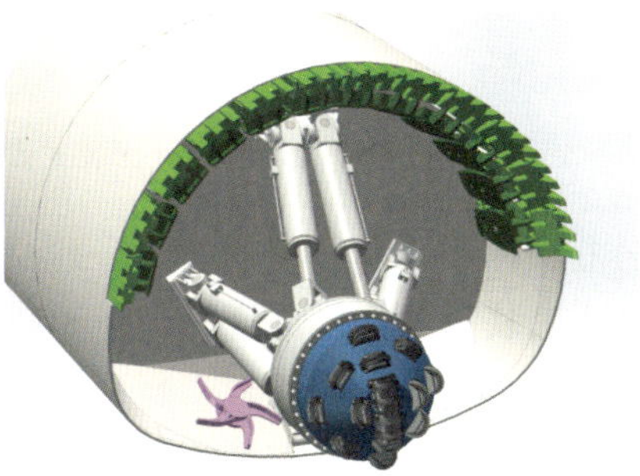

图 3.94　柔马盾构机

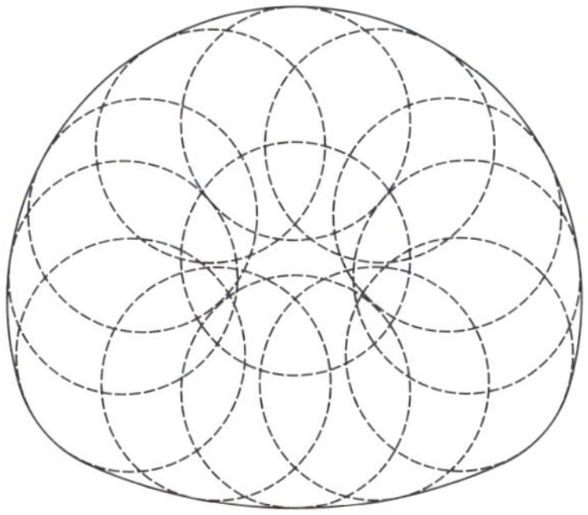

图 3.95　马蹄形断面开挖示意图

柔马盾构机掘进时，先将刀盘在中部位置向前推进，利用正滚刀进行挤压破岩以及旋切滚刀进行旋切破岩，在推进一定深度后，再通过调节六个油缸的位移量，将刀盘向设定的方向平移或摆动，利用旋切滚刀进行旋切破岩。根据马蹄形断面的开挖轮廓设定油缸的位移量，即可让刀盘按照既定路径开挖，从而实现马蹄形断面岩石隧道的全断面开挖。同时，面对软岩大变形地层，柔马盾构机也可以通过控制柔性支撑系统，灵活地进行扩挖。

正是柔马盾构机的柔性支撑系统，使得它能够适应各种不同的隧道断面形状以及地质情况。同时，如果将盾体设计成可变外轮廓的结构，那么就可以实现同一台柔马盾构机进行多种断面隧道的开挖。因此，作为马蹄形断面硬岩隧道开挖的一种解决方法，柔马盾构机具有较大的应用前景。

3.14.12 铣马盾构机

将铣岩机开挖装置与敞马盾构机结合，形成一种新的主要应用于硬岩地层的马蹄形断面隧道掘进机，称为“铣马”盾构机，如图 3.96 所示。铣岩机开挖装置采用正锥形刀盘或图 3.97 所示的刀盘，兼具正切刀压剪破岩与斜切刀拉剪破岩功能，是一种典型的复合破岩开挖装置，具有较好的硬岩地层开挖能力。

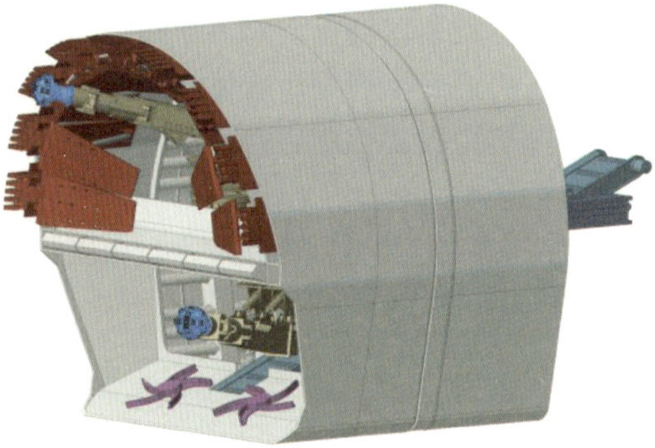

图 3.96　铣马盾构机

图 3.97　铣岩机开挖装置刀盘

铣马盾构机与敞马盾构机类似，区别主要在于开挖装置的不同，开挖时，根据岩石的硬度和机身的振动幅度，调节开挖装置的掏槽深度，当开挖装置以平行于隧道轴线的方向正向掘进时，滚刀以正向滚压方式破岩；当开挖装置以垂直于隧道轴线的方向侧向掘进时，滚刀以侧向斜切破岩方式为主，以正向滚压破岩为辅。

铣马盾构机主要适用于硬岩地层马蹄形断面隧道的作业。作为新一代复合破岩技术的典型代表之一，铣马盾构机的开挖破岩方式具有能量利用率高、破岩效率高、综合成本更低等显著优势。

3.15 链 锯 机

链锯机是一种石材荒料开采的专用设备，其设计理念源于木材切割。世界上最早用于大理石开采的链锯机诞生于 20 世纪 80 年代初期，随着石材开采和加工工艺的不断完善、市场需求的日益扩增，链锯机被广泛地应用于大理石、蛇纹岩、砂岩和其他莫氏硬度小于 5 级的各类软质石材的开采和加工生产。

3.15.1 隧道作业链锯机结构特点

隧道作业链锯机，见图 3.98，它主要由切割链锯、移动机构、履带行走装置和液压、润滑、电控系统等组成。切割链锯通过液压驱动系统带动链条旋转及摆臂切割，移动机构可实现链锯的水平和垂直切割，以及方位变换。

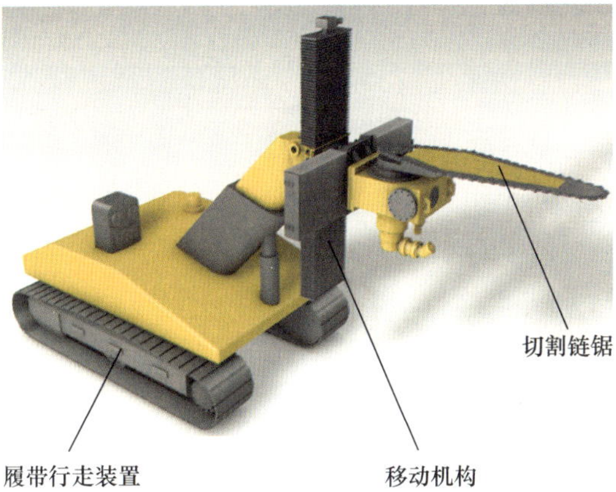

图 3.98　隧道作业链锯机总体结构图

隧道作业链锯机的概念来源于洞采法采石装备及采石原理，其设计思路是基于洞采大理石理念提出的分割式开采方法，并结合隧道开挖理念，进行相应装备研究。在隧道开挖作业中，采用链锯机对隧道岩体进行分割，可减小开挖、破碎方量。将断面岩石分割成为网格状结构，利用岩石抗拉强度低的特点，通过设备的撬动或绳锯断面使岩体断裂，从而完成断面开挖。该方式可用于稳定岩体的隧道开挖，具有粉尘小、噪声小、能耗小、安全性高、隧道成型好等优点。

切割链锯是链锯机切割传动的核心部件，主要由链臂、链条、减速箱、液压马达等结构组成，见图 3.99。切割链锯采用液压马达驱动，通过减速箱传动实现链臂的摆动和链条的旋转切割。

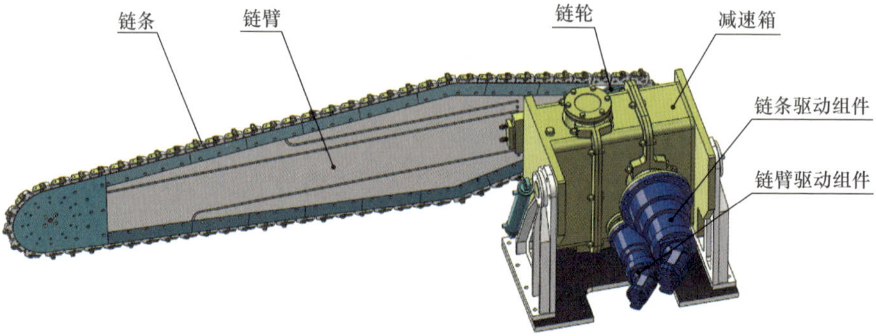

图 3.99　切割链锯结构示意图

隧道作业链锯机的移动结构主要由垂直运动平台、水平运动平台、周向回转平台、连接基座等结构组成，见图 3.100，用于切割链锯的垂直和水平移动以及改变刀头切割方位。

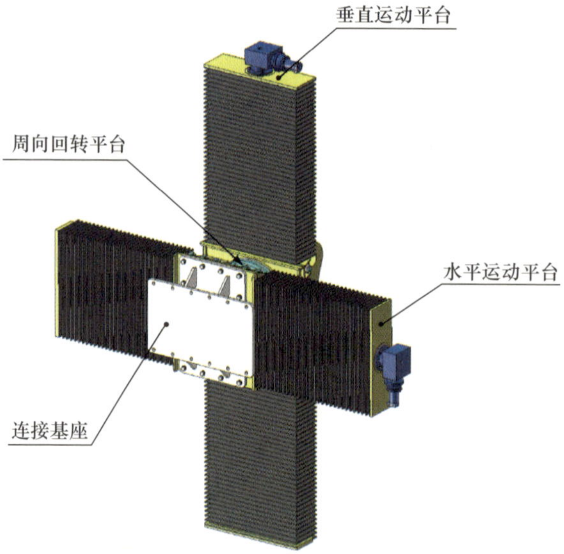

图 3.100　移动结构示意图

3.15.2　链锯机在隧道作业中的应用

隧道作业链锯机作业模拟图见图 3.101，该设备可根据隧道工程需要进行不同形状断面的作业。目前山岭隧道作业以马蹄形断面为主，现以宽 12m、高 11m 的双线马蹄形隧道为例，介绍隧道作业链锯机的作业工法。

图 3.101　隧道作业链锯机作业模拟图

1. 掌子面网格式锯切

双线马蹄形断面隧道采用两台阶开挖法，通过配置两套设备实现上下层同时开挖，提高掘进效率，见图 3.102。隧道作业过程为：

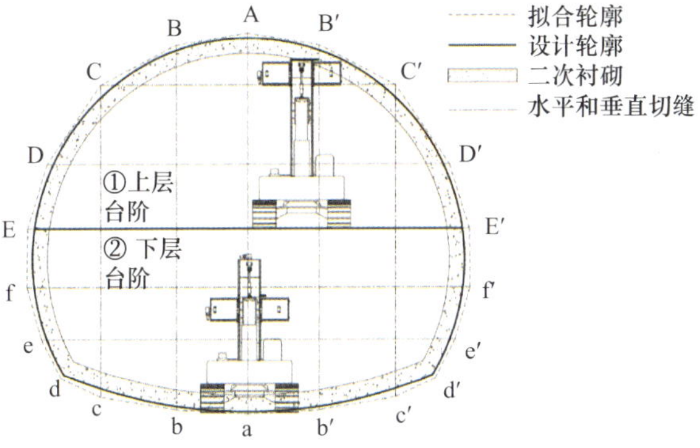

(a)马蹄形隧道掌子面

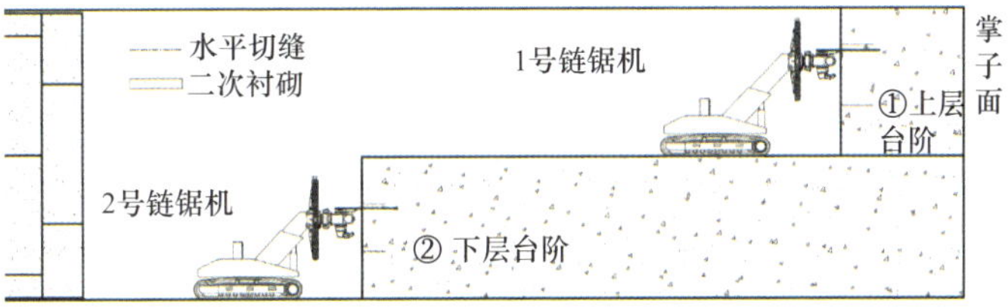

(b) 马蹄形隧道台阶开挖

图 3.102　双线马蹄形断面掌子面网格式切割

(1) 通过调整链锯切割角度，对掌子面进行隧道外轮廓的曲线拟合切割。线性拟合段数量直接影响隧道开挖的成形状态、作业成本、掘进效率等。从隧道成形状态考虑，随着拟合段数量的增大，隧道拟合轮廓越接近设计轮廓；但从作业成本和掘进效率考虑，拟合段数量的增大，首先会导致切割刀具定位次数上升，其次在后续的石料分离和取出阶段会降低作业效率。

(2) 完成隧道外轮廓的锯切后，对隧道外轮廓内的定点局部掌子面进行垂直和水平的网格切割分离。

2. 石料分离取出

完成掌子面的网格式切割后，采用专用设备完成工作面封闭背面的切割，实现石料的完全分离取出。封闭背面的切割可选用水力裂切破岩法和全锯切法两种工法，两种工法在隧道掘进作业中各有优劣。采用全锯切法分离的石料形状规整、利用率高，可避免造成劈裂面“跑线”，即沿岩石裂隙面断裂造成石料残留。但相较于水力裂切破岩法，全锯切法工序复杂、分离速度慢、隧道掘进效率较低。

全锯切法是采用金刚石串珠锯配合专用导向轮装置的机械式锯切方法，由于石料与基岩的最后结合面隐藏于分离石料的背部，金刚石串珠绳锯的常用锯切面无法直接到达该面，需安装多个改变串珠绳运动方向的专用导向轮装置，实现隐藏结合面的锯切分离，见图 3.103。

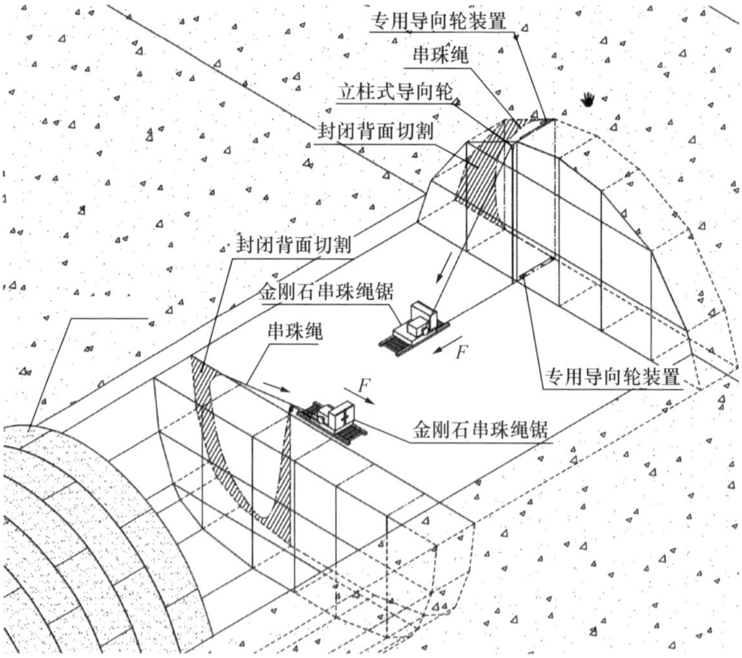

图 3.103 双线马蹄形断面全锯切法

水力裂切破岩技术是利用岩石抗拉强度低、容易开裂或破碎的特点，通过增压装置和高压水管，向放置在岩石切缝中的专用膨胀器 (见图 3.104) 内注入高压水，控制增压使膨胀器径向膨胀，使岩石定向开裂或随机破碎的破岩方法。水力裂切破岩关键技术要求在于需要足够高的水压、膨胀器足够大的径向膨胀量、管体良好的耐压强度和耐磨性能、管壁良好的回弹性。

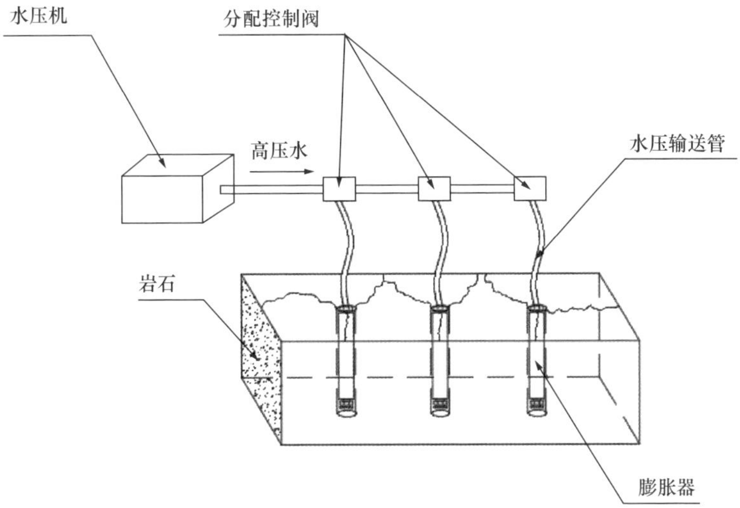

图 3.104　水力裂切破岩原理

马蹄形隧道水力裂切破岩示意图见图 3.105、图 3.106，采用外径 38mm 的膨胀器，长度可根据切缝深度进行订制化设计。隧道掌子面的封闭背面切割工序如下：

(1) 送入膨胀器。将膨胀器送入隧道的网格式锯切缝中，连接水压输送管、分配控制阀、水压机等。

(2) 隧道主体胀裂。启动水压机，膨胀器加压膨胀，压迫岩石朝锯切缝方向开裂，完成石料封闭背面的切割，沿网格式锯缝逐层进行切割分离。隧道主体的水力裂切破岩法示意图见图 3.105。

(3) 隧道外轮廓胀裂。隧道外轮廓的切割可采用锯缝胀裂和打孔胀裂两种工法，可根据现场岩层特性、工艺需求、作业条件等进行合理配置。锯缝胀裂工法需先沿隧道外轮廓进行拟合曲线锯切，再将膨胀器送入锯切缝中，启动水压机进行胀裂断面。打孔胀裂工法需先沿隧道外轮廓用水锤、锤击钻等设备打出一排直径 40mm 的长条孔，间距 0.5m，打孔深度与网格式锯缝深度一致，见图

3.106，将膨胀器放入钻好的孔中，启动水压机，膨胀器加压膨胀，压迫岩石朝锯切缝方向开裂，完成隧道外轮廓的切割。

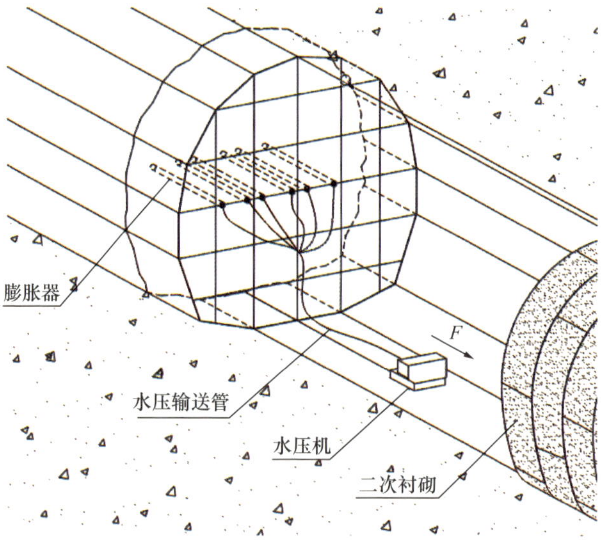

图 3.105 隧道主体的水力裂切破岩法

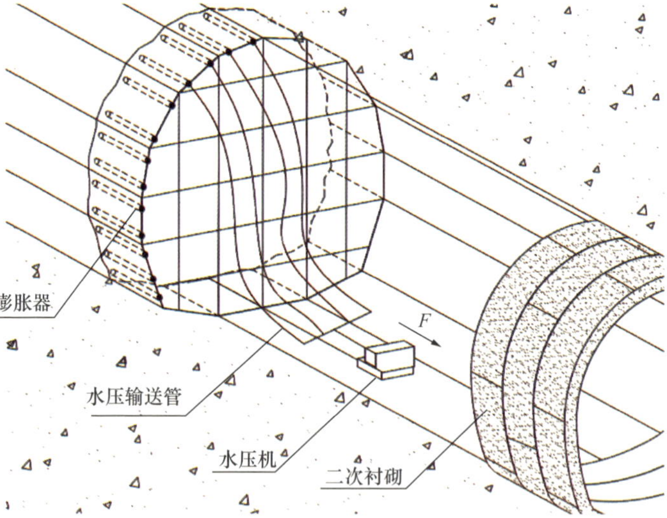

图 3.106 隧道外轮廓的水力裂切破岩法

3.16　第四代半掘进机

盾构机的发展经历了四个阶段。第一代是以布鲁内尔 (Brunel) 盾构机为代表的手掘式盾构机，采用机具进行人工开挖。第二代机械式盾构和气压式盾构是采用挖掘机械进行挖掘。第三代闭胸式盾构机和第四代智能掘进机均使用切刀切削软土以及盘形滚刀破碎岩石的方式进行隧道开挖。

对于岩层来讲，目前使用的第四代盾构机主要是依靠盘形滚刀挤压岩石达到破碎岩体的目的，其主要克服的是岩石的抗压强度，对一般强度的岩层 (100MPa 以内) 具有较好的破岩效率，但掘进机掘进过程中碰到孤石和较硬的岩石时，滚刀挤压破岩的效率会下降，滚刀异常磨损和更换频率增加，盾构掘进效率降低，掘进成本增加。此外，在掘进上软下硬、软硬不均等严重不均匀地质时，传统的金属刀具极易发生异常损坏，见图 3.107。滚刀异常磨损致使作业效率降低，作业成本大幅增加，据不完全统计，TBM 在作业过程中，更换滚刀的时间约占总体作业时间 (按每日 24h 计) 的 18%，废弃刀具所需的费用约占掘进作业费用的 1/3。

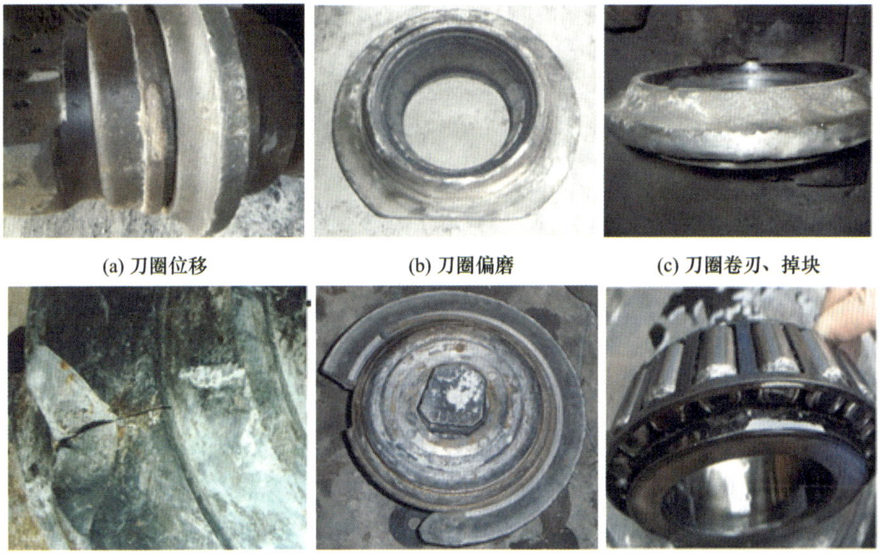

(a) 刀圈位移　(b) 刀圈偏磨　(c) 刀圈卷刃、掉块

(d) 刀圈崩刃、开裂　(e) 刀圈断裂　(f) 轴承剥落

图 3.107　滚刀的各种失效形式

3.16.1 第四代半掘进机技术特点

针对在硬岩地层滚刀破岩效率低、掘进费用高的问题，目前正在研究第四代半掘进机。第四代半掘进机是指以刀具为主要破岩方式，以高压水射流、激光、微波、声波等破岩方式进行辅助破岩的复合掘进装备。其特点主要有：

(1) 高压水射流、激光等新型破岩方式对岩石会产生弱化甚至直接破碎的作用，弱化后的岩石强度降低，或岩石内部裂纹拓展多且深。

(2) 在硬岩地层的破岩效率显著提升。滚刀或刮刀能够轻易将岩石破碎，大大降低滚刀的磨损，延长滚刀的寿命，提高作业效率，降低作业成本。

3.16.2 高压水射流技术

经过近 50 年对新型破岩方式的深入研究，高压水射流破岩被认为是最具潜力、效率最高、最易于实现的新型破岩方式。与其他新型破岩相比，高压水射流具有以下优点：

(1) 破岩能力强，能量损耗小且破岩效率高。高压水射流破岩过程中，高压水通过口径很小的高压喷嘴作用于岩石表面，能量更加集中且能量损失较小，与其他破岩方式相比，具有更高的破岩效率。

(2) 破岩介质成本较低，绿色无污染。高压水射流采用水作为破岩介质，水的获得途径广泛，成本低廉，且过滤处理后可以重复利用，绿色无污染。

(3) 弱化岩石强度，延长金属刀具工作寿命。破岩工作过程中，高压水的冲击作用对岩石产生直接破碎或致裂作用，降低岩石强度，弱化后的岩石对金属刀具的磨损作用降低；且高压水对金属刀具产生冷却和润滑作用，对刀具产生保护作用，延长金属刀具的工作寿命。

(4) 抑制扬尘产生，提供良好的作业环境。高压水射流工作过程中产生水雾，可以起到降低扬尘的作用，为作业人员提供较好的作业环境。

高压水射流辅助机械刀具破岩技术，是指将高压水射流按照一定的要求布置在机械刀具周围，辅助机械刀具达到增加破岩能力的一种新型破岩技术。高压水射流破岩与机械刀具破岩需要一定的配合才可以产生良好的预期破岩效果，除了相关参数选取得当以外，两种破岩工具的相对位置也会对破岩效果产生很大的影响。目前水射流辅助机械刀具破岩的方法主要有预切槽法和同轨迹法两种。

水射流预切槽法是指在滚刀切削轨迹的两侧布置水射流装置，其喷射的作用点略提前于滚刀切削的作用点，利用高压水射流在岩石表面同步切削出两条沟槽，随后滚刀在两沟槽中心挤压岩石产生破碎效果。同轨迹法是指在滚刀切削轨迹上布置一或多个水射流装置，其喷射的作用点与滚刀切削的作用点同轨迹，水射流产生一条较深沟槽，随后滚刀在这条沟槽上进行挤压，对岩石产生破碎作用。

中铁装备研制的“龙岩号”TBM 实现了“水刀”和滚刀的“双刀”共同破岩，显著提升破岩效率，见图 3.108。“龙岩号”不仅是世界首台高压水力耦合破岩 TBM，也是国内自主研制的超小直径凯式 TBM，标志着第四代半掘进机技术创新迈出了重要一步。

图 3.108　“龙岩号”TBM

3.17　第五代掘进机

掘进机的发展史确定地说也是一部滚刀的发展史，设计单位致力于针对滚刀有效破岩的差异化布置，作业单位致力于滚刀的更换和修复，滚刀及其维护成本在硬岩地质的掘进中占比较大。为了进一步推进隧道掘进机更低成本、更高效率的掘进开挖，本节探索电磁波、水、风、电等新型破岩方式在掘进机上搭载的可行性及实用性。

本节在第四代和第四代半掘进机的应用基础上，搭建了第五代掘进机的设计模型，不再使用滚刀破岩的传统观念，探索新型破岩代替滚刀破岩的可行性和高效作业的可能性，并对第五代掘进机的概念模型的结构特点、工作原理等进行介绍。

第五代掘进机逐步舍弃了以刀盘、刀具等为主要掘进介质的方式，转而以光线、声波、液体等为介质进行岩体、土体切削，这将彻底解决当前盾构 TBM

存在的掘进速度缓慢、刀具易磨损等难题，大幅度提升掘进效率，改善工作环境，降低作业成本，为铁路、公路、水利和地下空间开发等领域建设提供更优选择。就目前的研究进展来看，第五代掘进机还需要至少十年的时间才有可能达到工程应用程度。

第五代掘进机采用无滚刀刀盘的设计。与传统滚刀刀盘相比，无滚刀刀盘质量小，且不同于传统刀盘利用刀盘上刀具挤压岩石进行破岩，因此无需使用传统的驱动机构，新型中心主驱动可以摒弃周边多组电机或液压马达减速机的传统驱动方式，只采用中心主驱动机组带动无滚刀刀盘或掘进臂旋转即可完成破岩工作。由于无滚刀刀盘采用中心主驱动机组来驱动，其背部可以有足够的装配空间进行新型破岩装置的布置，通过电磁波、水、风、电、超临界物质等新型破岩方式对掌子面的作用，实现绿色无污染、效率更高的破岩。

3.17.1 激光和超临界二氧化碳联合破岩硬岩掘进机

较普通光源相比，激光具有能量集中、定向性高等特点。岩石是由多种矿物颗粒组成的，激光照射在岩石表面，由于各相变界区的导热系数不同，这些矿物颗粒在热膨胀各向异性、热膨胀不均匀性等方面表现出差异。激光照射时间和激光功率是决定激光破岩能否成功的主要因素，激光功率越大破岩的速度越快，而且在岩石上钻出的孔越深。激光破岩基本上是以热碎裂、熔化和气化的方式将岩石进行破坏，受到激光照射的岩石温度场发生剧烈变化，岩石内部结构发生改变。在激光破岩过程中，激光光斑区的岩石及周边的岩体基质要经历固、液、气三相的骤变，其间存在着非常复杂的三维非稳定的热能传递与交换。

激光和超临界二氧化碳联合破岩硬岩掘进机概念图见图 3.109，无滚刀刀盘采用中心主驱动机组驱动，刀盘的背部设置激光发射器，激光照射到岩石上，瞬间加热岩石，此时各矿物不同的热膨胀产生的内应力使岩石内部产生损伤，出现微裂纹，降低岩石强度。此外，无滚刀刀盘上设置有超临界二氧化碳喷嘴，这个喷嘴通过超临界二氧化碳高压输送管连接超临界二氧化碳高压泵站。在激光发射器和超临界二氧化碳喷嘴的双重所用下，岩石会受到热应力、高压流体冲蚀、超临界物质超强渗透的多重作用，达到岩石大块剥落的效果。刀盘上设置有大出渣口，大块剥落的岩石可通过大出渣口排出，岩石通过螺旋输送机排出。

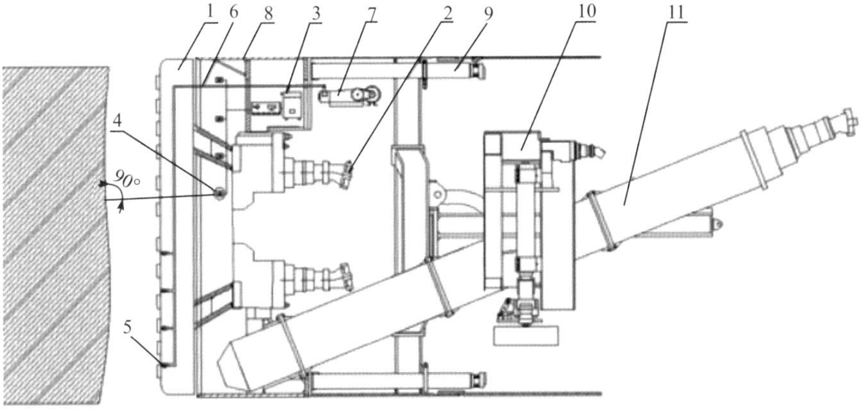

1. 无滚刀刀盘；2. 中心主驱动机组；3. 激光发射器；4. 激光发射端头；5. 超临界二氧化碳喷嘴；6. 超临界二氧化碳输送管；7. 超临界二氧化碳高压泵站；8. 盾体；9. 推进油缸；10. 管片拼装机；11. 螺旋输送机

图 3.109 激光和超临界二氧化碳联合破岩的无滚刀硬岩掘进机

3.17.2 激光和高压风射流联合破岩硬岩掘进机

由激光和高压风射流破岩原理可知，采用两种方式联合破岩可代替传统滚刀。激光和高压风射流联合破岩硬岩掘进机概念图见图 3.110，盾体内设置有中心主驱动机组，中心主驱动机组连接有无滚刀刀盘。刀盘上设置有高压风喷嘴和激

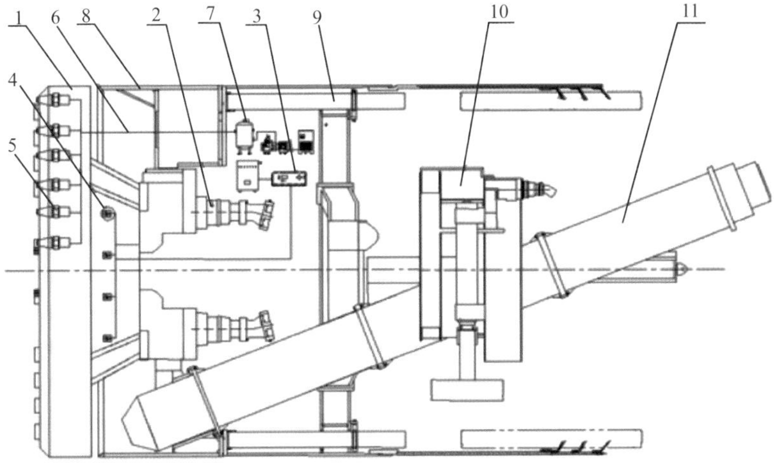

1. 无滚刀刀盘；2. 中心主驱动机组；3. 激光发射器；4. 激光发射端头；5. 高压风喷嘴；6. 高压风管；7. 高压风系统；8. 盾体；9. 推进油缸；10. 管片拼装机；11. 螺旋输送机

图 3.110 激光和高压风射流联合破岩硬岩掘进机

光发射器，启动激光发射器，激光照射岩石，使其加热，弱化岩石性能。高压风喷嘴通过高压风管连接高压风系统。在激光作用的基础上开启高压风系统，与激光的热碎裂、熔化和气化等破岩方式相结合，在巨大温差下产生强大的热应力冲击使岩石产生裂纹，再经过高压风巨大的冲击波和应力波效应，瞬时将岩石破碎和剥落。

3.17.3 激光和高压水射流联合破岩硬岩掘进机

激光和高压水射流联合破岩硬岩掘进机概念图见图 3.111，无滚刀刀盘上设置有高压水喷嘴和激光发射器，高压水喷嘴通过高压水管连接高压水泵站。水流速度一般都在一马赫以上，具有巨大的打击能量，高压水射流冲击材料时会有附加应力，摩擦和空穴效应造成较高的剪应力破坏，这种高度聚能的水射流冲击岩石可以破碎岩石。岩石在激光加热的巨大温差下产生强大的热应力冲击产生裂纹，然后裂纹经受高压水射流的强力冲击，在此多重作用下，对岩石造成破碎作用。

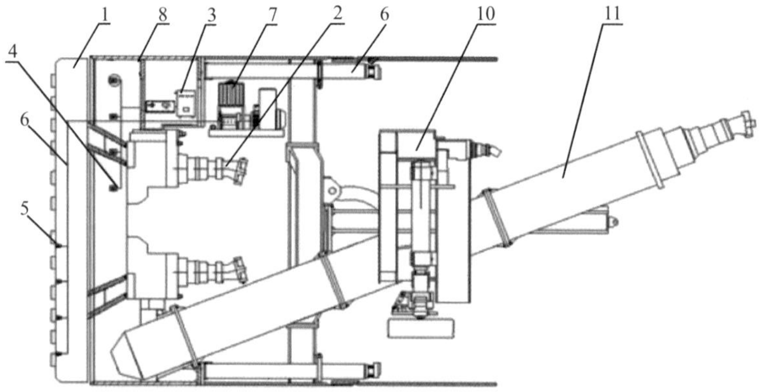

1. 无滚刀刀盘；2. 中心主驱动机组；3. 激光发射器；4. 激光发射端头；5. 高压水喷嘴；6. 高压水管；7. 高压水泵站；8. 盾体；9. 推进油缸；10. 管片拼装机；11. 螺旋输送机

图 3.111 激光和高压水射流联合破岩硬岩掘进机

3.17.4 激光和液氮射流联合破岩硬岩掘进机

激光和液氮射流联合破岩硬岩掘进机概念图见图 3.112，无滚刀刀盘上设置有液氮喷嘴和激光发射器。液氮是一种性能优越的制冷剂，与物体接触时，会使物体温度迅速降低，从而在物体内部产生较大的热应力。液氮对于岩石的热力冲击作用主要体现在两个方面：岩石矿物颗粒及其胶结物会产生高速收缩变形，韧性降低，脆性增强，即热力冲击作用会改变岩石自身的性质；岩石是一种由多种矿物颗粒组成的非均质性较强的材料，当外界温度发生变化时，不同矿物颗粒产生的变形程度不同，从而产生热应力。当热应力超过矿物间的胶结强度时，会使岩石内部产生裂纹损伤。

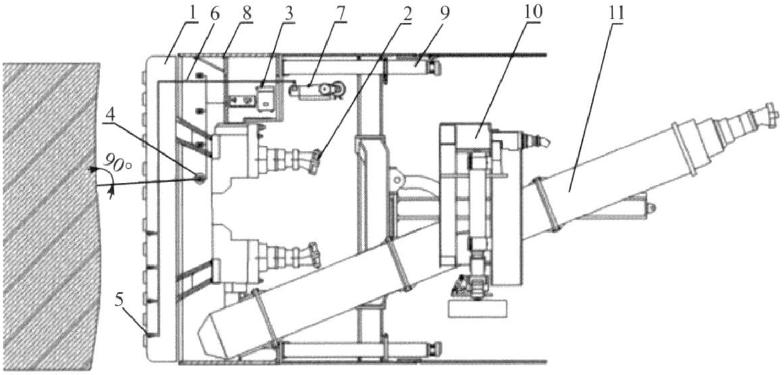

1. 无滚刀刀盘；2. 中心主驱动机组；3. 激光发射器；4. 激光发射端头；5. 液氮喷嘴；6. 液氮高压输送管；7. 液氮供应系统；8. 盾体；9. 推进油缸；10. 管片拼装机；11. 螺旋输送机

图 3.112　激光和液氮射流联合破岩硬岩掘进机

因此，在激光作用的基础上开启液氮供应系统，岩石在巨大温差下产生强大的热应力冲击产生裂纹，同时液氮会使岩石韧性降低、脆性增强且内部产生裂纹损伤。另外，液氮同时也会使岩石造成内部胀破，在此多重作用下，造成岩石破碎崩裂。岩石在热应力、高压流体冲蚀、液氮物质超强渗透的多重作用下，造成岩石破碎，完成掘进。

3.17.5　微波和超临界二氧化碳联合破岩硬岩掘进机

微波和超临界二氧化碳联合破岩硬岩掘进机概念图见图 3.113，无滚刀刀盘的背部设置微波发射器和超临界二氧化碳喷嘴。微波发射器连接通向无滚刀刀盘前侧的微波辐射臂，通过微波辐射臂可以将微波发射器产生的微波传达至岩石表面，利用岩石内不同矿物成分对微波能具有不同的吸收特性，将岩石温度加热到 50℃以上。此时各矿物不同的热膨胀产生的内应力使岩石内发生沿晶断裂和穿晶断裂，使岩石产生损伤和微裂纹，进而使岩石的强度降低。超临界二氧化碳喷嘴通过超临界二氧化碳高压输送管连接超临界二氧化碳高压泵站。超临界二氧化碳的破岩门槛压力远低于水射流，并且超临界二氧化碳射流冲蚀后的岩石呈网络化破碎，整体呈大体积层状破碎。在微波辐射臂和超临界二氧化碳喷嘴的双重所用下，岩石会受到热应力、高压流体冲蚀、超临界物质超强渗透的多重作用，达到岩石破碎进行掘进的效果。

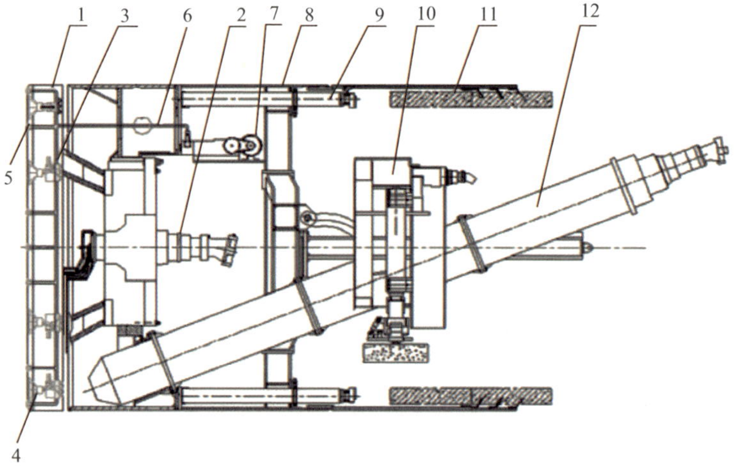

1. 无滚刀刀盘；2. 中心主驱动机组；3. 微波发射器；4. 微波辐射臂；5. 超临界二氧化碳喷嘴；6. 超临界二氧化碳高压输送管；7. 超临界二氧化碳高压泵站；8. 盾体；9. 推进油缸；10. 管片拼装机；11. 管片；12. 螺旋输送机

图 3.113　微波和超临界二氧化碳联合破岩硬岩掘进机

3.17.6　微波和高压风射流联合破岩硬岩掘进机

微波和高压风射流联合破岩硬岩掘进机概念图见图 3.114，无滚刀刀盘上设置高压风射流喷嘴和微波发射器，高压风射流喷嘴通过高压风管连接高压风系统。在微波作用的基础上开启高压风系统，在巨大温差产生的强大热应力冲击下，岩石产生裂纹，岩石裂纹再经受高压风的强力冲击。在上述多重作用下，岩石大块破碎并脱落。

3.17.7　微波和高压水射流联合破岩硬岩掘进机

微波和高压水射流联合破岩硬岩掘进机概念图见图 3.115，无滚刀刀盘上设置高压水喷嘴和微波发射器。在微波加热的巨大温差下产生强大的热应力冲击，岩石在此冲击下产生裂纹，然后裂纹经受高压水射流的强力冲击，岩石碎裂，完成隧道掘进。

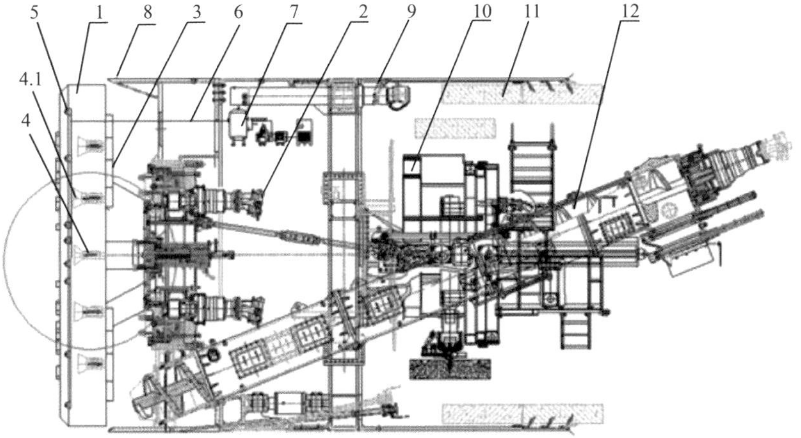

1. 无滚刀刀盘; 2. 主驱动系统; 3. 微波发射器; 4. 微波辐射臂; 4.1. 微波发射端头; 5. 高压风射流喷嘴; 6. 高压风管; 7. 高压风系统; 8. 盾体; 9. 推进油缸; 10. 管片拼装机; 11. 管片; 12. 螺旋输送机

图 3.114 微波和高压风射流联合破岩硬岩掘进机

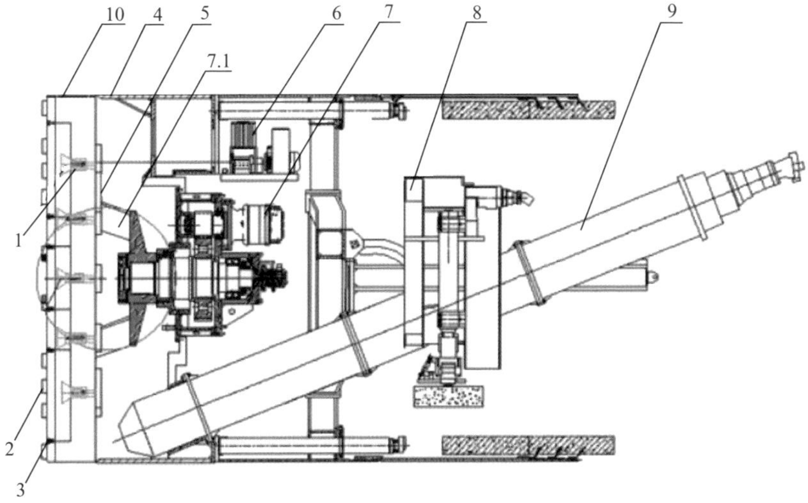

1. 微波辐射臂; 2. 无滚刀刀盘; 3. 高压水喷嘴; 4. 盾体; 5. 微波发射器; 6. 高压水泵站; 7. 主驱动系统; 7.1. 大跨度连接架; 8. 管片拼装机; 9. 螺旋输送机; 10. 防护环

图 3.115 微波和高压水射流联合破岩的无滚刀硬岩掘进机

3.17.8 微波和液氮射流联合破岩硬岩掘进机

微波和液氮射流联合破岩硬岩掘进机概念图见图 3.116，无滚刀刀盘上设置微波发射器和液氮喷嘴。液氮喷嘴通过液氮高压输送管连接液氮供应系统。在微波作用的基础上开启液氮供应系统，在巨大温差产生强大的热应力冲击下，岩石产生裂纹，液氮同时会使岩石造成内部胀破。在上述多重作用下，造成岩石破碎崩裂。热应力、高压流体冲蚀、液氮物质超强渗透的多重作用致使岩石破碎。

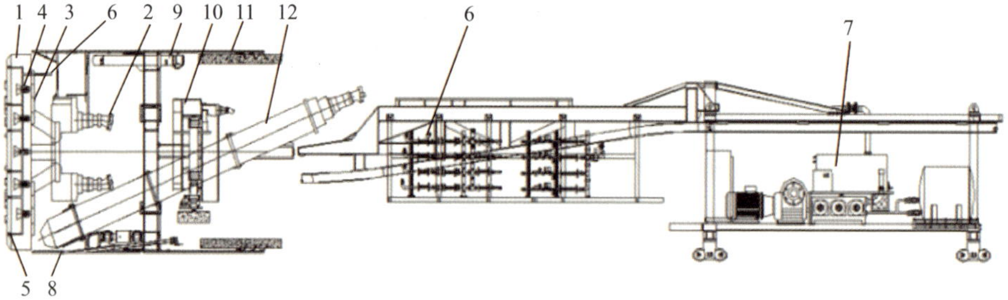

1. 无滚刀刀盘；2. 高跨度中心驱动系统；3. 微波发射器；4. 微波辐射臂；5. 液氮喷嘴；6. 液氮高压输送管；7. 液氮供应系统；8. 盾体；9. 推进油缸；10. 管片拼装机；11. 管片；12. 螺旋输送机

图 3.116 微波和液氮射流联合破岩的无滚刀硬岩掘进机

需要说明的是，第五代掘进机的模型都是以 TBM 搭载的形式出现，实际上第五代掘进机可能不会是这个形式，“掘进机”的含义也延伸更广。我们用 TBM 的形式描述，是让大家更容易理解而已。

3.18 竖井钻机

竖井作业在我国有上千年的历史，《天工开物》中记载了古人通过开凿竖井从地下提出卤水资源，进而提炼食盐。近百年来，不同国家的工程师不断寻找安全、高效的作业设备。目前，竖井开凿设备大致可以分为普通凿井设备和钻井法竖井钻机两类。普通凿井法是应用范围最广、使用最普遍的竖井开凿方式，采用机械式开挖或钻爆开挖，利用提升机进行清渣及人员物料运输，采用模板现浇井壁，进行作业，常结合冻结法，作业设备主要有井架、伞钻、提升机等，目前作业工法及设备配套已经发展十分成熟。普通凿井法设备自动化程度低、井下作业人员多、作业条件恶劣、作业效率较低，不能称为真正意义的机械化、自动化竖井作业设备。钻井法竖井钻机朝着两个方向发展：一是用于小直径、深度在 200m 以内的竖井作业，主要是桩工类作业；二是用于大直径、大深度的矿井作业。前者的应用非常多，但后者由于作业效率较低、硬岩地层作业困难，限制了其发展。

中国从 1963 年开始进行钻井法研究。1971 年德国维尔特公司开始研制潜入式竖井钻机，采用锥形刀盘破岩，先导孔排渣。1971 年美国休斯公司研制了 CSD-820 竖井钻机，采用地面动力头驱动，压气提升，清水循环方式出渣。1978 年 5 月美国罗宾斯公司基于平巷掘进机的原理，设计试制一台 241SB-184 型竖井钻机，采用刮板输送机、多斗式提升机进行渣土输送。2012 年德国海瑞克公司同时推出了沉井法竖井钻机 (VSM) 和竖井掘进机 (shaft boring machine，SBM) 两种不同形式的竖井钻机，前者已经成功完成多项作业工程，后者用于加拿大、白俄罗斯钾盐矿竖井作业。

3.18.1　竖井掘进机

竖井掘进机是将全断面岩石隧道掘进机设计理论引入竖井作业，能够一次完成竖井隧洞开挖、支护、出渣等功能的大型竖井作业装备，可实现竖井的机械化、集成化作业，提高作业效率，保障作业安全。其适用于地质条件好、围岩稳定或经过改良后的稳定岩石地层，如矿山或隧道通风井、水电调压井、国防竖井等工程。

竖井掘进机由于其作业工况的特殊性，垂直作业期设备的开挖、出渣、支撑、推进、支护等同水平作业具有本质的不同，因此其设计要充分考虑竖井掘进机的作业工况，进行针对性设计，以满足竖井作业的要求。

竖井掘进机包括主机和后配套吊盘系统，整机集成了破岩系统、排渣系统、井壁支护系统、通风排水系统、消防系统等，整体结构如图 3.117 所示。设备主机主要由刀盘、主驱动、稳定器、设备立柱、撑靴推进系统、除渣系统、砌壁支护系统等主体部件构成。多层平台悬吊系统主要用于放置电器、液压流体设备，同主机工作装置分离设计，与原有成熟钻爆法作业井架相结合，解决稳车、衬砌、掘进之间同步问题。竖井掘进机在机、电、液、流体及导向系统、监测系统等多系统的相互协调配合下，可进行高效率作业。

与隧道掘进机破岩原理相同，竖井掘进机刀盘采用滚刀挤压破岩，通过合理的刀具参数设计和掘进参数控制实现掌子面岩石开挖。稳定器用以稳定刀盘，降低掘进过程中的刀盘振动。撑靴撑紧井壁，承受刀盘破岩反扭矩。推进油缸伸出，推动刀盘向下运动，同时主驱动旋转带动刀盘转动，实现刀盘的开挖作业。掘进行程结束后，撑靴换步进行下一循环掘进作业。

竖井掘进机的出渣难度远大于隧道掘进机，尤其是盲井开挖，需采用上排渣方式进行出渣。竖井掘进机采用刮板链清渣、斗提机提渣、渣舱储渣、吊桶出渣的三级连续出渣方式，实现开挖、出渣平行作业。刀盘开挖的岩渣靠自重

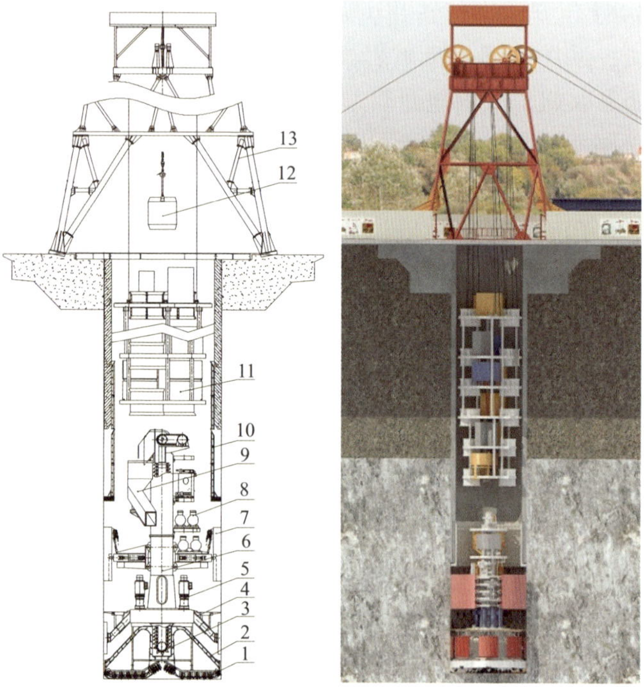

1. 刀盘；2. 刮板输送机；3. 斗式提升机；4. 稳定器；5. 主驱动；6. 设备立柱；7. 撑靴推进系统；8. 液压泵站；9. 储渣仓；10. 浇筑模板；11. 后配套吊盘；12. 吊桶；13. 井架

图 3.117　全断面竖井掘进机整机示意图

落入隧道底部，由刀盘上的刮板输送机将岩渣收集至刀盘内部的集渣筒内，完成掘进断面岩渣的清理。然后通过主机内部的斗式提升机，将集渣筒内的岩渣连续提升转运至掘进主机上方的储渣仓内，完成岩渣的垂直转运。通过井架下放吊桶至储渣仓泄渣口，通过吊桶将岩渣提升至地面排出，实现竖井掘进机的排渣作业。上排渣方式适用于干式或含水量少的岩渣输送，竖井作业中地层突发涌水会造成该排渣系统排渣效果下降甚至无法工作，针对不良地质可提前采用冻结或超前注浆等方法堵水，保证竖井掘进机上排渣系统的正常使用。

竖井掘进机是一种全新的竖井机械化作业设备，与常规矿山钻爆法相比，具有安全、作业效率高的特点，且对配套设备要求低、操作控制方便安全，设备设计额定作业速度 200m/ 月，最高作业速度 300m/ 月。作业组织中，充分利用地质资料和地质超前预报新技术，对影响作业进度的断层、节理密集带、破碎带、涌水等不良地质地段提前进行预测。作业中遇到软弱、破碎的地层，可打锚杆、初喷混凝土进行支护，遇到涌水地层可用排水泵进行排水处理。

世界首台全断面硬岩竖井掘进机在浙江宁海抽水蓄能电站排风竖井成功应

用，并于 2021 年 12 月 28 日贯通。全断面硬岩竖井掘进机直径 7.83m，项目井深 200m，地层以凝灰岩为主，地层完整性好、岩石强度高。中铁装备的全断面硬岩竖井掘进机与传统工法相比，施工人员减少 50% 以上，掘进效率却提高了 2 倍以上。掘进期间实现了井下无人、自动掘进、地面远程操控，为类似地下工程施工提供了经验和借鉴，为千米级竖井全断面掘进技术难题提供新的解决思路。

3.18.2　沉井掘进机

沉井法竖井是在井内挖土，依靠管片自身重力克服井壁摩阻力后下沉到设计标高的一种竖井工法。沉井掘进机 (caisson tunneling machine，CTM) 包括开挖系统、出渣系统、驱动总成、推进系统、提压系统、拼装系统、设备提升系统、线缆支架、泥水分离系统、液压动力系统、流体泵站、主控室、导向系统、纠偏系统、吊盘等，见图 3.118。

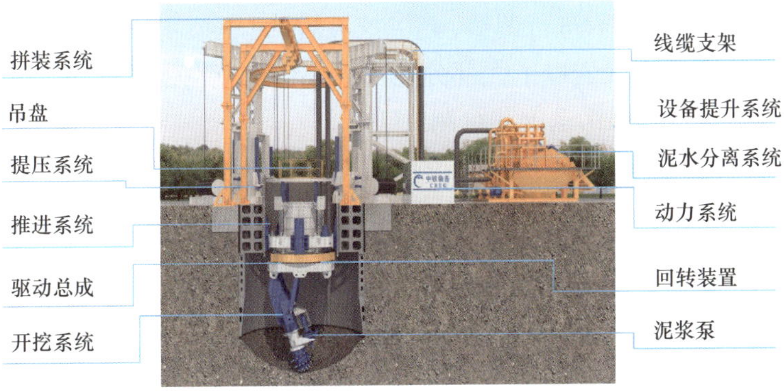

图 3.118　沉井掘进机系统分布图

掘进机通过截割头进行开挖，由安装在截割臂上的电机提供动力，经过减速机减速并放大扭矩，通过铣挖头旋转切削开挖面的岩土，截割臂旋转的同时，驱动总成驱动截割臂进行周向旋转，完成开挖面的环向切削；通过摆臂油缸的伸缩，控制开挖的径向尺寸，通过加压装置的伸缩，控制开挖深度方向的进尺。推进系统上的油缸一端与井壁铰接，另一端与驱动总成的固定平台连接，通过油缸的伸缩，可以控制驱动总成及其下部安装的构件进行竖向运动。

出渣系统由泥浆泵、排浆管及其附件组成，固定在截割臂上，回转接头安装在驱动总成内部。工作时，开挖面填充一定深度泥浆，在铣挖头的搅拌下，渣土和泥水混合形成悬浮混合物，由泥浆泵排出至地面，再由泥水分离系统进行渣土分力，分离后的泥水沿回浆管路进入井底。出渣方式除泥水出渣以外，在取水困难的地方可使用干式抓斗出渣，掘进机中心预留出渣通道，使用机械抓斗或液压抓斗出渣，满足无水环境下的掘进和出渣要求。

井筒提压装置通过地脚螺栓均布在基坑周边，控制井筒的提升和下沉，集成有设备提升系统，负责设备维修或工作完成后的进出井工作，由四组卷扬机负责提升和下放主机。

预制管片拼装系统吊取管片，并对预制管片进行对位拼装。纠偏装置和管片提压装置协同动作，实现井筒纠偏功能，保证井筒下沉精度。

液压泵站放置在竖井上部的工作场地上，管线支架固定在竖井井口一侧，目的是使流体、电气线路整齐放置于驱动箱上，所有线路由支架和钢丝绳受力，管线本身不受重力影响。配备有小抓斗等专用工具，能够通过驱动总成上的预留孔洞，抓取大粒度卵石。主控室放置在地表，远程控制各动作，并对各工作参数进行监控。

沉井掘进机的特点是：结构小巧灵活，对场地的要求小，适合在拥挤的市中心或工厂内作业；开挖时对地层及地面环境的扰动小；竖井断面尺寸和形状可变，允许在一定范围内进行调整，超欠挖灵活；远程控制和操作，打井不下井，保证人员安全；适合硬岩以下大部分地质，环境适应性强；模块化设计，可根据实际工况需求进行灵活选配和订制。

3.18.3 气举反循环竖井钻机

气举反循环竖井钻机是以空气作为动力介质，通过泥浆循环进行排渣的一种竖井钻机。其工作原理是将压缩空气沿双壁钻具输气管道送入井内一定深度，经混合器注入管内与循环液体混合，由于混合液的密度小于冲洗液的密度，在井筒内与排渣管间产生压差，并在井筒液柱压力作用下使排浆管内混合的气液以较高的速度向上流动，从而将孔底的岩心或岩屑连续不断地排出地表。排至地表的气、液、固三相流经反循环振动筛，排入沉淀池。沉淀后的泥浆再流回孔内，补充循环液的空间，如此不断循环形成连续钻进的过程。

钻井法竖井掘进机结构主要分为地面设备部分和井下设备部分，地面设备部分包括主控室、动力站、井架、主驱动封口平车、泥水处理站、空压机站等；井下设备部分主要有钻杆、稳定器、刀盘、配重等。地面主控室用于操作设备，控制刀盘扭矩、转速、推进力、推进速度等动作。液压泵站主要为驱动单元、推进缸等液压元件提供能源。井架安装在地面，采用桁架结构，质量轻、强度大，井架上安装推进油缸、动力头、管线卷筒、滑移架、倾斜油缸等。推进油缸主要用于设备的下降、提升以及更换钻杆等作业。动力头通过钻杆驱动刀盘旋转。

井架在设备出井时，还可倾斜一定角度，提供通过空间，便于对钻杆、稳定器、配重及刀盘进行起吊和拆除作业。封口平车安装在井口，主要用于封闭井口，同时在拆除或安装钻杆时，悬吊井下设备。出渣系统主要由吸浆管、回转接头、出浆管、气体混合器、气管、泥浆回流通道、泥浆池组成，利用气举反循环方法进行出渣。

气举反循环钻进方法具有排岩屑能力强、设备磨损小、钻头寿命长、钻进效率高、成孔质量好等优点，实现打井不下井，作业安全，现已成为国内外钻进水井、地热井、瓦斯排放井、煤层气井、桥梁桩基础，以及大口径超深孔径或硬岩等复杂地层作业的主要技术方法，其应用越来越广泛。

3.18.4　动力潜入式竖井钻机

动力潜入式竖井钻机在常规气举反循环钻机的基础上，融合了全断面岩石隧道掘进机的设计理念，钻机刀盘采用滚刀破岩，刀盘驱动直接与刀盘连接，在井内随着刀盘向下掘进。动力潜入式竖井钻机克服了常规钻井设计减压钻进、重力导向的缺点，具有更强的破岩能力，适用软土、硬岩、富水等多种地层的作业，主要进行通风竖井、金属矿山竖井、大型桩基工程、核试验竖井、水电竖井等工程作业。

为提高传统钻井法竖井掘进机的应用范围，在融合隧道掘进机设计理念的基础上，提出了未来新型水下竖井掘进机的设计理念。未来水下竖井掘进机采用动力潜入式设计方案，见图 3.119，动力及加压装置均设计在水下，接近开挖刀盘，直接对刀盘进行驱动和加压，且可以不受钻杆的限制，增大扭矩和加压力，同时配合掘进参数的自主适应控制技术，以及大排量气举泵排渣系统，可以显著地提高竖井的开挖效率，拓宽竖井掘进机的地质适应性，使得竖井掘进机在岩石地质条件也可以高效掘进。

3.18.5　干热岩竖井掘进机

干热岩 (hot dry rock，HDR) 也称为增强型地热系统 (enhanced geothemal system，EGS)，或称工程型地热系统，是指温度大于 200℃，埋深数千米，内部不存在流体或仅有少量地下流体的高温岩体。我国干热岩资源广泛分布于青藏高原、松辽盆地、渤海湾盆地、东南沿海等地。我国大陆 3~10km 深处干热岩资源量约合 856 万亿吨标准煤，占世界资源量的 1/6 左右，有望成为战略性接替能源。

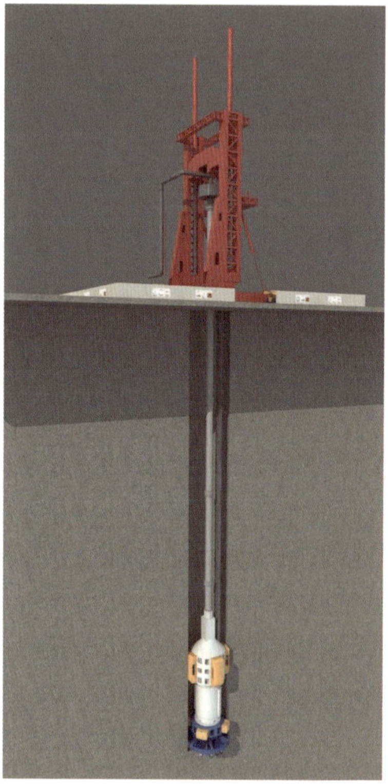

图 3.119 动力潜入式竖井钻机

开发干热岩资源的原理是从地表往干热岩中打一眼井(注入井)，封闭井孔后向井中高压注入温度较低的水，产生非常高的压力。在岩体致密无裂隙的情况下，高压水会使岩体大致垂直最小地应力的方向产生许多裂缝。若岩体中本来就有少量天然节理，这些高压水使之扩充成更大的裂缝。当然，这些裂缝的方向要受地应力系统的影响。随着低温水的不断注入，裂缝不断增加、扩大，并相互连通，最终形成一个大致呈面状的人工干热岩热储构造。

在距注入井合理的位置处钻几口井并贯通人工热储构造，这些井用来回收高温水、汽，称之为生产井。注入的水沿着裂隙运动并与周边的岩石发生热交换，产生温度高达 200~300℃的高温高压水或水汽混合物。从贯通人工热储构造的生产井中提取高温蒸汽，用于地热发电和综合利用。利用之后的温水并通过注入井回灌到干热岩中，从而达到循环利用的目的。

传统基于钻井技术的增强型地热系统因存在诸多弊端，其应用推广受到严重制约。将“竖井采热法”开挖技术与装备研发融合，可探索新型采热工法及开挖装备。为获得更高的建井效率，同时获得更多的干热岩能量，在目前油气钻井方式的基础上，TBM 可以获得更大直径的井径规格，同时实现横向联通，以扩大换热面积。

1) 高效破岩刀具

干热岩有两大特点，一是温度高，二是岩石致密性好、强度高。在高岩温、高岩石强度的地层开挖，需要开发耐高温和高效破岩刀具，必要时需要革新目前的机械式破岩方式，采用高压水、激光、液氮等新型破岩方式。

2) 耐高温设备配置

在高岩温下开挖掘进，传统的橡胶、塑料等不耐温材质在井下无法使用，需要开发新型 TBM，仅保留开挖段在井下钻进，其他设备均在地面。同时配置强制高效冷却设备，提高设备使用寿命和开挖效率。干热岩 TBM 需要从部件和材料的耐热性入手，要求所有部件在 600℃条件下不改变力学特性，使用陶瓷轴承和陶瓷刀具，使用耐高温、耐高压金属 / 陶瓷密封或新材料软密封，见图 3.120。使用耐高温电器、耐高温油类，研究高温吸雾装置、实现机器人换刀。

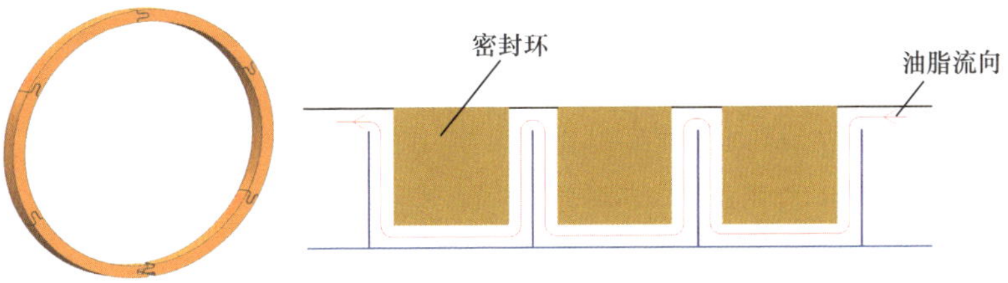

图 3.120　耐高温、耐高压金属 / 陶瓷密封环

当地下温度高于现有设备能承受的温度上限时，电缆隔热层、液压油、密封油脂等材料将会失效，如仍采用滚刀破岩，频繁更换滚刀会极其不便。可以采用微波、水射流、冷冻等无接触无磨损的破岩方式，以提高破岩效率。

3) 智能掘进机远程控制技术

TBM 在地面组装后，首先完成竖井的开挖，然后通过定向钻井技术，在地面控制掘进方向，实现智能掘进开挖、智能维保、远程控制等技术，并在井筒完成后顺原路退回拆机。

3.18.6　竖井掘进机的发展趋势

随着竖井应用场景越来越广泛，对竖井设备的性能需求也将越来越高。一方面竖井开挖装备逐渐向大断面方向发展，例如，部分地下停车场直径设计大于 20m，大型建筑的基础桩柱等均为大断面开挖，形成一套大直径竖井钻进设备和工法将大大提高大型竖井建设速度和水平。另一方面，竖井开挖深度越来越大，例如，矿藏资源多埋藏于地底深处，矿藏的开采就必须建设竖井。目前我国的矿藏开采一般在 300~800m 的深度，个别矿藏开采已经达到 1000m 深度，因此竖井的开凿深度也随着矿藏的埋深而不断增加，千米竖井掘进机作业将是一项重大建设工程。

3.19 斜井掘进机

3.19.1 斜井作业现状及发展

斜井隧道传统作业方法是人工钻爆法，但从安全性和成本等方面考虑，机械化开挖的方式更加理想。斜井 TBM 作业效率约为钻爆法的 4~10 倍，对围岩扰动小，无爆破，机械化作业，成型洞壁光滑，较为环保、安全。尤其是近年来应用于水电、煤矿等领域的斜井隧道开挖逐渐增多，斜井 TBM 的应用和研究越来越受到人们的重视。

国外斜井 TBM 作业较为广泛，主要在煤矿、引水、电站等工程中应用较多，技术比较成熟。TBM 作业斜井的工法主要有：

(1) 导井 TBM(自下而上)+ 钻爆法扩挖 (自上而下)；

(2) 导井 TBM(自下而上)+ 扩挖 TBM(自上而下)；

(3) 全断面斜井 TBM 开挖法。

导井 TBM(自下而上)+ 钻爆法扩挖 (自上而下) 工法类似于传统的反井钻机、爬罐工法，都是先进行导井作业，再由钻爆法进行扩挖，在作业安全、质量、工期方面风险因素较多，成洞质量和作业管理方面难度较大。导井 TBM(自下而上)+ 扩挖 TBM(自上而下) 的工法，设备投入费用高，需一次性投入两台 TBM 设备；作业过程中需频繁更换 TBM 设备，拆装机次数多，管理难度较大。自由断面开挖工法在引水斜井的应用不具备优势，应用更加广泛的是全断面斜井 TBM 作业工法。

国外采用 TBM/ 盾构进行斜井作业已有一些成功的实例。早在 1968 年，由德国维尔特公司 (2013 年中铁装备收购其知识产权) 制造的世界首台斜井 TBM TB Ⅱ便已成功应用于瑞士埃莫松 (Emosson) 发电站 Corbes-Le Châtelard 压力斜井项目。该设备开挖直径为 3m，装机功率为 360kW，是一台全断面硬岩 TBM。该项目总长 1145m，坡度为 65%，地层主要以花岗岩为主，岩石强度高达 240MPa，平均日进尺为 5m。该项目的成功应用为 TBM 在斜井项目领域中的发展奠定了基础。据统计，德国维尔特公司在 1970~1990 年间共为 48 个斜井隧道开挖项目提供隧道掘进机，这些项目的坡度最大可达 45°。

3.19.2　斜井掘进机种类及特点

目前工程中采用的斜井 TBM 主要分为敞开式 TBM 和护盾式 TBM。敞开式 TBM 主要进行以硬岩为主的长大隧道作业，在稳定围岩占比较高地层成洞效率高，通过不稳定地层时，需利用辅助设备进行 L1 区锚喷、铺设钢拱架、L2 区混喷等初期支护。主要有两种结构形式，一种是“X”支撑的凯式 TBM（含有内凯 (inner Kelly) 机架和外凯 (outer Kelly) 机架），另一种为单支撑主大梁式 TBM。

护盾式 TBM 采用管片进行支护，在围岩能够自稳的前提下，既能适应软岩，也能适应硬岩。优点是有盾体及管片防护，作业安全，管片一次衬砌成型，总工期相对较短。护盾式 TBM 主要进行以不稳定围岩占比较大的长大隧道作业，根据地质条件可分别选取单护盾 TBM 和双护盾 TBM。将单护盾 TBM 和土压平衡盾构相结合所形成的复合盾构，可同时具备单护盾 TBM 与土压平衡盾构的优势，既能够在中硬岩地层中高速顺利推进，也能够在不良地层中灵活摆脱束缚。

针对斜井项目，使用最多的是敞开式 TBM，而护盾式 TBM 的应用则相对较少。相较于水平 TBM，斜井 TBM 多用于具有一定坡度的项目，需要独特的设计才能满足作业需要。这其中包括防溜系统、除渣系统、物流运输系统、岩石支护以及 TBM 始发和拆机程序。斜井 TBM 工程成功的关键首先是要保证作业人员和设备的安全，其次还应简化作业流程，让 TBM 操作简单易行，尽可能减轻设备的总重量，缩短设备组装和拆卸的时间，缩短物流机车和主机 / 防溜装置，同时还应采取高效措施分离斜井底部的渣土。

一般情况下，斜井 TBM 都应安装防溜装置，而对于坡度大于 25% 的斜井项目，则必须安装防溜装置。防溜装置又可分为圆盘状弹簧式和拴扣式，通常安装于主机和后配套之间，在设备收回撑靴时起到防溜作用。

斜井 TBM 的物流运输系统主要运输作业材料、供给水、空气和电力、刀具锚杆等。为保证作业人员的安全，实现高效性、高实用性和与主机功能的兼容性，物流运输常采用绞车、缆车或自推进机车等设备作为解决方案。

斜井 TBM 的隧道支护方式与水平 TBM 隧道支护方式相似，根据不同的围岩等级，采取喷射混凝土、锚杆、金属网、钢拱架等支护方式，以保证隧道作业时人员和设备的安全。

设计一种斜井掘进支护一体机，可用于斜井、平导作业，在围岩抗压强度 50MPa 以内效率最高，见图 3.121。尤其铁路斜井工程可以选择这种掘进机，主要功能包括掘进、出渣、拱架安装、喷射混凝土、打锚杆等。钢拱架如同“订书钉”一样依次排列使用，既可以作为支护材料，还可以当做防护装置代替盾壳，见图 3.122。

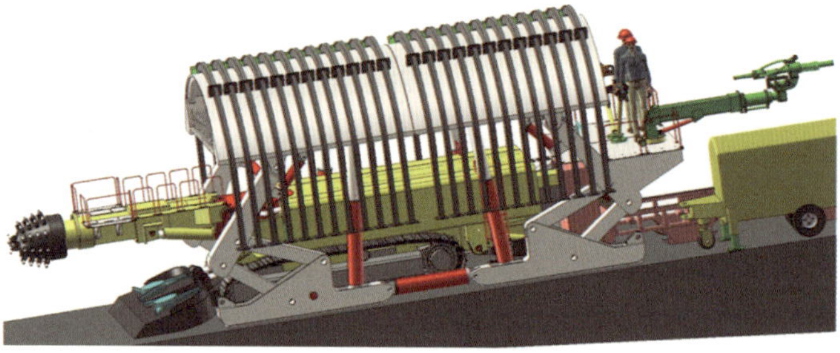

图 3.121 斜井悬臂掘进机

图 3.122 斜井悬臂掘进机后部结构

斜井 TBM 在煤矿、抽水蓄能电站等项目应用需求日益旺盛，同时也逐渐面临大坡度、大断面的设计需求，因此对斜井 TBM 的设计和应用提出了更高的要求。

3.20 单隧双洞矩形盾构机

3.20.1 矩形盾构机简介

矩形断面隧道较圆形断面隧道空间利用率高，见图 3.123 和图 3.124，有效使用面积比圆形增 20% 以上，对周边环境的影响小，减少了土地征用量(拆迁)和地下掘进面积，进而降低工程总造价，在城市隧道工程中扮演着越来越重要的角色。当前市场上投入到工程应用的矩形或类矩形隧道掘进机主要是顶管机，管节为环状封闭结构，随顶管机一同被向前顶进，作业距离有限。那么，研制能够长距离推进且使用管片衬砌的矩形盾构具有重要意义。

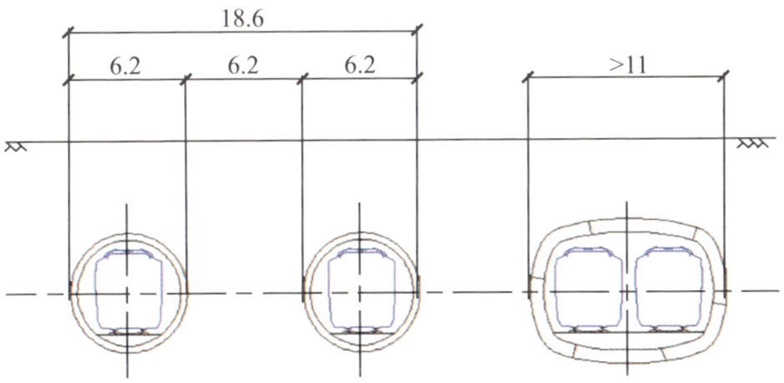

图 3.123　两单圆隧道和矩形隧道空间占用范围对比图(单位：m)

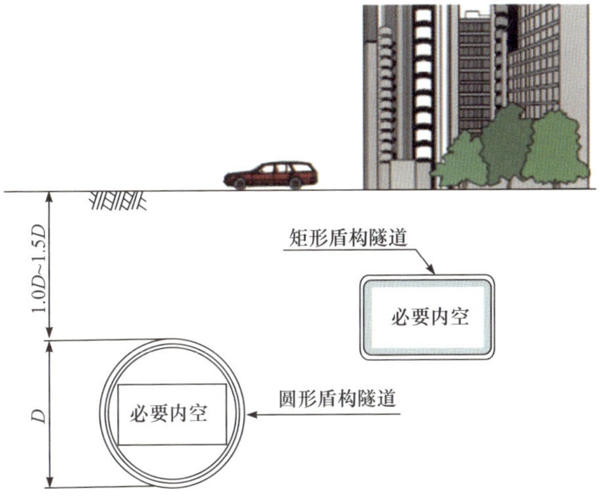

图 3.124　矩形隧道和一个单圆隧道空间占用范围对比图

2014 年，上海建工集团自主研发制造的国内第一台大断面矩形土压平衡盾构机，成功应用于上海下穿福泉路地下通道工程，设备断面尺寸 10.1m × 5.3m，试验段隧道长 28m。2015 年，宁波轨道交通 3 号线出入段工程采用了一台上海隧道工程有限公司研制的类矩形盾构进行作业，设备尺寸

8.83m×7.267m，作业总长度 390.2m，最小转弯半径 400m，穿越地质主要为淤泥质黏土、粉质黏土。

3.20.2 矩形盾构机研制关键技术

矩形盾构机主要由主机、设备连接桥、后配套等系统构成，其中主机部分与矩形顶管机结构类似，包括刀盘、驱动、盾体、螺旋输送机等，主要区别在于推进系统由始发工作井移至尾盾内，并增加了衬砌结构拼装系统，后配套系统与传统圆形盾构机类似，只是设备桥和拖车结构针对矩形断面做了适应性设计。矩形盾构研发的关键在于矩形衬砌结构拼装系统的突破。

单隧双洞矩形盾构机如图 3.125 所示，适用于断面宽高比接近 2 ∶ 1 的矩形隧道的建设，如双线地铁隧道、交通通道、综合管廊、地下车库等领域。其中主机的设计可以参照矩形顶管机主机各系统的设计，推进系统、后配套系统等的设计可以参照圆形盾构机。

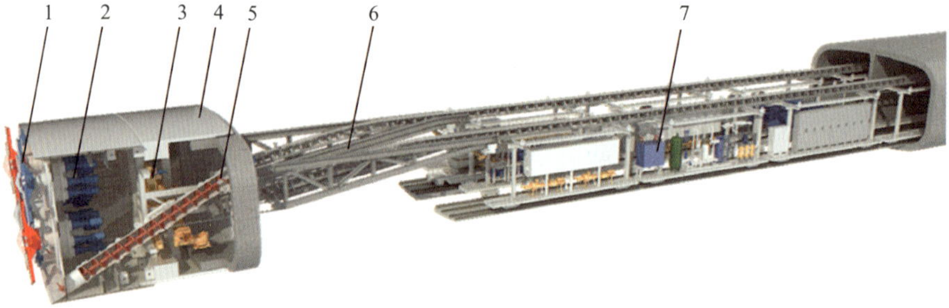

1. 刀盘；2. 驱动；3. 回转双提升式管片拼装机；4. 盾体；5. 螺旋输送机；6. 设备桥；7. 后配套拖车

图 3.125 单隧双洞矩形盾构机

回转双提升式管片拼装机结构如图 3.126 所示，两个拼装机分别布置在位于尾盾左右对称布置的四根立柱上，螺旋输送机和各种管线从拼装机回转架中间穿过，两台拼装机和螺旋输送机均对称安装，两台拼装机可单独操控，同时工作。与常规圆盾构机的管片拼装机相比较，该类型拼装有以下特点：

(1) 在具备常用的 6 个自由度，完成旋转、升降、滑移、俯仰、横摇、偏转等各种动作并进行精准定位的同时，抓举头还具备曲率自适应能力，能够在抓取时，对不同位置、不同曲率形状的管片进行自动锁紧，见图 3.127，因此该拼装机也称为曲率自适应“6+1”自由度管片拼装机。

(2) 常规圆形盾构机的管片拼装机的纵向位移是拼装机构整体在行走梁上实现的，而该类型拼装机受到安装空间的限制，无法实现整体纵向移动，回转架是固定在盾体内的，纵向行走机构悬臂固定在回转架上，如图 3.128 所示，所以当纵向行走油缸伸出时，抓取管片时的悬臂力矩较大，因此该类型拼装机主要适用于轻型管片的拼装。

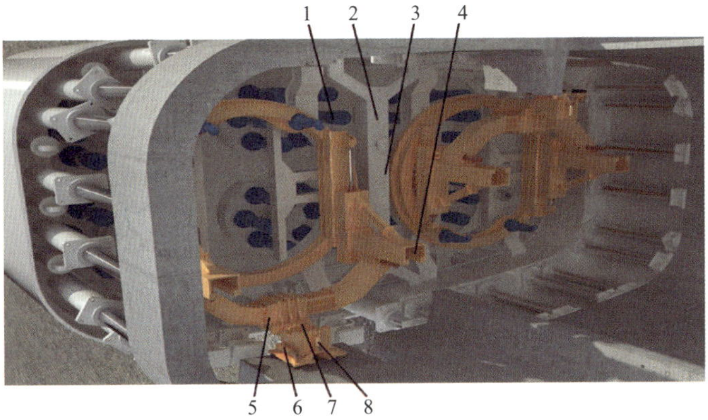

1. 回转马达；2. 盾体立柱；3. 变径 (升降) 油缸；4. 纵向行走油缸；5. 横移油缸；6. 横摇油缸；7. 旋转马达；8. 俯仰油缸

图 3.126　回转双提升式管片拼装机

(3) 常规圆形盾构机的升降油缸 (红蓝缸) 为单独控制，通过行程差可以实现拼装角度的调整,而该类型拼装机为更好地适应水平和竖直方向的拼装要求，增加了横移机构，升降油缸采用同步控制。

(4) 该拼装机进行管片拼装时按照“先下后上，先周边后中间”的原则进行拼装，具体拼装过程如图 3.129 所示。

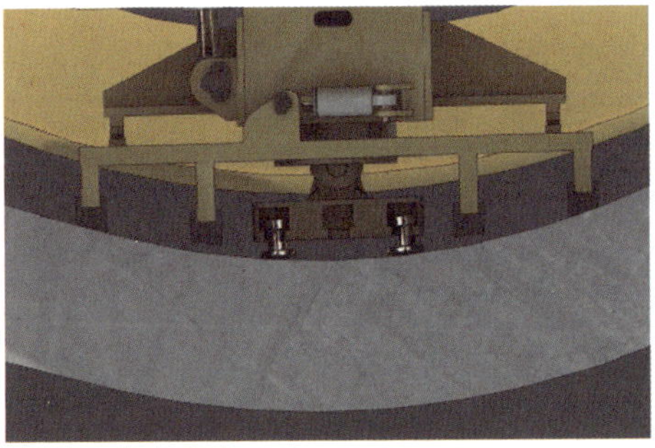

图 3.127　自适应锁紧机构

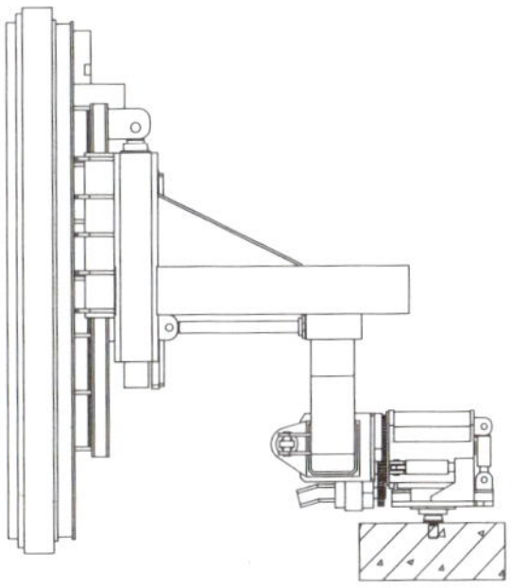

图 3.128　纵向行走机构

矩形盾构机主要适用于淤泥、粉质黏土、粉砂、卵石等地层，具有以下几点显著优势：

(1) 可以实现长距离连续作业，掘进效率高；

(2) 可以适应曲线段掘进。

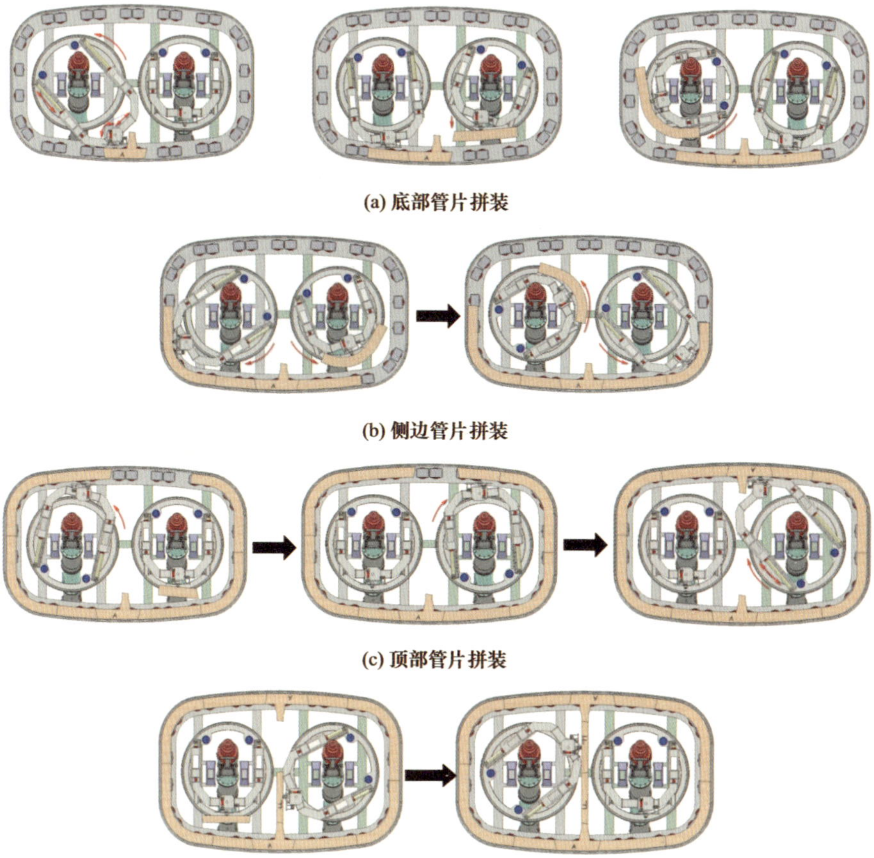

(a) 底部管片拼装

(b) 侧边管片拼装

(c) 顶部管片拼装

(d) 中隔墙拼装

图 3.129　回转双提升式管片拼装机拼装示意图

3.21　挤压成洞机

挤压成洞机采用支护材料挤压成型原理形成洞壁，结合隧洞连续开挖、除渣技术，利用挤压成洞技术直接形成连续洞壁，同时提供设备前进动力，实现隧洞一次成型、连续作业。

挤压成洞采用流体型支护材料，结合土体自身稳定性，利用输送泵将外界输送的颗粒性材料输送至设备内，加热为流态，通过挤压泵挤压出设备，形成洞壁；或者采用输送泵直接输送流态支护材料，通过设备尾部模板挤压成型。

该设备采用流态或颗粒状输送，占用空间小，挤压成型无需人工干预，适用于小空间隧洞作业，可开展地下物流管网、水气管道、电力管道等微型管道的快速、智能作业。设备采用远程控制，人员无需进洞，随着装备技术的不断发展，挤压成洞装备将实现无人、自主掘进作业，大大提高作业效率及安全性。

3.21.1 挤压成洞机特点

挤压成洞机主要由开挖系统、出渣系统、盾体结构、挤压支护推进系统、物料输送系统、供配电系统、水循环系统、智能控制系统等构成。首先使用盾构挖掘，在盾尾部浇筑混凝土构筑衬砌的隧道工法。在作业时，原则上与盾构掘进同步，加压浇筑新拌混凝土使之紧贴地层，通过加压使新拌混凝土凝固。据此能够构筑高品质的衬砌结构，并能够抑制地层沉降，而且能够适应广泛的衬砌形式，能够降低工费、缩短工期。

与原来工法相比，由于该工法洞内作业环境优越，所以能够削减通风设备。衬砌混凝土与掘进同步，因为施加应对水压、土压的压力，所以能够把地层的变形控制到最小限度。

3.21.2 挤压成洞机应用

地下水、气、电、热等管网隧洞工程，均可采用挤压成洞机进行工厂化作业，挤压成洞机就是隧洞制造工厂。未来随着成洞支护材料的发展，可利用黏结剂等添加剂结合隧洞开挖渣土，通过一定配比混合后直接形成洞壁，实现高效洞壁支护。

地下物流管网是未来快速、精准物流的基础工程，建设以集装箱运输管网为主网络，以快速转运管网为辅网络，以入户网络为末端网络，实现城市间物流集装转运，城市内快速无人、管网自动输送。

3.22 夯 隧 机

夯隧机的工作部件是一个或一组可往复运动的夯头，夯头可由液压或气动系统驱动，适用于破碎带地层隧道的开挖。破碎带地层的岩石通常裂纹多易变形，在破碎带开挖隧道时，可先将破碎带中心的破碎部分挖开或挤开，根据破碎程度制定夯击厚度，夯隧机夯头一步一步地打击破碎岩石，使得隧道四周的岩石更加致密，见图3.130，提高围岩的自稳性，从而降低后期支护工序需要的混凝土用量。

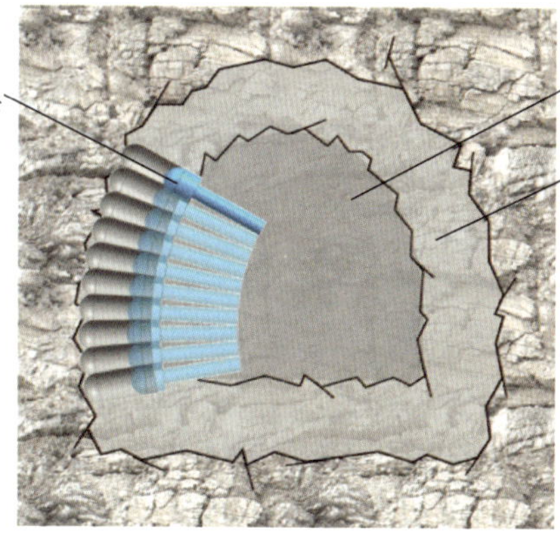

图 3.130　夯隧机示意图

3.23　双圆盾构机

与单圆盾构机相比，在满足同等功能前提下，双圆盾构机可任意组合开挖出横形和纵形的圆断面，能更好地适应周边受限、狭长的地下空间要求，开挖出更合理的断面形状，提高空间的利用率，减小开挖面积，降低开挖和渣土运输以及回填的成本，见图 3.131。双圆盾构隧道作业技术是盾构技术在城市地下隧道发展中的进一步拓展，弥补了传统盾构隧道技术在作业中的一些劣势，是一种新的隧道掘进作业技术，为大跨度地下空间开发提供了新的解决方案。

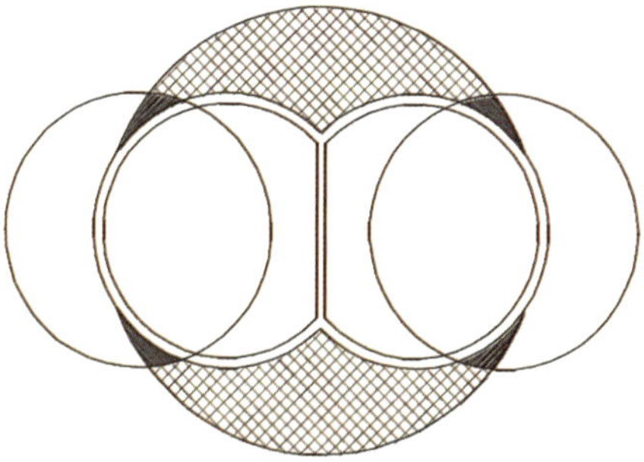

图 3.131　双圆隧道、单体双线隧道、大直径隧道断面对比

3.23.1　工作原理

双圆形断面盾构是由两个盾构通过一定的形式联结构成的，不同的叠合方式可以提供不同的隧道断面形式，可以根据实际需求灵活规划隧道线路，例如，

上下空间受限制的情况下可选择横向叠合式，左右空间受限则可以选择上下叠合式。由于其断面形状的特殊性，各种类型的双圆盾构的结构和系统设计又都具有各自独特的要求。

双圆盾构机由两个前后错开但相互平行的刀盘组成，见图 3.132，利用盾构机前部左右两个驱动装置控制刀盘进行土体切削，通过左右螺旋输送机向外排土。在盾构推进过程中，通过控制和调整盾构土压舱内切削土体的土压力和盾构开挖面前水土压力的相对平衡，通过千斤顶和合理的编组等盾构机姿态控制手段，有效控制双圆盾构的轴线偏差；在推进一定距离后，由设在盾构机体上的两台管片拼装机将预制钢筋混凝土管片在盾构外壳的保护下拼装成环，从而实现一次掘进完成两条隧道的作业任务。

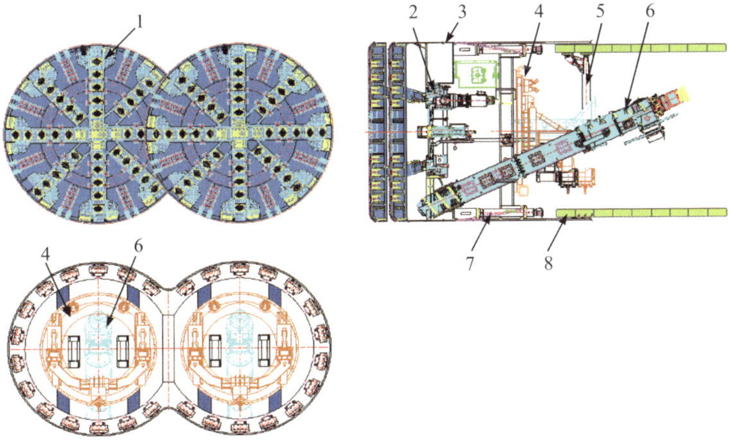

1. 刀盘；2. 主驱动；3. 盾体；4. 管片拼装机；5. 形状保持器；6. 螺旋输送机；7. 推进油缸；8. 管片

图 3.132　双圆盾构机

3.23.2　双圆盾构机关键技术

1. 双圆盾构机开挖技术

双圆盾构机前后错开的刀盘面板间有一定间距并配有各自的刀具，通过开挖面的相互弥补，尽可能地减少断面区域的开挖盲区。两个相反转动的刀盘的切削反力可以相互抵消，因此对周围土体的扰动较小，但组合式旋转双刀盘的开挖特性决定着开挖盲区的存在性，如果要满足在软硬不均的复合地层掘进，开挖断面不能存在开挖盲区，设计开挖轮廓线需完全包络盾体直径及管片，但考虑到盾尾密封刷安装效果和盾体焊接工艺，“海鸥”块区需要设计一定弧度，因此“海鸥”块区存在一定盲区，见图 3.133。针对盲区问题，可通过在开挖盲区的位置采用特殊的盲区处理装置进行盲区开挖，以及在搅拌作用较弱的位置通过布置高压水冲刷及改良孔对盲区进行渣土处理。

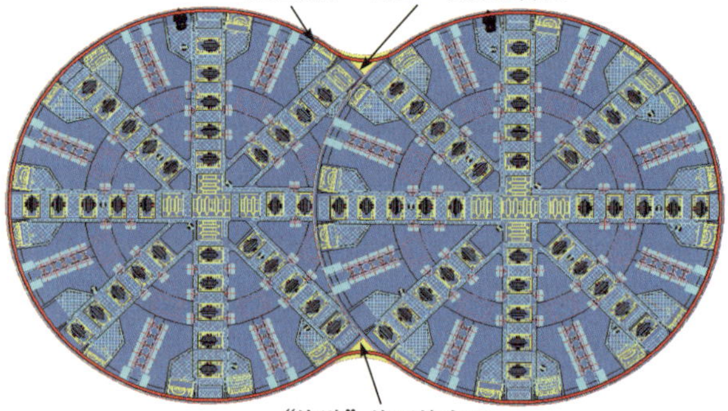

图 3.133 开挖盲区示意图

(1) 在双圆盾构中轴线上下两凹槽处布置盲区处理装置(如图 3.134 所示)，对“海鸥”块盲区部分进行超挖，该装置可以应对 50MPa 以内的岩层，满足复合地层开挖，但缺点是会造成一定超挖量，增大管片与地层间的注浆量。

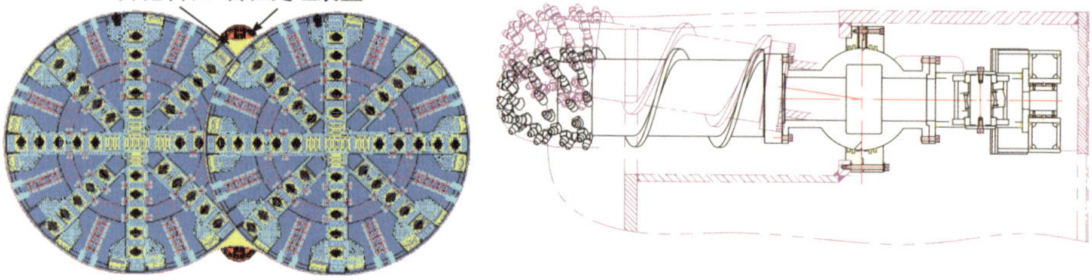

(a) 盲区处理示意图 (b) 盲区处理装置

图 3.134 双圆盾构盲区处理

(2) 在开挖盲区的位置布置万向球头，如图 3.135 所示，通过连接风钻万向接头或高压水，辅助对开挖盲区钻削或改良处理，保证开挖断面尺寸。

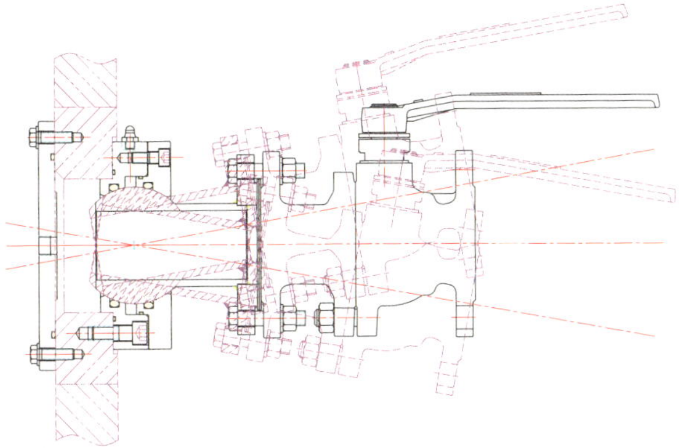

图 3.135　万向球头设计

2. 刀盘驱动联合控制技术

由于双圆盾构有两个主驱动，其空间比较紧凑，需要预留人孔、螺旋输送机、推进油缸支撑等空间。另外，每个驱动需要较大的刀盘扭矩，通过对刀盘扭矩、转速、受力分析等参数的计算确定刀盘扭矩曲线、减速箱的减速比、调速范围及电机基频，然后确定主轴承、减速箱及变频电机的总体方案。主驱动按照动力来源分为电机驱动和液压驱动。紧凑型刀盘驱动空间要求较高，因此多选用安装空间较小的变频电机驱动方式，且多电机驱动方式具有调速灵活、效率高等优点，适用于双圆盾构的组合式旋转刀盘，如图 3.136 所示。

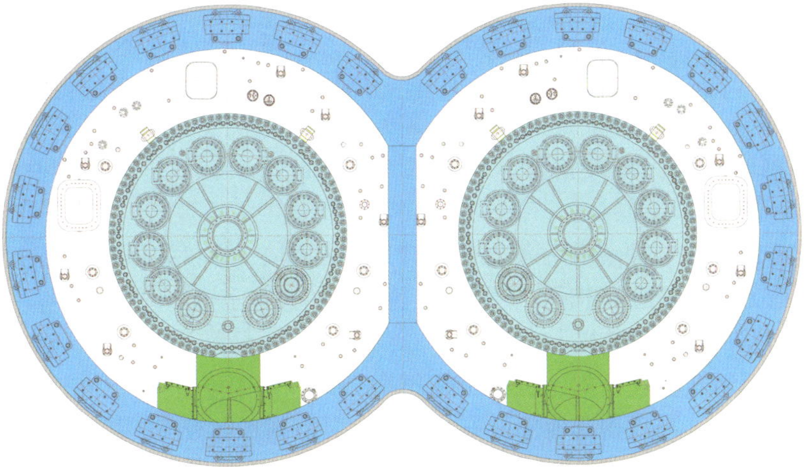

图 3.136　双圆盾构主驱动示意图

对于双圆盾构这种双驱动方式，变频器不可能对所有的电机都进行精确的控制，这么多的电机，即使是同一个厂家制造，同一个工艺，同一个模具，也不可能完全一致，而且每台电机的工况并不相同。因此，不能够把这些电机的简单并联等效成一个大电机控制。因为没有办法建立近似的电机模型，所以矢量控制和直接转矩控制均不适合于这种应用情况。事实上，这些控制方式对于两个以上的电机，控制效果随着电机数量的增加，会逐渐变差，由于变频器的动态补偿不可能分别针对每台并联的电机，补偿反而会导致运转的不稳定，所以对于双圆盾构主驱动系统，综合分析后可采用 V/F 控制。另一方面，由于双刀盘配置有两台变频器，在 PLC 对变频器的控制上，选择通过 PROFIBUS 总线通信的方式进行控制及参数的传输，相对于端子控制，数据传输量更大，可以采集每个刀盘的运行状态、电压、电流、扭矩、功率、给定频率、输出频率、故障代码等参数。

3. 双圆盾构管片拼装技术

双圆盾构管片拼装机设计是双圆盾构机的设计重点和难点，由于双圆形断面没有圆形断面的中心对称优势，管片和海鸥块区表面变曲率大小不一，被抓举管片运动轨迹具有多样、重心易偏置、重量大等特点，从而使管片安装时微调工作量很大、管片错位搭接现象多，以及海鸥块区和中间立柱在拼装时周向压紧力不易传导等诸多难题。根据双圆形管片特点，有回转双提升臂式拼装机和单臂回转式拼装机两种拼装机方案。

1) 回转双提升臂式拼装机

回转双提升臂式拼装机结构如图 3.137 所示，两个拼装机分别布置在位于尾盾左右对称布置的四根立柱上，螺旋输送机和各种管线从拼装机回转架中间穿过，两台拼装机和螺旋输送机均对称安装。两台拼装机可单独操控，同时工作。该类型管片拼装机具有与前述回转双提升式管片拼装机类似特点。

隧道衬砌由 11 块预制钢筋混凝土管片拼装而成，该拼装机的拼装过程按照“先下后上，先周边后中间”的原则，管片拼装过程示意如图 3.138 所示。

2) 单臂回转式拼装机

单臂回转式拼装机相比回转双提升臂式拼装机占用空间小，在回转轨迹上可拼装中立柱，与盾构其他部件安装协调，但控制难度较大。每台拼装机都具有 3 个方向的平移和旋转 6 个自由度，由回转系统、平移系统、摆动机械臂系统、机械手系统以及管片夹取装置组成，如图 3.139 所示。两台拼装机可以同时独立运行，也可以协同工作，从而大大提高拼装效率，通过拼装运动控制轨迹跟踪技术，实现流程自动化，拼装微调化，通过协同作业完成超长中立柱管片的拼装。

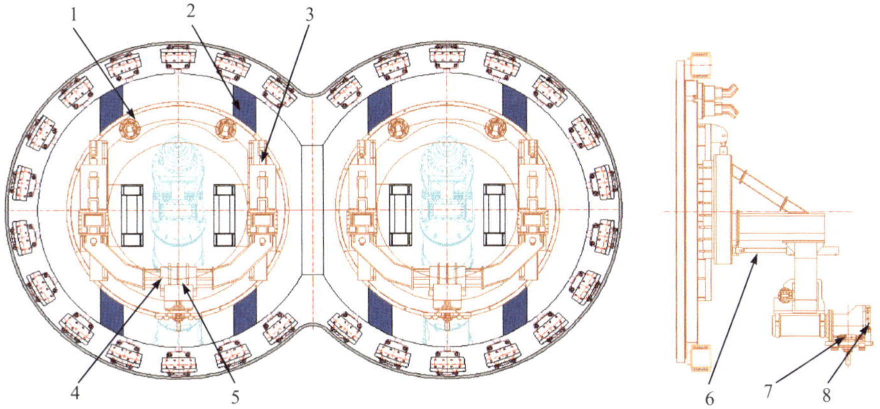

1. 回转马达；2. 盾体立柱；3. 变径 (升降) 油缸；4. 横移臂；5. 旋转马达；6. 纵向行走油缸；7. 横摇油缸；8. 俯仰油缸

图 3.137　回转双提升臂式拼装机

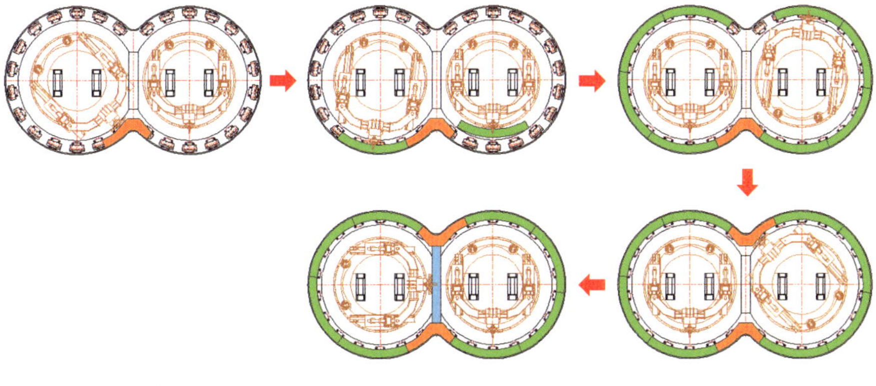

图 3.138　回转双提升臂式拼装机拼装示意图

除中隔竖墙以外的管片拼装由两台单臂回转式拼装机作业完成，而中隔竖墙由专用拼装机拼装。单臂回转式拼装机的设计能够极大地确保作业空间，使同时布置中隔竖墙拼装机成为可能。管片拼装顺序 (如图 3.140 所示) 为：下部海鸥形管片→两侧标准管片 (同步完成，先下后上) →上部海鸥形管片→中隔竖墙。

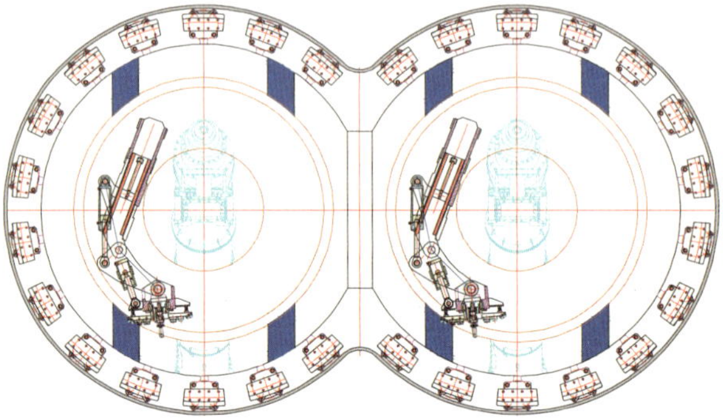

图 3.139 单臂回转式拼装机示意图

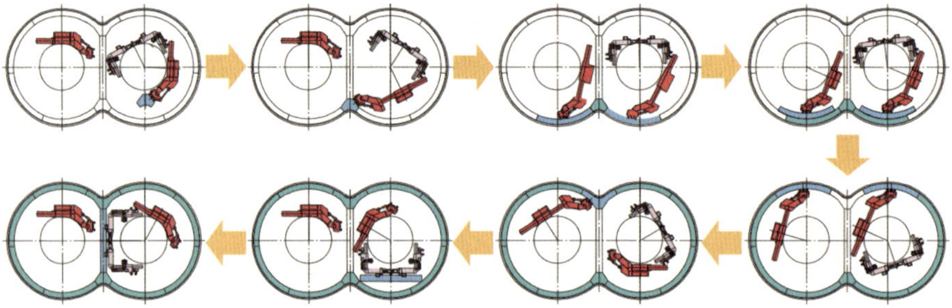

图 3.140 管片拼装顺序

拼装机的回转机构采用液压驱动，无极调速；平移机构使整个拼装机通过滚轮可沿着支撑悬臂梁前后移动，使拼装机能够移动到管片储存区域和插入封顶块，由两只平行油缸驱动。管片的提升由提升机械臂系统和回转机构通过计算机程序控制组合完成，同时具有左右摆动、前后摆动机构（管片沿隧道纵向前后摆动）、水平摆动机构（管片水平移动），可使中立柱实现 90° 旋转，从而实现中立柱的拼装。

为实现管片的精确拼装，除上述拼装机外双圆盾构机还配套有拼装辅助设计。为扩大拼装中隔竖墙时的间隙，在盾体尾部设计有管片顶托装置；为保证成环隧道的圆度，在设备桥位置设计有形状保持器（也有称为整圆器）。

4. 土压平衡稳定技术

双圆盾构开挖断面为变曲率形状，开挖面土体各点的稳定性不同，同时采用两个刀盘联合开挖，两刀盘重合区域存在交叉扰动，而且不同地层土体的扰动灵敏性又不同，因此土压平衡稳定性存在波动性较大。

土舱内土压力值 P 应略大于静水压力和地层土压力之和 P_0，即 $P=$

$K \times P_0$(K 值介于 1.0~3.0)；土舱压力通过采取设定掘进速度、调整排土量或设定排土量、调整掘进速度两种方法建立，并应维持切削土量与排土量的平衡，以使土舱内的压力稳定平衡。

采用双螺旋输送机 (如图 3.141 所示) 出渣，能够有效地匹配推进速度，防止超欠挖；螺旋输送机转速可无级调速，控制土舱左右压力实现土压平衡，有效控制地表沉降。同时，需要添加泡沫剂、膨润土等改善渣土的流动性和止水性，以使土舱内的压力稳定平衡。

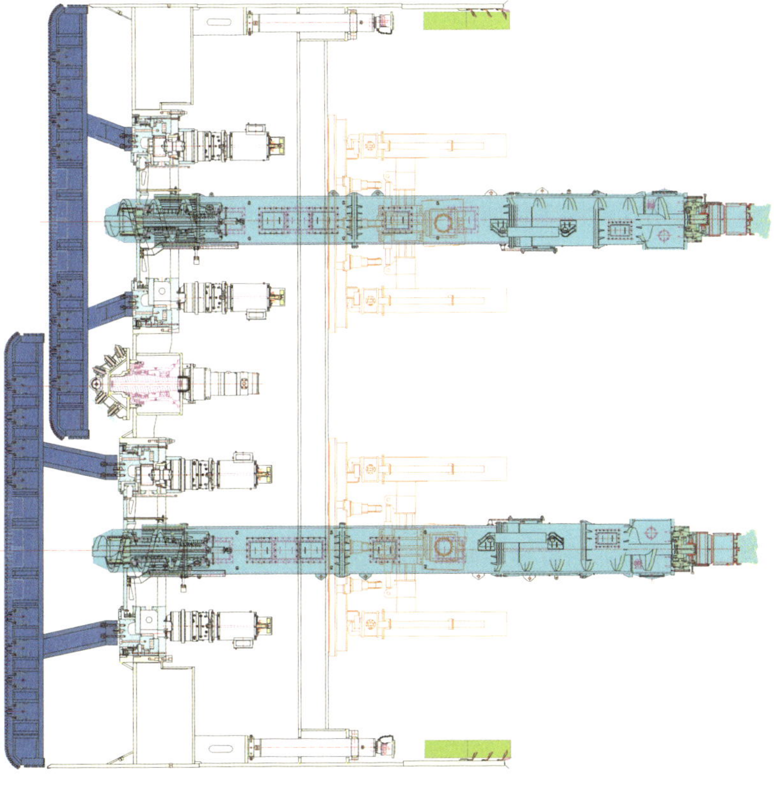

图 3.141　双螺旋输送机设置

盾构机的土舱压力主要通过调整盾构掘进速度和出土量的平衡来控制，排土量则主要通过调整螺旋输送机的转速来调节。在实际掘进作业中，应根据地质条件、排出的渣土状态，以及盾构机的各项工作状态参数等动态地调整优化。

5. 沉降控制技术

1) 双圆盾构作业土体扰动原因分析

双圆盾构掘进土体扰动呈现区域性时段性的特征，其扰动特征与单圆盾构存在类似之处，但由于其体型变化、作业工艺的不同，不可避免地存在着机理的差异，表现在：①双圆盾构为双刀盘开挖，对土体切削扰动大，若土舱内土体的塑流性能较差，将引发盾构正面及上方土体的涌入，导致地面变形；②双圆盾构上下海鸥块区处易产生背土、挤土现象，造成盾构背部土体整体向前上方位移，导致地表尤其是深层土体呈现先隆后沉的现象，地面沉降较为严重；③由于双圆盾构固有的体型特征，盾构机在掘进过程中，易发生自旋，将进一步增加地层损失；④双圆盾构中轴线上下两凹槽处，当盾构在淤泥质黏土层中掘进时，土体迅速向建筑空隙内坍塌导致注浆材料无法及时填充到位，导致地面沉降过大；⑤双圆盾构在拼装过程中，海鸥块区和中间立柱的就位困难，经常出现管片被局部压碎的现象，同时保持两圆的真圆度也较难，由此产生额外的管片椭圆变形，造成管片受力不均以及额外的土体沉降。

双圆盾构推进对周围土体的影响规律与单圆盾构较为相似，地表变形影响区域主要集中在轴线两侧 2 倍盾构宽度范围内；纵向沉降情况，在盾构切口到达前有少量的隆起，盾构通过时有明显沉降，盾尾脱出后的后期沉降较小。

双圆盾构前方水、土压力随盾构的逼近逐步增加，水压力的增加幅度要大于土压力，切口到达时均达到最大值。切口通过后，水压力开始消散，逐步回落到初始状态。切口前方土体在切口逼近时产生远离盾构方向的水平移动，离盾构位置越近，水平位移越大；切口前方土体在切口逼近时产生隆起或者下沉；盾构上方的土体在盾构壳体上部时隆沉变化不大，盾构通过后产生比较明显的沉降。

2) 双圆盾构作业地面沉降控制措施

(1) 摸索并设定与外部原状土相当的土压力值，通过建立推进速度、出土速度、总推力三者之间合理的匹配关系，严格控制切口处的平衡土压力，尽量减少土压力的波动，同步调控两台螺旋输送机的出土量，避免单侧超挖 / 欠挖而引起的轴线偏离，减少对正面及上部土体的扰动，这对盾构作业过程中的地表隆沉、姿态控制起主导作用。

(2) 加强土体改良，增加土舱内土体的塑流性能，及时填充刀盘转动留下的建筑空隙。

(3) 在盾体顶部和海鸥块处设置减摩剂注入口 (见图 3.142)，向该间隙注入填充黏土、膨润土等减摩剂，降低土体与盾壳的摩擦力，防止设备“背土”现象发生。

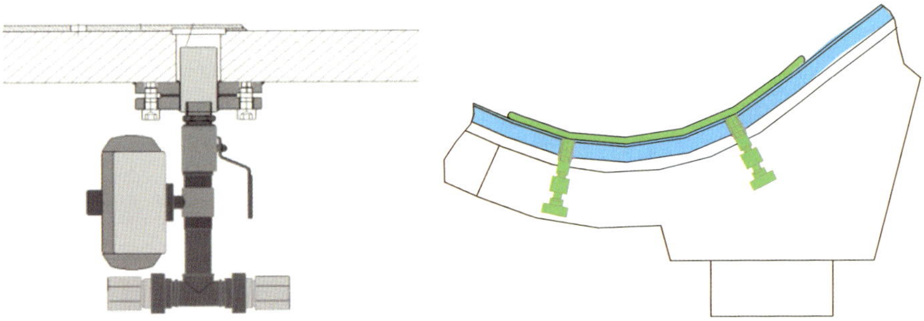

图 3.142　减摩结构示意图

(4) 进行壁后注浆，确保浆液及时填充盾构与管片间的建筑空隙；

(5) 设置有效的地面变形监测点，及时监测并同步反馈至盾构控制室，以便进行作业参数的调整。

3.24　合口盾构机

3.24.1　合口盾构机简介

合口式管片盾构机，简称“合口盾构机”，适用于管片采用上下两半分块形式的隧道作业。合口盾构机与其他类型盾构机结构基本类似，主要包括刀盘系统、驱动系统、盾体系统、出渣系统、后配套系统等，见图 3.143，主要区别在于管片拼装机构的不同，本节内容也会重点对合口盾构机的管片拼装机构进行介绍。

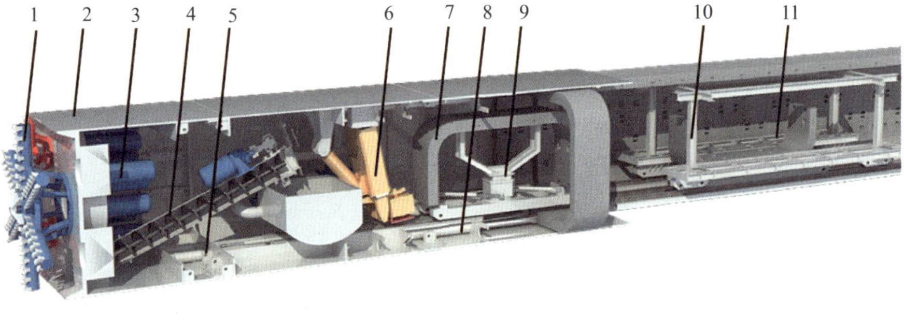

1. 刀盘；2. 盾体；3. 驱动系统；4. 螺旋输送机；5. 铰接油缸；6. 拼装机械手；7. 上管片；8. 推进油缸；9. 管片运输小车；10. 拖车；11. 下管片

图 3.143　合口盾构机

3.24.2 管片拼装机

合口式管片拼装机采用上下半管节形式，通过“合口”式连接完成管节拼装，具体拼装工序如图 3.144 所示。

该拼装系统解决了合口盾构机机械化作业管片拼装的瓶颈难题，将广泛提高地下综合管廊的机械化作业水平。结合当前国家主推城市地下综合管廊建设，合口盾构机拥有广阔的应用前景，所以该拼装系统的研究对城市综合管廊建设及地下空间开发都有重大的意义。

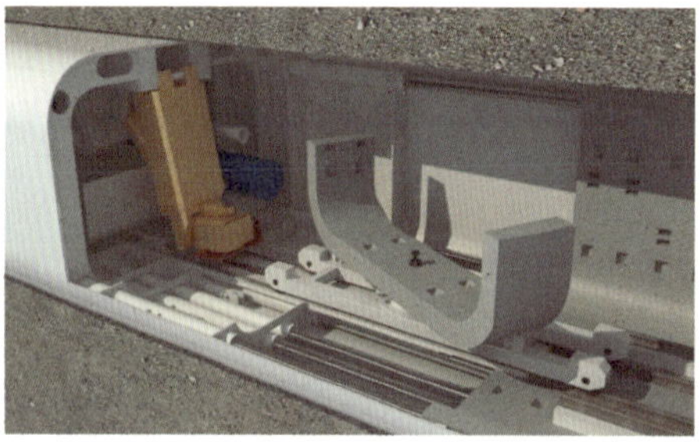

(a) 下管片运输并旋转到位

(b) 下管片抓举

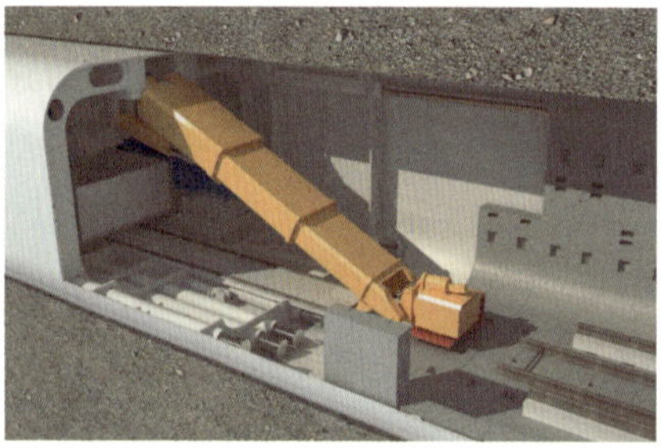

(c) 下管片安装到位

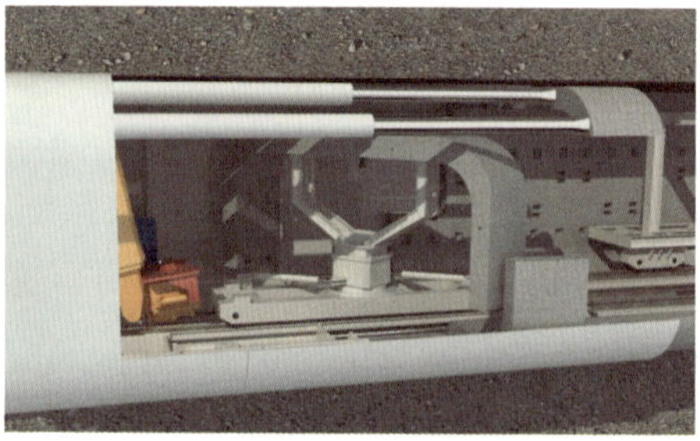

(d) 上管片运输并旋转到位

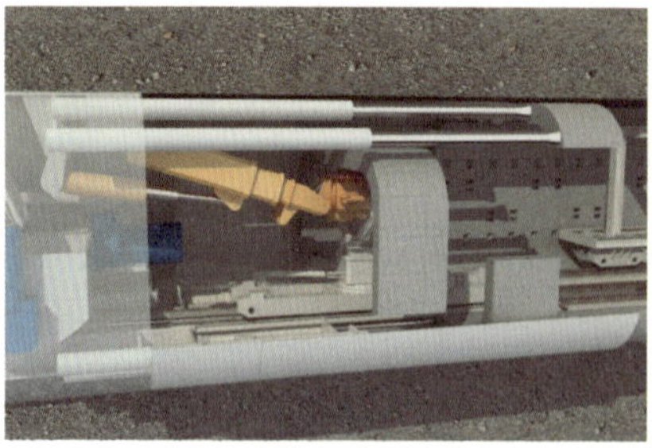

(e) 上管片抓举

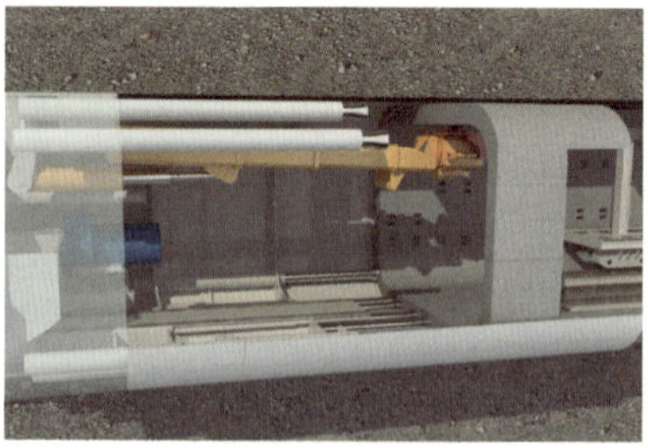

(f) 上管片安装到位

图 3.144　合口盾构机管片拼装示意图

3.24.3　适用范围及应用优势

合口盾构机一般适用于管片宽度和高度均不大于 8m 的小断面、宽高比接近的长距离矩形隧道的作业，适应的地层主要为淤泥、软土、砂层、砂卵石层等，可应用于综合管廊、电力隧道等建设领域。当然，如果合口管片是圆形的上下两块，可以用于地铁隧道作业，这样的隧道结构优于“5+1”管片。

合口盾构机的优势主要有：

(1) 一环管节只有上下两块管片，拼装工作量小；

(2) 上下“U”形管片拼装自动化作业，作业劳动强度低；

(3) 效率高、成本低；

(4) 适用于城市复杂工况作业，如浅覆土、非开挖等条件。

城市地下综合管廊是城市建设现代化、科技化、集约化的标志之一，是城市地下空间充分利用、保障城市安全运转的基础设施。地下综合管廊建设可以促进统筹协调、节约空间资源、保障城市安全、降低城市运营成本、提高管理水平。合口盾构作为修建综合管廊的一种高效暗挖方式，全过程实现自动化作业，作业劳动强度低，不影响地面交通与设施，不受气候条件影响，不产生噪声和扰动，作业辅助措施少，拆迁少，不会干扰周边居民正常工作生活。因此，合口盾构势必成为地下管廊修建的主要方式，该自动化拼装系统也将随着合口盾构推广得到广泛应用。

3.25　多刀盘圆形盾构机

目前圆形盾构机多为单组驱动单刀盘形式，其驱动的支承形式多为三排圆柱滚子轴承等大直径轴承，盾构在掘进过程中很容易造成盾体的滚转，进而影响盾体后部设备的正常运转。单刀盘盾构机所采用的三排圆柱滚子轴承加工制造复杂，精度要求高，这样间接提升了盾构机的生产成本，所以采用新型多刀盘多驱动结构形式来降低生产成本具有重要的实际意义。

多刀盘圆形盾构机的结构如图 3.145、图 3.146 所示，主要包括多刀盘系统、驱动系统、盾体、螺旋输送机以及管片拼装机等。多刀盘系统由 5 个大刀盘和 5 个小刀盘组成，多个刀盘呈前后分层布置，拟合开挖出圆形轮廓，其中前平面由位于中心位置的一个小刀盘和沿圆周平均分布的 5 个大刀盘组成。后平面由 4 个小刀盘组成，并与大刀盘交叉重叠分布。护盾内侧在靠近盲区的位置设置有盾体切刀。所有刀盘由独立的驱动装置驱动，均布置在盾体前部隔板上。

大刀盘和小刀盘均为辐条式刀盘，其中大刀盘为四辐条式，小刀盘为三辐条式。刀盘结构由多个辐条刀梁和设置在中心的鱼尾刀等组成，辐条刀梁的正面设有切刀，后部设有若干搅拌棒，实现前部切削土体的同时对后部土舱内的渣土进行充分搅拌。

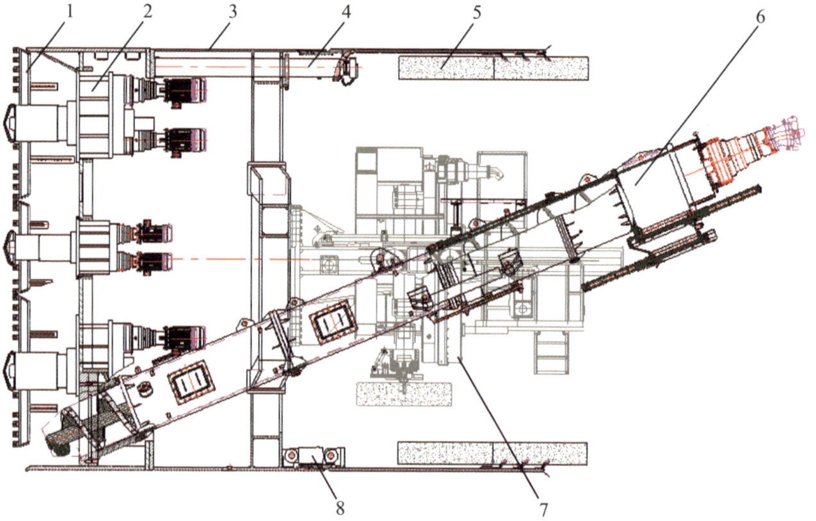

1. 刀盘；2. 驱动系统；3. 盾体；4. 推进油缸；5. 管片；6. 螺旋输送机；7. 管片拼装机；8. 纠偏油缸

图 3.145　多刀盘圆形盾构机主机

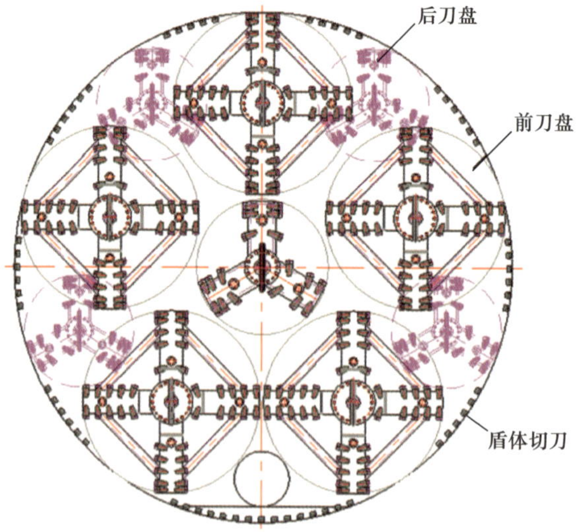

图 3.146　多刀盘圆形盾构机刀盘布置图

多刀盘圆形盾构机工作原理是利用电机或液压马达驱动多刀盘系统旋转切削土体，切削后的土体在刀盘搅拌棒的作用下与膨润土、泡沫等土体改良剂充分混合，并在螺旋输送机螺旋叶片的旋转作用下排出土舱。刀盘开挖的同时，推进系统作用在已经拼装好的管节上，推动整机向前移动。之后，管片拼装机在盾体内部完成下一环隧道管片的拼装，从而实现隧道的掘进、排渣、管片支护等机械化一次作业成型。

多刀盘圆形盾构机的优点主要是：

(1) 多刀盘的设计能够较好地控制盾构机的掘进姿态。盾构机采用多组驱动独立控制，实现各刀盘转速与转向的单独控制，这样就可以根据设备的偏转情况实时调节刀盘的转速与转向，有效处理设备的滚转问题。

(2) 采用电机驱动的对称布置能够使齿轮截面转矩平衡，减少轴承偏载受力，提高设备使用寿命。

(3) 多刀盘盾构机采用模块化刀盘、驱动设计，标准化的关键零部件，可以通过组合布置，适应不同直径的开挖断面，部件重复利用率较高。另外，采用小直径轴承代替大直径轴承可以大幅降低制造成本，缩短制造工期，降低整机拆装难度。

3.26　反锥形刀盘泥水平衡盾构机

泥水盾构机在掘进过程中易出现刀盘结泥饼、泥浆排渣不畅和大块石渣难破碎难排出等问题。反锥形刀盘泥水平衡盾构机为此提出了解决方案。该盾构机具有反锥形的刀盘、中心超前钻机和多个破碎棒，这种结构的刀盘更适合“上软下硬”地层，其结构示意图见图 3.147。反锥形刀盘不易结泥饼，刀盘破岩后，掌子面上部的岩渣掉落后会冲击刀盘，尤其是锥形刀盘的下半部分，从而将刀盘上的泥饼破碎，相当于冲刷了刀盘，其工作过程示意图见图 3.148，当然这种冲刷加快了刀盘表面的磨损。刀盘中心孔可设置伸缩钻杆和冲刷喷嘴。同时提出新的换刀措施，研究一种不透水能承受一定压力呈果冻状的非牛顿流体，在换刀前注入刀盘前面实现与掌子面隔离，再进行常压换刀。为了解决大块岩渣“滞排”问题，在刀盘背面凹凸部位安装破碎棒，用于破碎较大的石块。如果遇上全断面泥岩，则需要转动安装在反锥形刀盘上的多个喷嘴方向，最大范围内对刀盘进行冲刷，防止泥饼产生。

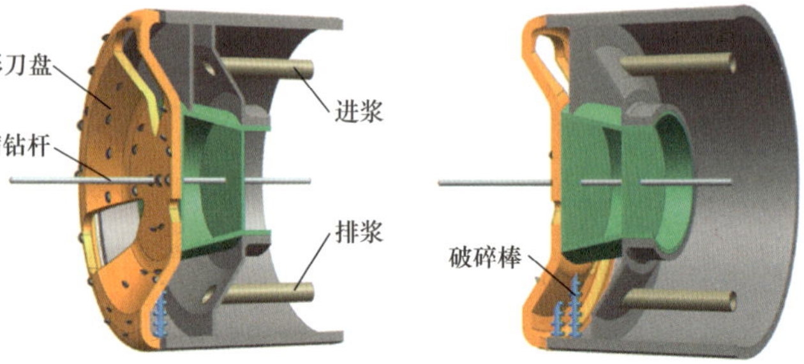

图 3.147　反锥形刀盘泥水盾构机结构示意图

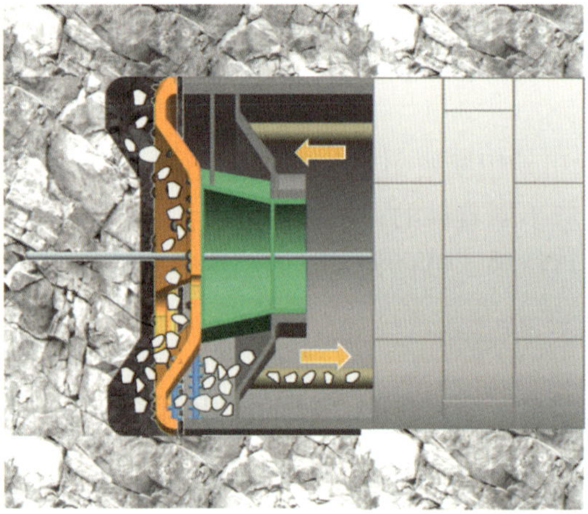

图 3.148　反锥形刀盘泥水盾构机工作过程示意图

3.27　异形断面硬岩泥水平衡盾构机

截至目前，市场上异形盾构机大多适用于软土地层，采用土压平衡模式掘进，对于应用于硬岩地层的异形盾构机研究较少。本节主要介绍一种应用于异形断面的硬岩泥水平衡盾构机。

3.27.1　结构特点

同平面多刀盘异形断面硬岩泥水平衡盾构机的开挖装置由多个刀盘和多个铣挖头组成，见图 3.149。多个刀盘同平面布置，其中一些大直径刀盘辐条上布置有滚刀、刮刀和撕裂刀，小直径刀盘辐条上主要布置有刮刀，铣挖头位于刀盘后部，布置在刀盘开挖盲区处。交叉区域刀盘啮合旋转开挖，下部布置大直径刀盘，以提高设备掘进时的挖掘效率，铣挖头布置在刀盘开挖盲区，以提高设备的开挖率，使设备近乎实现全断面开挖。辐条式刀盘配置有滚刀、撕裂刀和刮刀，以胜任硬岩地层的掘削。整机采用间接控制型泥水循环系统，能够快速、准确地平衡水土压力，控制地表沉降。

驱动系统是独立的一套系统，驱动轴相互平行分布，所有驱动轴同步运转，其中大直径刀盘后部为中间支撑式主驱动，小直径刀盘后部为中心轴式主驱动。

盾构机护盾结构包括前盾、中盾和尾盾。前盾内设有两层隔板，与常规泥水平衡盾构机类似，最前端是泥水舱，中部是气垫舱。

泥水循环系统上方设有进浆管和进气管，下部设有排浆管，进浆管前端连接泥水舱，进气管和排浆管设在气垫舱中。

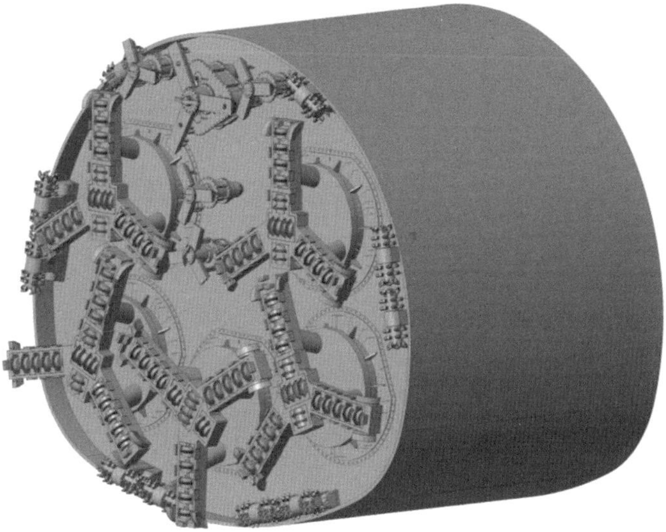

图 3.149　异形断面硬岩泥水平衡盾构机开挖装置

3.27.2　适用范围及应用优势

同平面多刀盘异形断面硬岩泥水平衡盾构机主要适用于上软下硬复合地层和硬岩地层隧道的建设。整个设备采用同平面多刀盘(带滚刀)设计，可以实现硬岩地层的开挖，刀盘同平面布置解决了岩石卡刀盘的风险；采用铣挖头，减小了开挖盲区，提高了设备开挖率；采用间接控制型泥水平衡掘进模式可以更快速、更准确地平衡水土压力，更好地控制沉降。

3.28 异形断面硬岩土压平衡掘进机

3.28.1 结构组成及工作原理

异形断面硬岩土压平衡掘进机的关键技术在于其开挖系统。偏心多轴机构刀盘以其扭矩较小、切削刀具的磨损量一致等优势在软土地层中已有所应用，这给异形断面硬岩切削刀盘设计带来重要启示。但针对硬岩地层，滚刀的破岩原理与切削型刀具不同，其主要是通过使刀具自身旋转的同时冲击压碎和剪切碾碎来进行破岩，因此在硬岩盾构机上采用偏心多轴机构开挖时存在诸多问题：所有滚刀刀具的旋转半径都是相同的，而且都较小，所以滚刀的随动性成为问题；受滚刀刀座尺寸的影响，在刀盘上可配置刀具的数量也受到限制，导致只靠平行连杆运动无法开挖出规定刀间距的轨迹，并会出现开挖盲区。

中铁装备创新设计了一种能够适应于异形断面硬岩隧道掘进的新型滚刀刀盘装置——偏心滚刀平动硬岩刀盘，见图 3.150。新型刀盘包括辐条式刀盘体、刀具、偏心驱动轴、主驱动、驱动偏移机构等。刀盘体形状为所开挖断面的仿形形状，刀盘体正面安装有可偏心随动的正滚刀，每个正滚刀刀座在刀具滚转方向两端配有刮刀，配合滚刀进行硬岩切除，刀盘体四周分布边滚刀，以保证开挖尺寸。刀盘体通过轴承由多个偏心驱动轴驱动，偏心驱动轴旋转带动刀盘体做平行连杆运动，使得刀具的磨损量不受安装位置的影响。正滚刀刀座、刀盘体、偏心驱动轴在轴向方向均设置有止推轴承，能够承受较大的掘进推力。

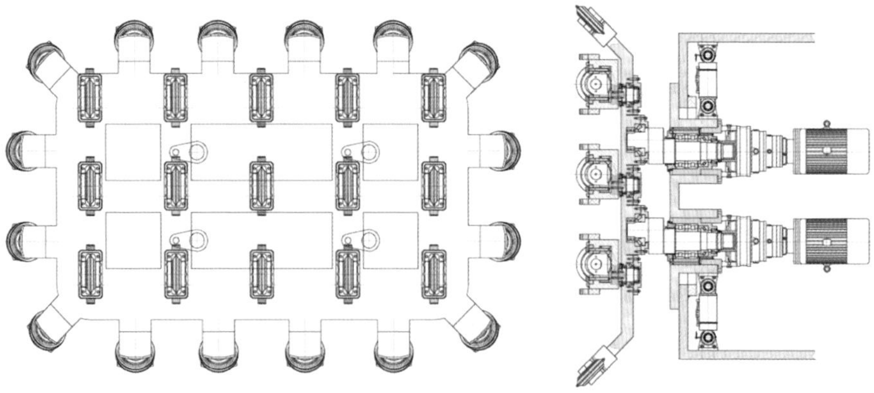

图 3.150 偏心滚刀平动硬岩刀盘

正滚刀刀座后部设置有转轴，刀座转轴通过轴承连接于刀盘体，刀座中心与刀座转轴中心偏心，刀座可绕刀座转轴自由旋转，使得在刀盘体摆动的同时，滚刀与刀座一体随动，并使滚刀在刀座中滚转，滚刀主轴与切削轨迹方向始终保持垂直，完成岩石破碎切削，切削轨迹如图 3.151 所示。但只依靠刀盘摆动旋转，刀盘滚刀仅能对图中滚刀轨迹进行切削，存在较大非开挖区域，硬岩异形断面仍然无法进行有效开挖。

为此，驱动四周还设置有整体偏移机构以增加刀盘摆动覆盖范围，偏移机构可带动驱动和刀盘在导槽内整体上下左右移动，如图 3.152 所示，使刀盘摆动旋转的同时还可以随驱动一同平面移动，达到增大滚刀切削面积的目的，实现硬岩矩形全断面切削，滚刀轨迹如图 3.153 所示。

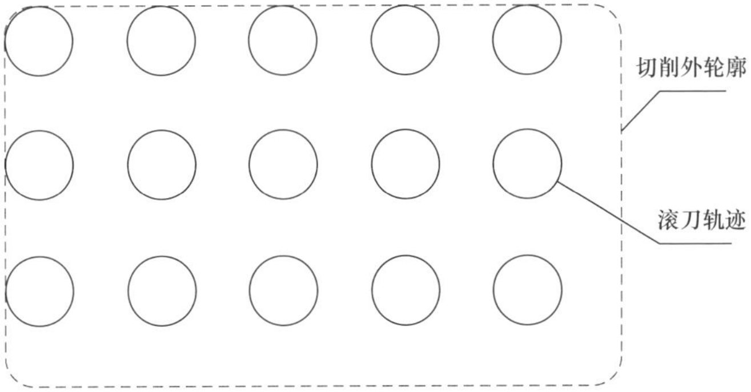

图 3.151　摆动刀盘滚刀切削轨迹

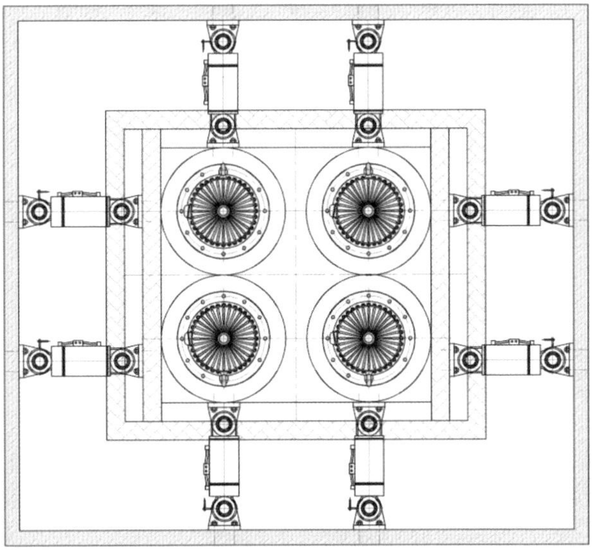

图 3.152　偏心滚刀平动硬岩刀盘

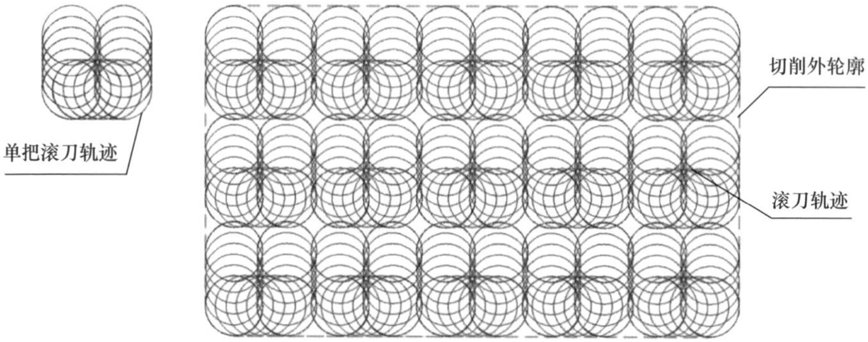

图 3.153 驱动偏移机构协同作用下的滚刀轨迹图

该偏心滚刀平动硬岩刀盘可独立使用在异形掘进机上，除上述仿形开挖矩形断面外，也可仿形开挖出马蹄形隧道断面，如图 3.154 所示。此外，也可通过多刀盘组合模式开挖，使其能够适应不同大小的异形开挖断面。图 3.155 为四组矩形平动刀盘组合使用，拟合开挖出的大断面矩形轮廓。

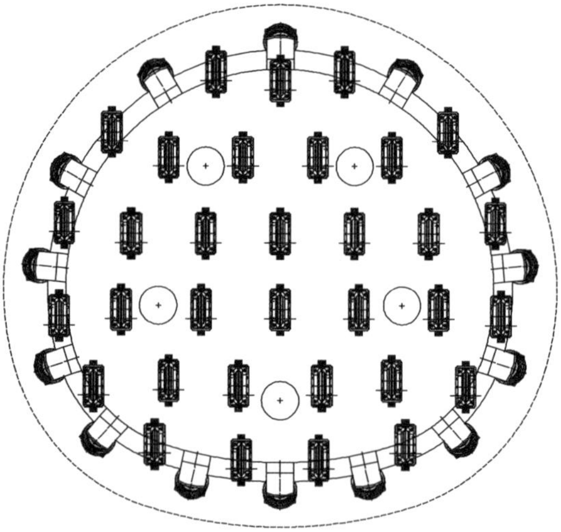

图 3.154 仿形开挖马蹄形硬岩掘进机刀盘示意图

3.28.2 适用范围及应用优势

偏心滚刀平动硬岩刀盘由多个偏心驱动轴驱动而做平行连杆运动，使得所有刀具的运动轨迹趋于一致，实现刀具的磨损量不受安装位置的影响；正滚刀偏心设置，具有随刀盘平动而自动旋转的特点。此外，刀盘体和主驱动可在水平方向和垂直方向上实现整体滑移，解决了滚刀等压碎型刀具偏心多轴运动开挖时存在开挖盲区的问题，实现了偏心多轴开挖机构在异形断面隧道硬岩掘进机上的应用。

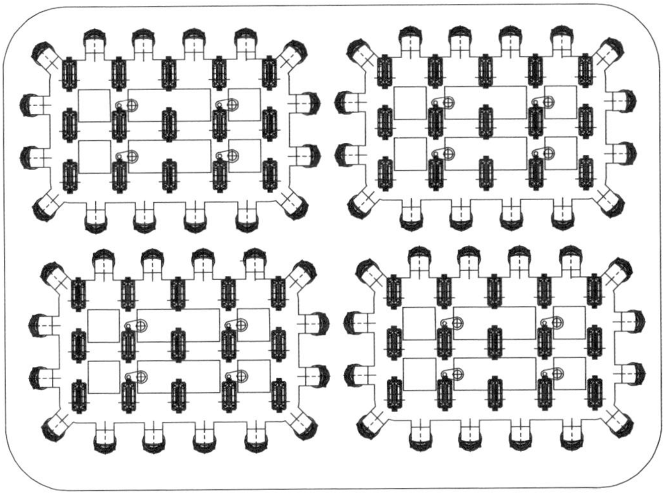

图 3.155　偏心滚刀平动硬岩刀盘组合开挖系统示意图

3.29　异形断面掘进机复合破岩设备

在硬岩地层中进行异形断面开挖时一般采用多刀盘法进行，采用多刀盘开挖时难免会有盲区存在，盲区的存在会导致盾体被卡等情况，往往采用自由断面开挖方式。为此，可采用链锯开挖盲区、摆线破岩等多种复合破岩方式。

3.29.1　链锯切割盲区破岩

带式盲区破岩是采用链锯切割开挖盲区的岩石，使盲区的岩块从岩壁上剥离，隧道主断面采用多个回转开挖机构的一种组合掘进方式，这种掘进方法可以实现硬岩地层的全断面开挖。链锯破岩与锯木头的原理相同，不同的是链锯的形状和材质。采用链锯对岩石进行切割，将掌子面刀盘没办法开挖的盲区进行处理，最终成型为理想的隧道断面尺寸。

链锯破岩装置安装在掘进机的盾体边缘，见图 3.156，随着盾体向前推进，链锯将触碰到的盲区岩石锯开，锯开的盲区岩石掉落到盾体与刀盘之间，由出渣机构将渣石运出。链锯将盲区岩石进行开挖，使盾体等结构能够顺利地通过开挖掌子面，此种方法适合软岩和中等硬度岩石隧道。

图 3.156　链锯切割盲区复合破岩

3.29.2　摆线破岩与滚刀复合破岩

摆线破岩与滚刀复合破岩是一种针对异形断面隧道掘进机的新型岩石地层开挖技术，它采用摆动式铣挖装置和圆形回转硬岩刀盘组合开挖，最终实现异形断面隧道的加工建造。

平行轴多刀盘旋转开挖具有开挖扰动小、渣土搅拌好、沉降易控制等显著优势，应用最为广泛，但同时其缺点也比较突出，即存在开挖盲区，如图 3.157 中黑色阴影部分所示，因此它一直以来主要适用于软土地质隧道。因此，研究多刀盘旋转开挖盲区处理解决方案，以能够应用于复合地层、硬岩地层异形断面隧道的开挖，提高设备的地质适应能力具有重要的意义。

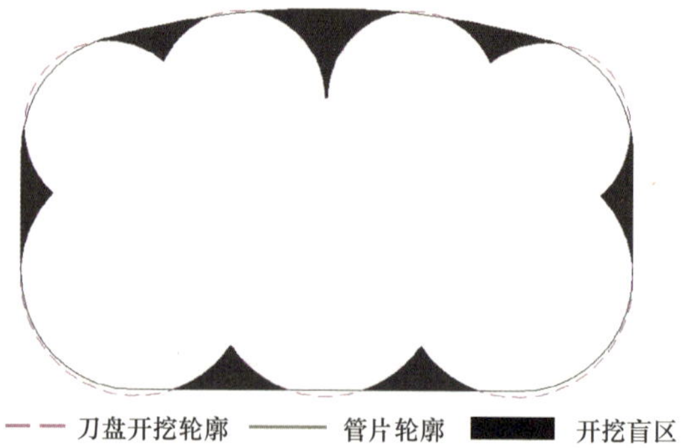

图 3.157　多刀盘旋转开挖盲区示意图

摆线破岩与滚刀破岩复合破岩示意图见图 3.158，这种破岩方式实现了复合地层矩形隧道全断面开挖。掘进机安装有多个圆形刀盘，刀盘上布置滚刀，多个圆形刀盘联合开挖，覆盖 85% 以上的掌子面区域，剩余的盲区位置则采用摆动铣挖头 + 横轴式铣挖机进行开挖。

(a) 刀盘正常显示

(b) 刀盘透明显示

图 3.158　摆线破岩与滚刀破岩复合破岩正视图

图 3.159 和图 3.160 分别显示了顶部、底部摆动铣挖头的运动模拟，摆动铣挖头位于圆形刀盘后方，通过球铰与掘进机盾体连接，铣挖头由油缸驱动，动作灵活、结构简单、成本较低，可以覆盖整个盲区区域。

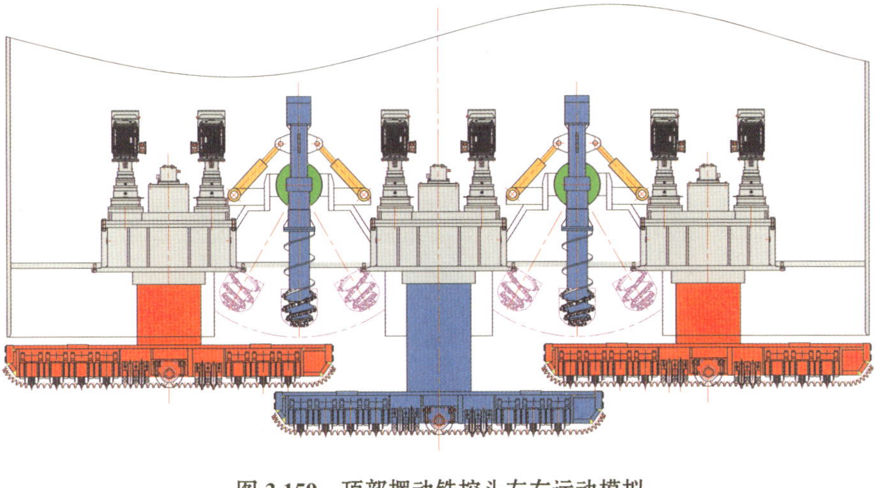

图 3.159　顶部摆动铣挖头左右运动模拟

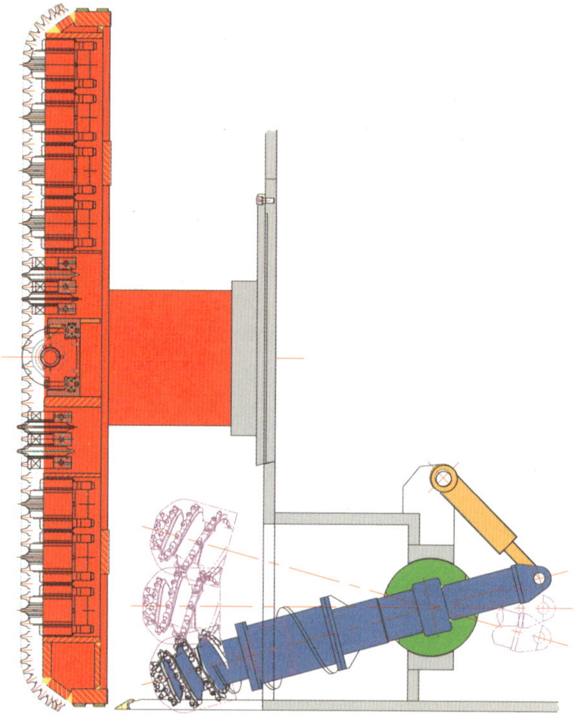

图 3.160　底部摆动铣挖头运动模拟

3.29.3　潜孔锤式盲区破岩

潜孔锤式盲区破岩示意图见图 3.161，通过在设备上搭载潜孔锤破岩装置，对多刀盘旋转开挖盲区位置的土体进行破除，以解决异形断面隧道掘进机多刀盘旋转开挖在复合地层、岩石地层等的地质适应性难题。

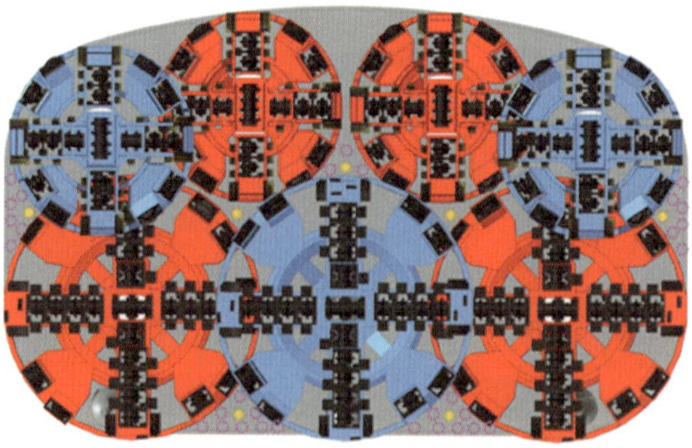

图 3.161　潜孔锤式盲区破岩示意图

对于多刀盘旋转开挖盲区位置的土体，除了从设备本身的开挖方式上思考解决方案外，还可以换一个角度，通过先对盲区土体进行预处理，为多刀盘旋转开挖创造条件，从而实现复合地层异形断面隧道的掘进。

图 3.162 显示了一种盲区土体预处理的方式，根据设备开挖断面、刀盘布置形式等首先确定开挖盲区的位置及大小，在盲区位置布置钻孔，钻孔直径根据盲区大小可以选择 0.25m、0.5m、0.8m 和 1m 等。图 3.162 所示开挖断面宽约 13m，高约 8m，根据盲区大小，选择钻孔直径 0.5m，则下部预处理的盲区位置共需布置钻孔数量约 40 个。根据钻孔直径和钻孔深度，选择合适的钻孔工具，如气动潜孔锤等，但潜孔锤作业效率较低。

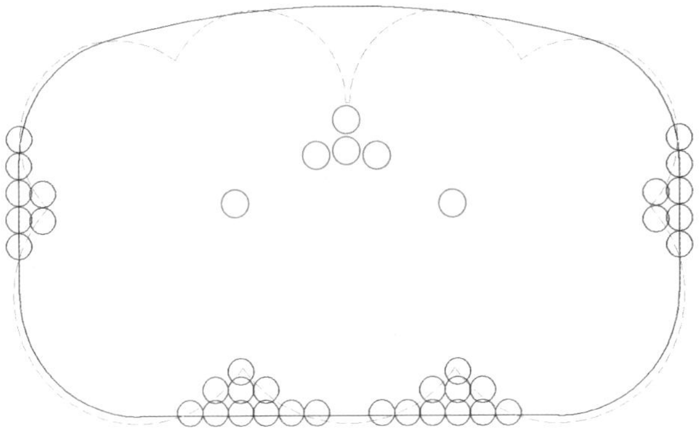

图 3.162　盲区位置钻孔布置图

3.29.4　多轴联合复合破岩

多轴联合复合破岩见图 3.163，这种破岩方式同样可以实现复合地层矩形隧道全断面开挖。圆形刀盘开挖盲区位置布置多个横轴式铣挖机，铣挖机位于刀盘后方，通过法兰连接固定在掘进机盾体上，可以覆盖整个盲区区域。这样设计的好处是结构更加简单，控制更加容易。针对软硬不均复合地层或岩石地层，铣挖机在满足强度使用要求和覆盖盲区完整等功能使用要求的前提下，体积和重量应尽量减小，降低整体结构设计难度。

以某 10.62m × 7.67m 矩形开挖断面为例，应用地层主要是全断面砂质泥岩，其侧部两个横轴式铣挖机的设计参数如图 3.164 所示。

由于截齿的破岩能力具有一定的局限性，工程实验数据显示，在抗压强度 60MPa 以上的完整硬岩地层中，截齿的开挖效率和经济性均较低。为了提高盲区位置铣挖机的破岩能力，可以将铣挖机上的截齿替换为滚刀，如图 3.165 所示。

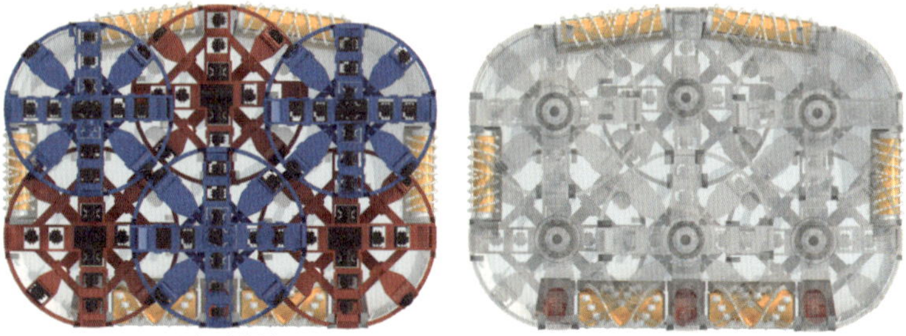

(a) 刀盘正常显示　　(b) 刀盘透明显示

图 3.163　多轴联合复合破岩正视图

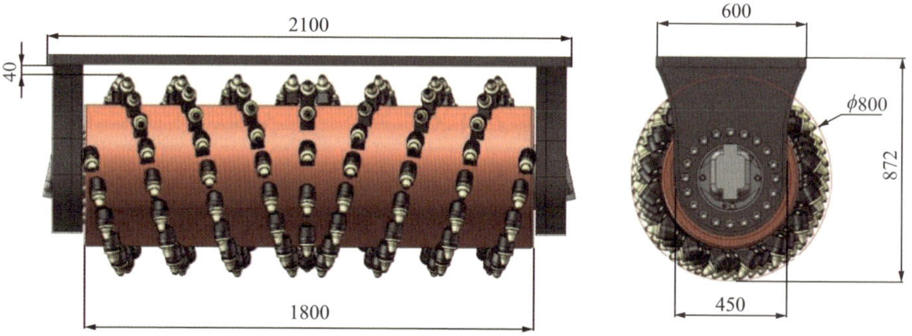

图 3.164　铣挖机结构设计图(单位：mm)

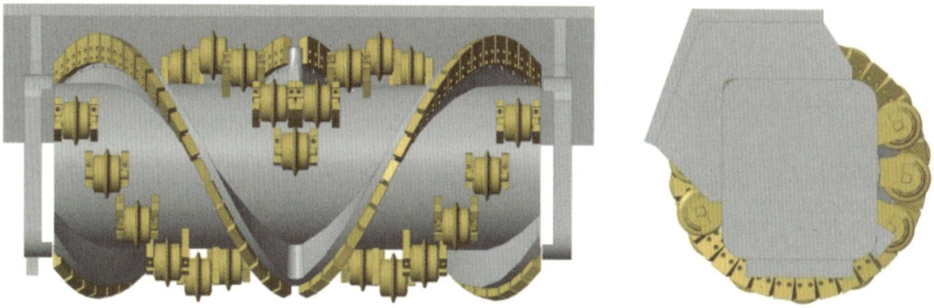

图 3.165　布置滚刀的铣挖机结构设计图

3.29.5　异形断面硬岩摆动破岩掘进机

为切削两个圆刀盘之间的盲区，可采用摆动式破岩机构，见图 3.166。该机构由摆动刀盘、吸震器、刀盘支撑环、摆动液压缸组成。摆动刀盘上可安装多层滚刀，最外层滚刀采用悬切刀。刀盘在液压缸的带动下往复摆动，破除圆形刀盘切削盲区的岩石。

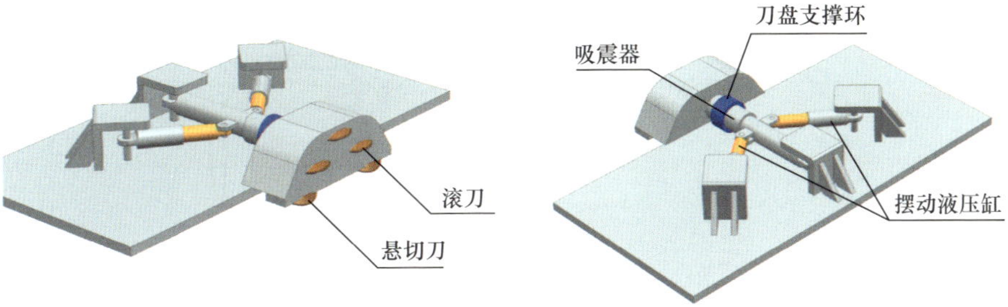

图 3.166　异形断面硬岩摆动破岩掘进机

3.29.6　断面硬岩 TBM

多个圆形刀盘之间的盲区会阻碍盾壳的通过，那么可以采用适度的超挖来给盾壳让路，使用的无盲区异形全断面硬岩 TBM 示意图见图 3.167。图中 *a*、*b* 表示盾壳和刀盘外径之间的最大距离，*a* 和 *b* 的应尽量控制在 300mm 以内，尽量减少盾壳与洞壁的空隙。出渣时，底部的松渣要留在原地，并进行灌浆固结。

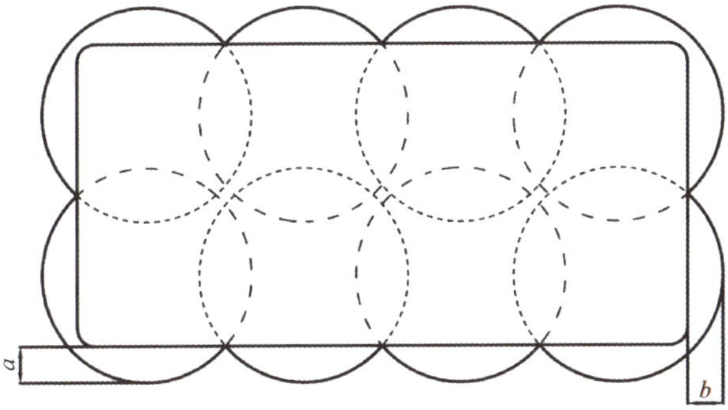

图 3.167　无盲区异形全断面硬岩 TBM 示意图

3.29.7　二次破岩异形自由断面硬岩 TBM

图 3.167 所示方案的缺点是需要超挖和回填，为此，可将盾壳进行改造，将刀盘切削盲区的盾壳切去一部分，见图 3.168，让盲区的岩体进入到盾壳后部，然后再采用锯切、冲击锤等其他方式进行二次破岩和出渣。当然，盾尾将是一个有缺口的不连续结构。

我们通过另外一种方式，即采用自身带有驱动装置的主动滚刀在盲区破岩，见图 3.169。主动滚刀有两种结构，一种是一根驱动轴驱动一把滚刀，另一种是一根驱动轴同时驱动两把或多把滚刀，可根据盲区形状布置多层主动滚刀。

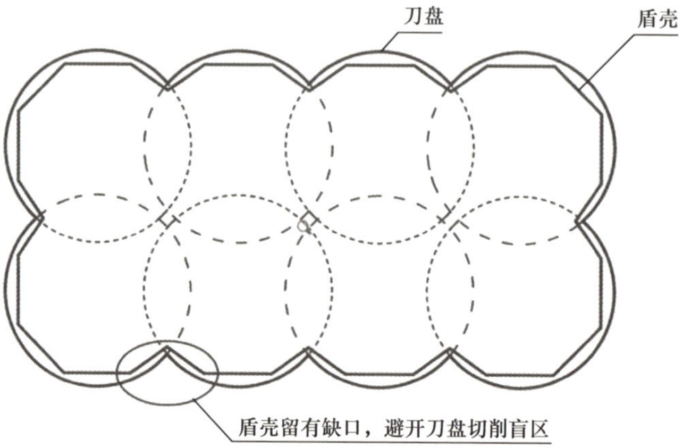

图 3.168　二次破岩异形自由断面硬岩 TBM

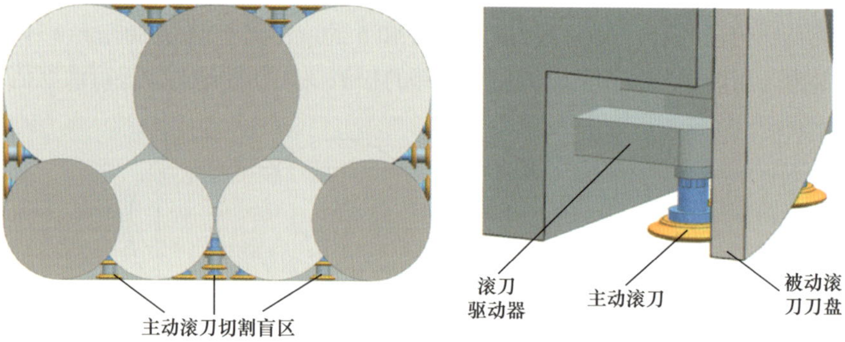

图 3.169　带主动滚刀的异形硬岩 TBM

3.30　冻土隧道掘进机

3.30.1　冻土隧道掘进机研究的现状及意义

我国永久冻土占全国面积的 22.3%，主要分布在青藏高原、西部高山和东北山区；季节性冻土占全国面积的 53.5%，主要分布于西部、中部和东北部地区。冻土分为高海拔冻土和高纬度冻土，冻土分布面积之广决定了在冻土区修建隧道工程是交通事业发展和社会进步的必然要求。

世界范围内，只有加拿大、俄罗斯等极少数工程在高纬度永久冻土地层中采用过全断面隧道掘进机作业，而在高海拔永久冻土地层中还未见全断面隧道掘进机的应用案例，主要还是采用传统矿山法作业。

1979 年，由罗宾斯公司设计生产的直径 4.56m 的双护盾 TBM 参与了西伯

利亚北海 (Severomuysky) 管线隧道的掘进，隧道工程环境恶劣，冬季持续超过 200 天，1 月平均气温 −28.4℃，隧道沿线由冻土覆盖的花岗岩层、断层带、地下水与挤压层组成。全长 15.4km 隧道掘进中，TBM 在耗时 14 年，掘进约 6.7km 后停机，并于 1993 年从第 2 竖井中运出，剩余部分改用钻爆法开挖，最终隧道于 1997 年完工。

2019 年，第二条北海隧道开始建设，为了应对严苛的天气条件与复杂多变的地层，这次罗宾斯公司针对性地提供了两台直径 10.37m 的 XRE 双模式 TBM。

在我国冻土隧道工程只有矿山法作业的案例，见表 3.2，其中高原多年冻土隧道主要为青藏铁路沿线隧道，如海拔 5010m、全长 1338m 的风火山隧道 (世界最高的高原冻土隧道) 以及海拔 4648m 的昆仑山隧道 (世界最长的高原冻土隧道) 等。

表 3.2　我国冻土隧道工程典型案例

名称	隧道类型	工程概况	现状
大坂山隧道	局部多年冻土隧道 (公路隧道)	地处青海省，海拔 3800m，隧道全长 1530m，年平均气温 −3.1℃，极端最高气温 22.5℃，极端最低气温 −34℃，年降水量 841.4mm	1999 年 8 月 18 日通车；冬季没有出现明显的渗漏，洞内无积水、结冰
鹧鸪山隧道	非多年冻土隧道 (公路隧道)	地处川西高原东北部的邛崃山脉，海拔 3500m，全长 4423m，极端最高气温 28.2℃，极端最低气温 −31.1℃。	2001 年下半年开始动工建设，2003 年 7 月平导贯通，2004 年 4 月主洞贯通，2005 年 1 月竣工通车。目前，隧道洞内的温度场变化及保温层隔热层的抗冻效果仍在进一步观测中
梯子岭隧道	非多年冻土隧道 (公路隧道)	秦皇岛—青龙公路梯子岭隧道是在原运铁矿隧道基础上改建而成的。全长 1142.74m，位于青龙县北部山区。年平均气温 8.9℃，年最低气温 −29.2℃	1993 年 8 月开工建设的，1994 年 12 月竣工交付使用。1997 年 3 月开工改建，1997 年 8 月竣工。部分衬砌表面渗漏结冰，形成的冰溜延伸到路面，拱顶滴水在路面也形成了冰溜，衬砌和排水沟均因冻胀出现了明显的开裂病害
昆仑山隧道	多年冻土隧道 (青藏铁路隧道)	位于青藏铁路多年冻土区北端，全长 1686m，进出口海拔高程分别为 4642.66m 和 4665.91m。年平均气温 −3.2~−5.6℃，极端最高气温 23.7℃，极端最低气温 −37.7℃	2001 年 9 月开工，2002 年 9 月贯通，2002 年 12 月衬砌结构作业完成。2003 年 9 月 ~2004 年 3 月统计资料显示，部分水沟及电缆槽结冰，盖板挤压隆起，盖板道床积冰，拱顶渗水挂冰
风火山隧道	多年冻土隧道 (青藏铁路隧道)	地处低温永久冻土带，隧道长 1338m，冻土层厚 80~100m，穿越含土冰层、饱冰冻土、富冰冻土、原始冰川、裂隙冰、夹冰断层泥岩、砂岩、泥砂互层等	2001 年 10 月 18 日动工建设，2003 年 7 月 29 日完成主体工程

目前高原冻土地区隧道作业主要面临以下问题：

(1) 多年冻土易发生冻害。冻土层冻融、冻胀的循环发生，使衬砌混凝土产生开裂、变形，导致衬砌承载力降低，在隧道衬砌保温、隔热方面对设计和工程技术要求很高。

(2) 高寒缺氧。在海拔高、气压低及含氧量小的环境下作业时，作业人员的健康易受到伤害，造成劳动能力及设备效能下降(机械设备故障率高，保障困难)。

(3) 生态脆弱。生态环境具有不可逆转性，一旦受到破坏，短期内极难恢复，甚至根本无法恢复，这对作业过程中的环境保护工作提出了严格要求。

(4) 机械化程度低。传统工法机械化程度低，导致人员强度高、作业效率低、安全风险大、环境影响大、作业成本高。

综上，高原冻土隧道的机械化仍属于世界性难题。高原冻土隧道掘进机的设计研发既是隧道掘进机技术不断迭代和发展的趋势，更是社会经济发展的必然要求，意义重大。

3.30.2 冻土隧道掘进机研究的重难点

1. 开挖系统设计难度大

在高原冻土区，以永久冻土层为主，但同时要兼顾硬岩的开挖，对刀盘的地质适应能力要求很高。其中永久冻土的抗压强度高、韧性好，受外界干扰后稳定性差，易结泥饼，对刀盘的结构形式、强度和驱动能力要求严苛。

2. 高效排渣系统设计难度大

冻土开挖过程中受温度的影响较大，开挖后渣土的状态不易预测和控制，流动性差，不利于排渣；同时由于极寒环境下渣土改良工艺复杂，又缺少冻土层渣土改良的模型和经验数据，改良系统与排渣系统设计难度大。

3. 支护结构设计难度大

冻土隧道掘进过程中，在开挖对地层产生扰动的同时，隧道内产生的热量会通过衬砌结构传递到地层中，易发生周边冻土的冻融，造成隧道周边土体塌陷，因此对支护结构的强度、隔热等性能要求高。

4. 模块化设计要求高

高原地区往往地处偏远，运输路况差，拆装、始发、接收时间要求苛刻，设备的模块化设计及快速始发系统的设计难度大。

总之，冻土隧道掘进机研究的关键是要解决在高原冻土层“掘得动、排得出、稳得住、机动灵活”的问题。

3.30.3 冻土隧道掘进机研究的思路

在隧道掘进机通常采用的研究方法的基础上，结合冻土隧道掘进机的特点，采取以下研究思路：

(1) 充分研究冻土层隧道掘进机的设计思路、结构特点、计算方法等，研发针对高海拔冻土、低温、缺氧、荒凉、偏远等工程特点与重难点的隧道掘进装备。具体地要研究突破冻土高效开挖系统、极寒冻土环境下渣土改良系统、高效排渣系统、模块化集成设计、快速始发接收系统、整机集成设计技术等关键技术，特别是针对荒凉恶劣环境工况下，研究开发高机动性的新型掘进机，力争设备在能够适应永久冻土地层的同时，具备Ⅲ、Ⅳ类围岩的适应能力。

(2) 通过现场调研、理论研究、数值模拟及现场实测等手段，以永久冻土中装配式隧道工程及周边围岩为研究对象，研究装配式衬砌结构及周边围岩的受力特性、温度场变化、保温及排水措施。具体地通过对冻土中装配式衬砌结构及周边围岩进行受力分析，并根据既有冻土隧道的监测数据，得出装配式衬砌结构的破坏模型及周边冻土的温度场变化规律，提出适合在冻土地层中修建装配式隧道的方法、衬砌结构形式的选择及合理的保温措施，消除或减弱围岩季节性冻融及温度变化产生的隧道病害。

(3) 在矿山法冻土隧道作业经验的基础上，研究隧道掘进机快速始发工艺、洞门结构加工方法、极寒冻土环境下渣土改良新工艺、工序组织及作业参数控制等问题。

最终目标是研究新一代高原冻土隧道掘进机，提高高原冻土隧道掘进的机械化水平，减少人员作业风险，降低劳动成本，引领盾构法向更多的领域发展。

3.30.4 冻土隧道掘进机关键技术研究方向的思考

为了更好地解决高原冻土地区隧道掘进面临的问题，提高冻土隧道掘进的机械化程度，本书提出了一种适用于冻土隧道的盾构掘进机。该设备的工作原理和系统构成与常规复合式盾构机基本相当，但是在冻土高效开挖技术、极寒冻土环境下渣土改良技术、高效排渣技术、模块化集成设计、快速始发接收系统设计、整机集成设计等关键技术方面进行了针对性的创新研究。

1. 冻土切削性能研究

在我国还没有在高原永久冻土层采用盾构机开挖隧道的案例，缺少冻土可切削的受力模型和数据，所以首先需要在理论分析的基础上通过实验研究永久冻土层刀具切削或者破碎的机理，见图 3.170，为开挖系统设计提供依据。

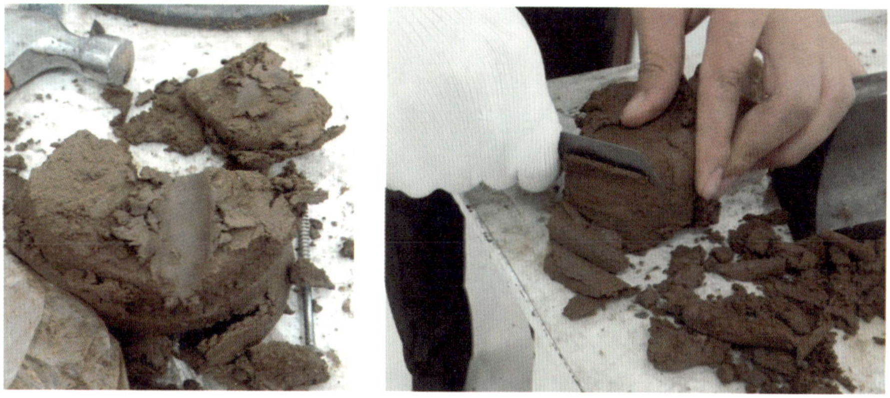

图 3.170　实验室冻土切削试验

2. 高原极寒环境多年冻土开挖技术研究

考虑到盾构机要能够同时适应多年冻土和硬岩地层的要求，且对高海拔低温缺氧恶劣环境具有较强的适应能力，采用复合式土压平衡盾构机刀盘设计方案，基于冻土的切削、温度影响规律等特性研究，开展刀盘结构强度、刀具配置与布置、刀盘开口设计、防泥饼措施、高效驱动、耐低温等方面的设计研究，确保安全高效开挖。

在开挖系统的具体设计中，关键有以下几点：

(1) 采用复合式刀盘结构，既可满足热融化之后的冻土地层，也可满足单轴抗压强度 100MPa 以下的岩层；

(2) 刀盘本体材料能够满足 −40℃的冲击，且刀具密封均采用耐低温的硅胶密封；

(3) 刀盘采用大开口率设计，可有效防止泥饼产生；

(4) 刀盘背部与驱动隔板上面，分别安装主动搅拌棒和被动搅拌棒，有效防止土舱中心泥饼产生；

(5) 设计人舱，确保人员能进入土舱进行刀具检查、更换作业；

(6) 滚刀与撕裂刀等刀具安装要有可互换性，见图 3.171；

(7) 高海拔地区气温低、空气稀薄、寒冷、温差大等气候特点对机械效率和可靠性影响较大，存在电机效率降低、密封件易低温老化等问题，刀盘主驱动以及密封件需具备强功效性和高可靠性。

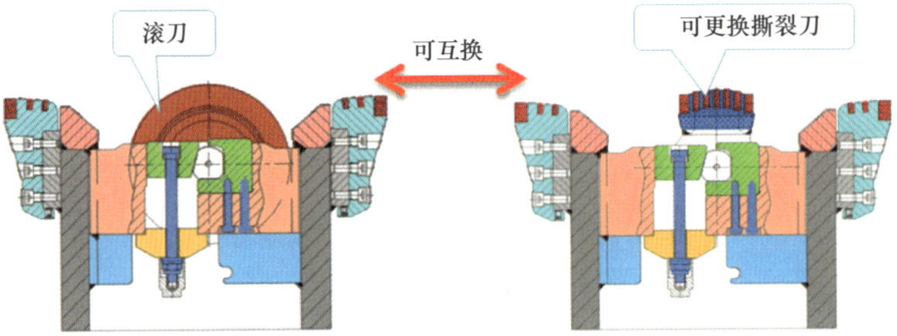

图 3.171　滚刀与撕裂刀互换示意图

3. 极寒环境下冻土渣土改良工艺及系统研究

通过对冻土隧道渣土定点取样分析，采用坍落度试验、搅拌试验、细观试验等标准化试验方法，开展冻土层渣土改良机理研究，形成针对性的渣土改良方法，提出适用于冻土地质的低温状况下的改良剂种类和最优配比参数。具体目标是改良剂温度控制在 2~5℃时，能够实现改良剂活性与掌子面稳定性的有机平衡，实现盾构机低推进力、低扭矩 (降低 30%) 开挖。在此基础上开展设备的渣土改良系统设计，重点突破极寒环境下液态改良剂的高效制备与输送难题。总体来说，就是要重点开展冻土层改良材料研究、冻土层改良工艺研究、改良剂温控系统研究等。

4. 冻土复合地层高效排渣系统研究

首先要基于刀盘开挖和渣土改良后的渣土物理状态，利用离散元与流体力学渣土流场分析技术，采用耦合分析算法，建立渣土流场仿真模型，见图 3.172，揭示冻土流动及排渣规律，为螺旋输送机的设计选型提供依据，并实现对螺旋叶片安装位置的优化，最大限度地提升螺旋输送机的高效排渣能力。同时考虑最小转弯半径等工况要求，后部出渣方式选择和出渣系统设计需要结合作业组织综合考虑。

5. 基于冻融模型的压力平衡控制技术研究。

不同于常温下的隧道开挖，多年冻土在开挖时会部分融化，融化过程会对

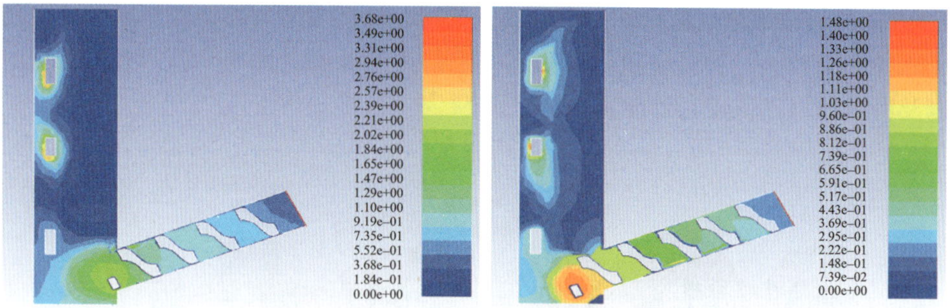

图 3.172　冻土渣土流场仿真分析示意图

掌子面产生扰动，地层的稳定性易受到破坏，特别是当管片壁后浆液填充不及时时，后期地表沉降明显，因此需要提出一套冻土隧道盾构掘进的压力平衡控制策略。

通过对冻土隧道地层变形及开挖扰动机理的研究，提出适用于土压平衡盾构机的掌子面状态监测、动态充填、同步回填支撑的沉降控制模型，开发掌子面、拱顶主动支撑系统、塌方实时检测和浓泥浆填充技术，实现拱顶土压的精准监测与控制，进而满足土压平衡盾构机在冻土地层中掘进时沉降控制要求。

掌子面辅助支撑系统：从土舱顶部注入膨润土，形成泥膜隔离层，泥浆的压力作用在泥膜上，得以支撑拱顶以及掌子面，见图 3.173。

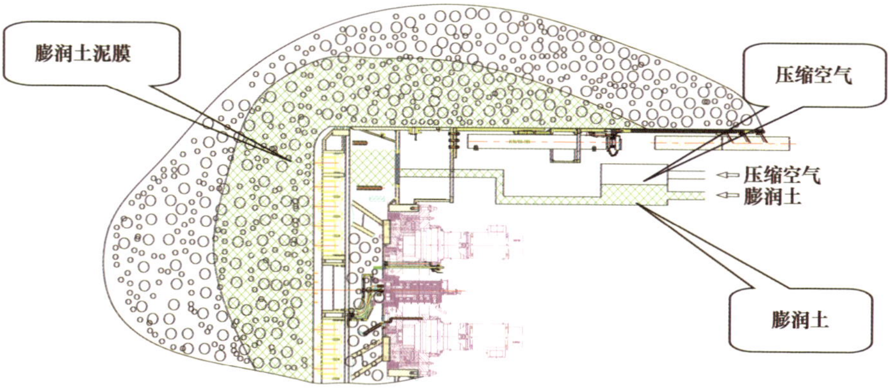

图 3.173　掌子面辅助支撑系统示意图

设置盾体顶部塌方功能监测系统，实现盾构掘进过程中顶部受扰动地层状态（是否塌方）的实时监测，见图 3.174。

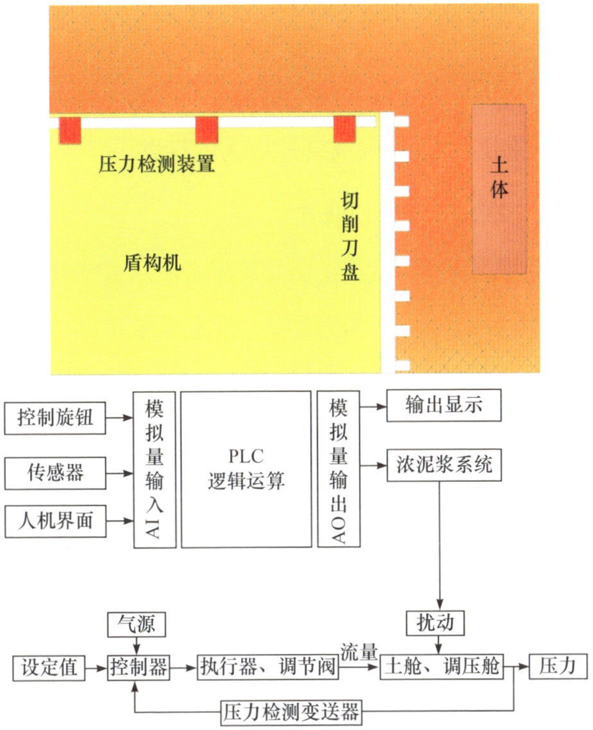

图 3.174　盾体顶部塌方功能监测装置及其控制系统示意图

6. 温度变化与管片、围岩应力变化的规律研究

多年冻土地区地下工程修建及使用过程中，产生的热量会改变围岩的温度场，导致多年冻土围岩中出现一定范围的融化圈，影响地下空间的围岩 - 结构承载体系。因此，对高海拔多年冻土，需重点研究机械化建造过程中不同的工况下及地下建筑使用期间围岩温度场变化规律。

需要研究的内容包括：建立一套盾构机掘进过程中冻融范围的计算理论，获得相应温度场的计算结果和实验成果，研究温度变化与管片应力和围岩应力变化的规律，建立相应的特征曲线，搞清楚温度变化会对管片造成什么样的损伤，并提出冻土反复冻融的控制措施。同时开展冻胀力理论研究并提出具体的计算方法，完善冻胀力计算理论，选用合适的模型，定量分析冻胀力的大小、分布规律，提出冻胀力对衬砌结构强度影响的计算方法。

7. 冻土层装配式管片结构研究

要重点研究钢筋混凝土管片、钢管片、钢与混凝土复合管片等管片结构形式对冻土地层的适应性。采用抗冻混凝土和低温钢等新材料，减小冻害及温度变化对管片结构的损伤。优先采用装配式衬砌结构，有利于解决低温环境下现浇混凝土的养护质量问题；同时钢管片便于现场焊接组装，能够解决高海拔地区交通不便、管片预制厂选址受限及管片运输的难题。

8. 冻土层装配式管片保温设计研究

根据矿山法经验，高原多年冻土区隧道作业的关键一项工序是防水保温，防止冻岩融化、寒季漏水挂冰、冰漫道床、排水系统冻结，以及衬砌混凝土冻胀开裂、酥碎、剥落，避免给隧道运营和安全造成严重危害。

目前矿山法隧道作业常用的保温隔热层设置方式有中间隔热层法、外隔热层法、双隔热层法、离壁式隔热层法四种，常用保温材料有硬质聚氨酯泡沫塑料、膨胀性聚苯乙烯泡沫塑料、福利凯保温板、酚醛泡沫塑料、硬质聚氯乙烯泡沫塑料等。同一种保温材料在不同的铺设方式下，材料性能指标差异显著，如保温材料铺设在二衬表面或离壁铺设时福利凯保温板优于酚醛泡沫塑料，应优先选用福利凯保温板。保温材料夹层铺设时，硬质聚氨酯泡沫塑料优于酚醛泡沫塑料，应优先选用硬质聚氨酯泡沫塑料。

对于采用掘进机掘进的冻土隧道，需要在矿山法冻土隧道衬砌结构保温技术的基础上，研究适用于装配式隧道衬砌结构的主动保温措施和被动保温措施及保温材料，消除或减弱衬砌与周边冻土的热交换，减小围岩反复冻融产生的冻胀力和融陷危害。

9. 小转弯、紧凑强机动性盾构机关键技术研究

目前对于拼装管片的盾构机，在含有硬岩的复合地层中实现小于 50m 小转弯半径仍是行业难题，需要从 X 形调向机构、拖车万向连接机构等结构及位姿控制系统等方面进行针对性设计，如图 3.175 所示。同时为适应高原寒冷地区的强机动性要求，整机采用小型化、模块化设计，能够完成快速组装始发、接收、转场。对于短距离的坑道项目，为实现掘进效率高、工期短、转场时间短、机动灵活的目标，可考虑只让盾构主机部分进入坑道内部，其他非必需设备都放置于坑道外部，而且直接采用车载，内部设备和外部设备通过延伸管线连接，见图 3.176。车载设备采用模块化设计，各个模块之间可实现快速连接，实现“停车即连、连后即用、灵活机动”的目标。

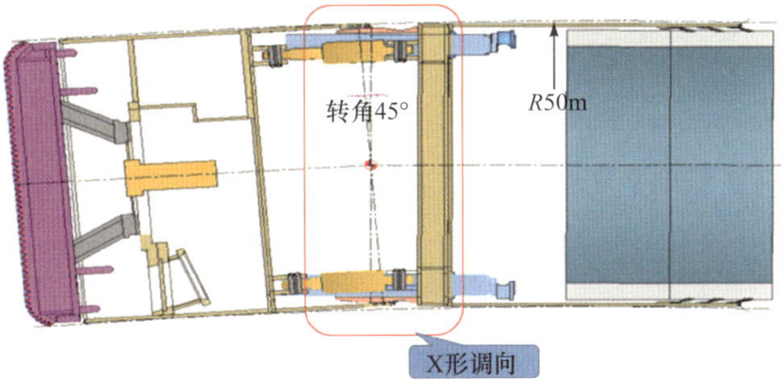

图 3.175　小转弯半径模拟示意图

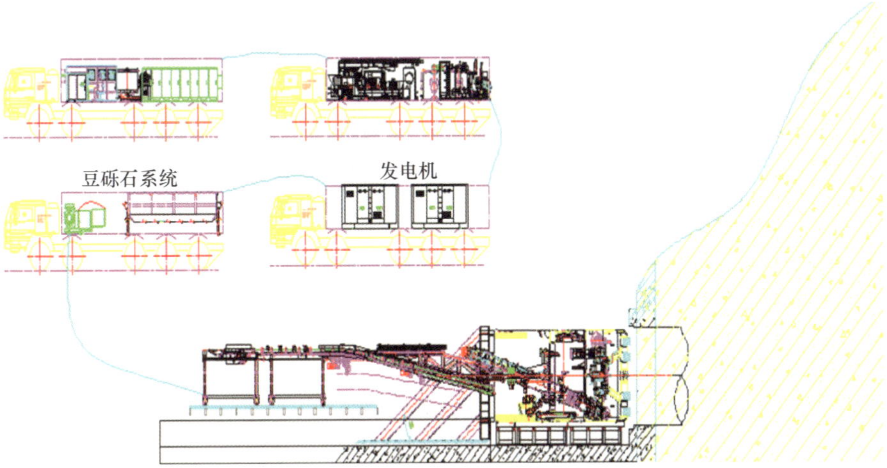

图 3.176　短距离坑道车载盾构示意图

10. 其他技术研究

在低温混凝土技术，通风、供氧等系统设计，工序组织与工艺等方面要同步开展相关技术研究。

3.31　钻爆法隧道修边机

采用钻爆法作业时，通常会出现隧道超挖现象，需要再回填混凝土。为减少混凝土回填量，可采用先用钻爆法欠挖，再用滚刀扩挖的方式进行隧道加工，滚刀扩挖装置见图 3.177。在钻爆后，待扩挖的围岩有两个临空面。滚刀安装在机械臂上，机械臂在油缸的控制下可围绕Ⅱ轴、Ⅲ轴转动，从而实现上下运动，此外还可围绕Ⅰ轴转动，滚刀的上下运动和转动相结合，就可到达钻爆法作业后的欠挖区域。为了保护机械设备不被钻爆产生的飞石撞击，钻爆作业前可将滚刀及其臂架绕Ⅰ轴旋转至图3.177中的非工作时间位置，并采用橡胶等弹性材料进行防护。采用悬切滚刀斜切围岩，其结构示意图见图3.178，是实现钻爆法与机械法共同开挖的复合破岩设备。

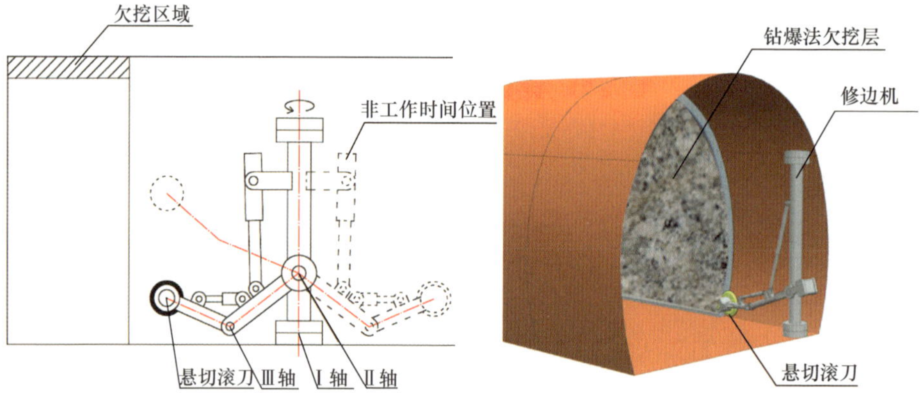

图3.177 滚刀扩挖装置

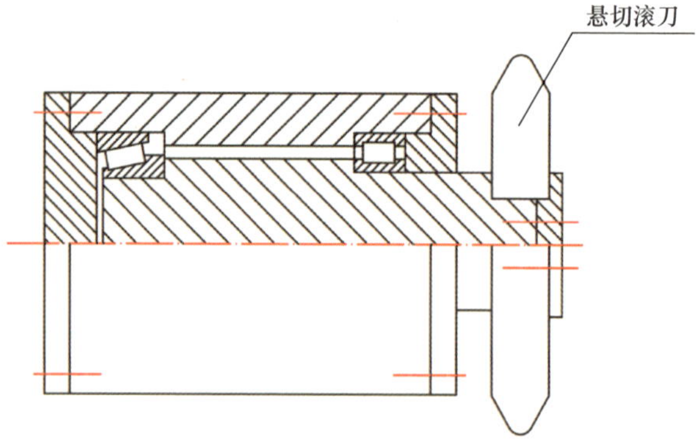

图3.178 悬切滚刀结构示意图

3.32 扭剪破岩掘进机

不同于滚刀压裂岩石，扭剪破岩是利用岩石抗扭强度远远小于抗压强度这个特性，通过机械装置扭转岩石，在岩体内产生剪应力并破岩，具体见图3.179。对于一定直径的隧道，可以沿着隧道轮廓打一些深孔，作为岩石产生裂纹的裂纹源，见图 3.179(a)，然后在要破除的岩体中心切割出“十”字形深槽，通过深槽施加扭转力，使中间的岩体在隧道轮廓小孔处断裂完成破岩。对于截面较大的隧道，可采用两级扭剪破岩的方式，见图 3.179(b)，先沿着隧道截面轮廓扭剪出一些直径相对小的孔，再将中间剩余的岩体扭断。

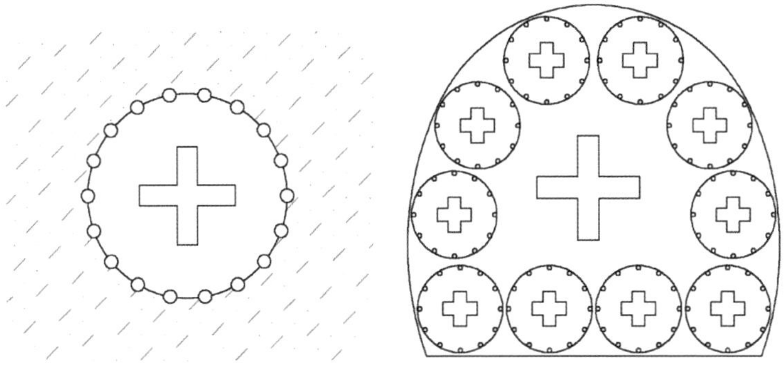

(a) 直接扭剪破岩　　(b) 两级扭剪破岩

图 3.179　扭剪破岩示意图

3.33 链 凿 机

链凿机是一种采用冲击力破岩的设备，见图 3.180，链条上安装有不同高度的凿岩齿，类似于装有不同高度的凿子。链轮的转动是非匀速的，而且是有间歇性的，这种运动可以在一些蓄能设备的配合下实现。链条上的凿岩齿在链轮的带动下实现对岩体的冲击破岩。

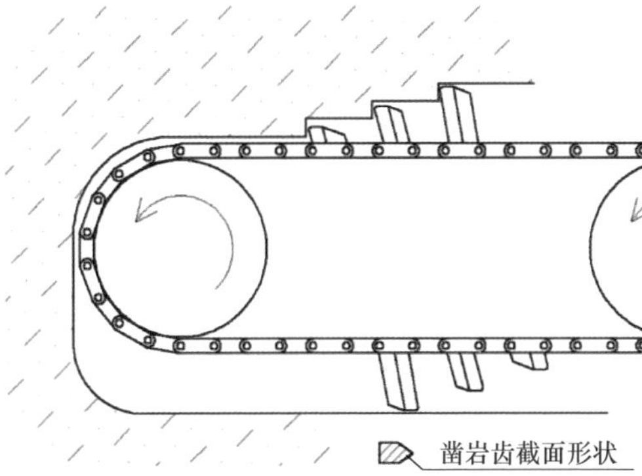

图 3.180　链凿机

3.34 掘爆机及其工法简介

3.34.1 掘爆机理念产生背景及结构特点

1. 掘爆机理念产生背景

20 世纪 50 年代 TBM 掘进技术在世界各国得到广泛应用，经过半个多世纪的发展，TBM 掘进技术逐渐成熟，现已被广泛应用于世界各国能源、交通、水利以及国防等部门的地下工程建设。

TBM 可实现全断面开挖、出渣、支护以及灌浆等工艺同步进行，具有一次成洞、连续作业、建造效率高、工程质量好、掘进速度快且作业安全等优点。TBM 的不足之处在于地质条件适应性较差，在破碎带、强岩爆、软岩大变形等复杂地质条件下掘进时易出现各种工程地质问题，掘进效率大大降低，如果 TBM 选型不当或准备不足，会给工程项目带来重大经济损失。

TBM 主要分为敞开式、双护盾和单护盾三种类型，分别适用于不同地质条件。敞开式 TBM 主要适用于岩体较完整或完整，且有较好自稳性的硬岩地层。敞开式 TBM 在通过围岩破碎带时，需要提前采取围岩加固措施，这会增加较多的超前加固措施及辅助处理措施，将会较大影响掘进速度；遇洞周软岩破碎带接地比压不足时，TBM 撑靴打滑或下陷失效，无法正常掘进。护盾式 TBM 主要适用于较完整，有一定自稳性的软岩～硬岩地层。护盾式 TBM 如遇岩层较破碎段、坍塌段，容易卡机。

硬岩隧道建造通常采用 TBM 工法或钻爆工法。TBM 在岩爆段、软岩大变形段掘进效率太低；TBM 掘进硬岩时耗能太大，碳排放较高；TBM 掘进岩渣无法再利用，与绿色建造相差较大；钻爆法进度慢，隧道超欠挖不易控制。

针对以上矛盾，中国工程师提出一种降低岩爆的新理论、创新一种全新的隧道建造工法和新型“掘爆机”(boring and blasting machine，BBM) 装备，其目的是通过技术创新，既能解决 TBM 掘进存在的弊端，又能解决钻爆法存在的不足，让 TBM 的优势与钻爆的优势做到最大的应用与发挥。

BBM 技术核心是利用 TBM 掘进隧道外围环状岩体，中心部位留出岩芯，这部分岩芯可以根据围岩状态采取不同的作业方法，如钻爆法、TBM 法、机械破除法等，在空间上可以有超前、同步、分层作业，工法转换非常灵活。

2. BBM 设备结构特点

1) BBM 整机方案

BBM 可以基于主梁式 TBM 或护盾式 TBM 设计，分别见图 3.181 和图 3.182，整体结构与相应类型的 TBM 相同，技术成熟度高。

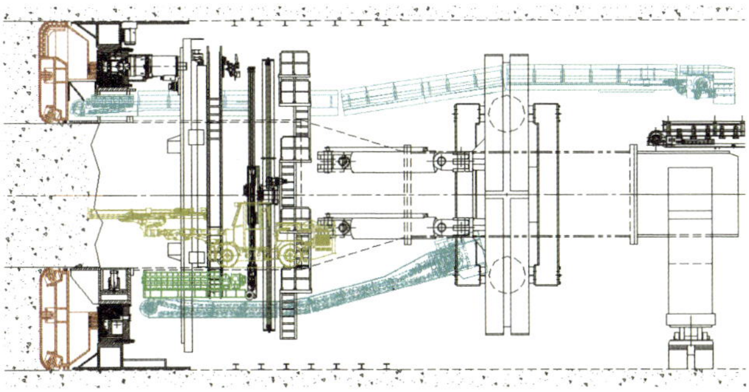

(a) 掘进段部分

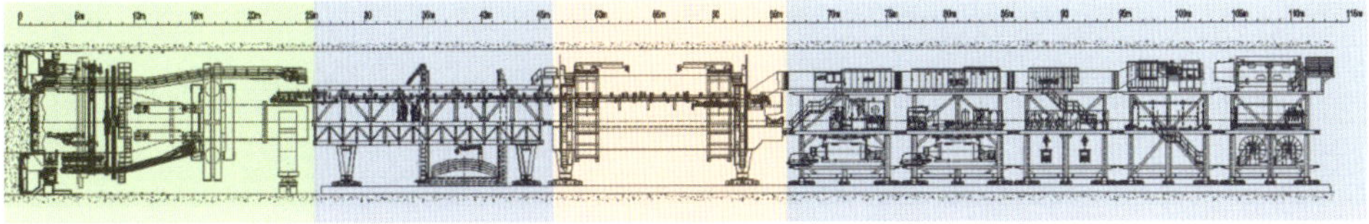

(b) 整体方案

图 3.181 基于主梁式 TBM 设计的 BBM

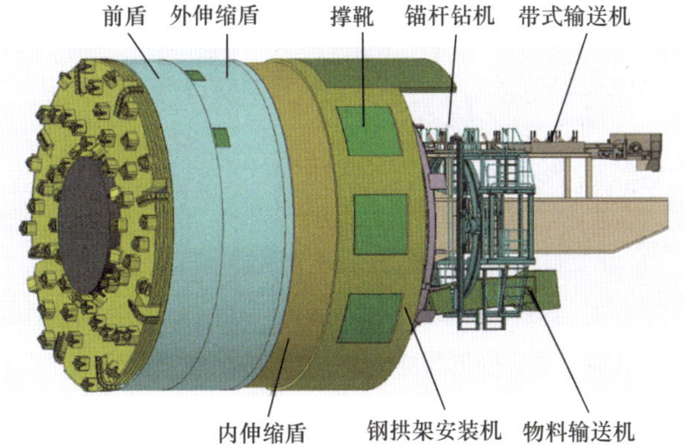

图 3.182 基于护盾式 TBM 设计的 BBM

2) 环形刀盘结构

BBM 掘进机应用特有的环形刀盘切削隧道环形部位，其刀具布设根据隧道围岩情况进行设计，具备周边扩挖功能，见图 3.183。

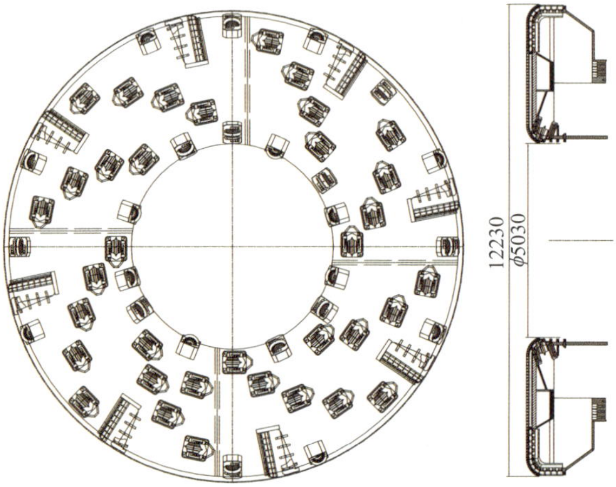

图 3.183　环形刀盘结构 (单位 :mm)

3) 中心掘进设备或装置

刀盘中心部位可根据需要灵活布设凿岩台车、中心小刀盘等各种掘进设备或装置，见图 3.184。

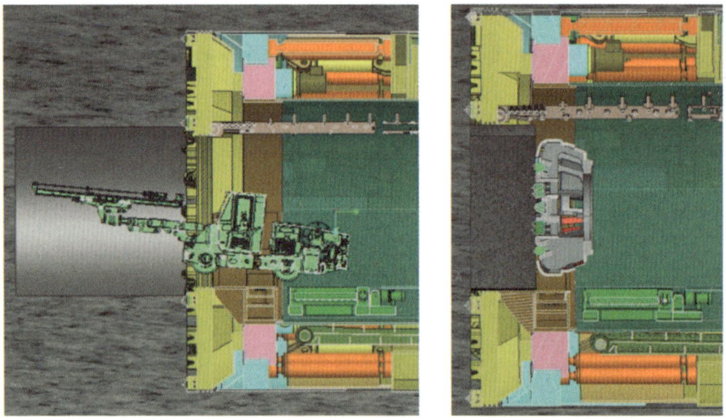

图 3.184　中心掘进功能 (凿岩台车方式和刀盘切削方式)

4) 机械开挖设备通道

BBM 设备内部设有机械开挖设备通道，新奥法设备可以由此进出隧道中心部位作业，见图 3.185 和图 3.186。

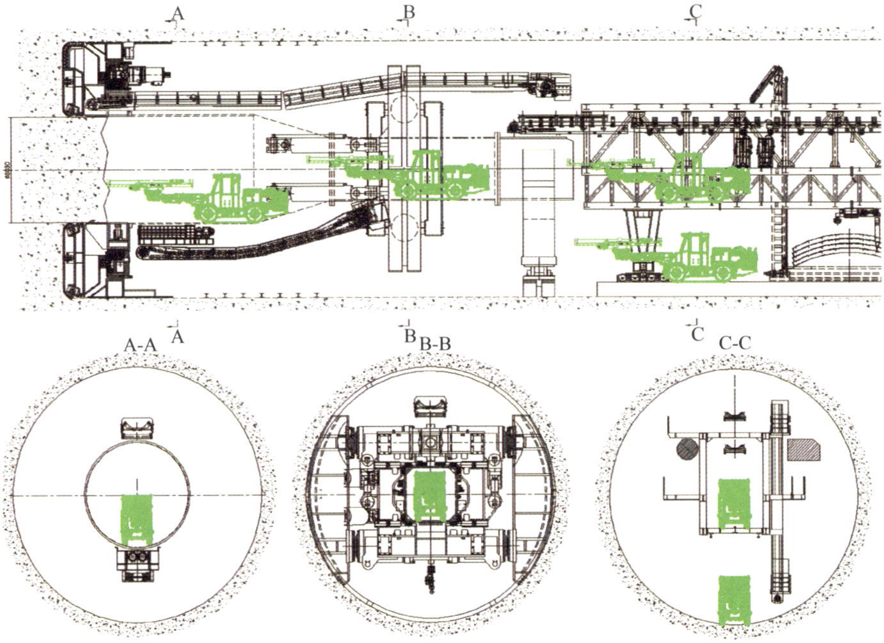

图 3.185　主梁式 BBM 机械开挖设备通道

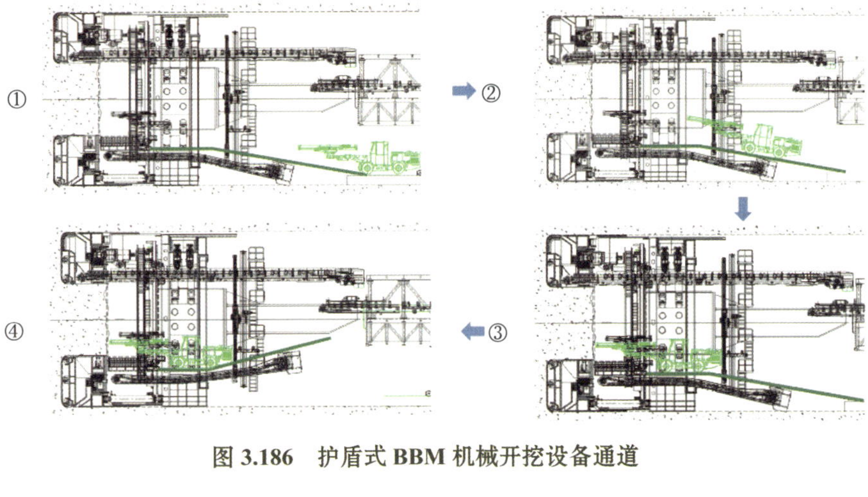

图 3.186　护盾式 BBM 机械开挖设备通道

5) 抗爆环安装功能

在岩爆高发区掘进，可适时安装抗爆结构，见图 3.187。

6) 岩渣处理方式

环形掘进岩渣直接通过皮带机出渣；中心破碎岩渣通过破碎器二次破碎，或二次应用，或汇入长距离皮带机运至洞外，见图 3.188。

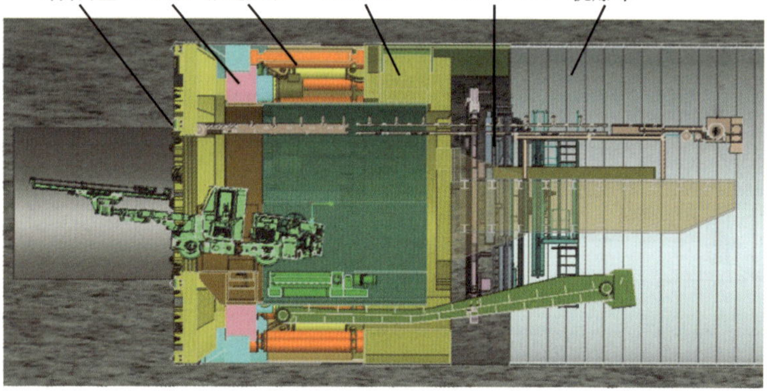

图 3.187　护盾式 BBM 支护方案

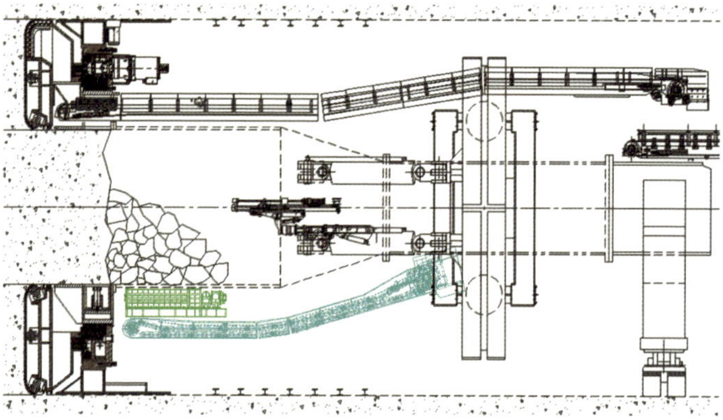

图 3.188　岩渣处理方式

3.34.2　掘爆机不同地质的掘进方式方法

BBM 掘进模式取决于隧道围岩完整度、岩体强度、地应力大小、地下水有无等因素及项目安全、进度、质量、造价、环保等方面的管理要求。根据前期研究，初步预设 5 种工况：①Ⅰ、Ⅱ、Ⅲ类围岩，采用前后双刀盘 BBM 掘进模式；②Ⅳ、Ⅴ类围岩，采用全断面 BBM 掘进模式；③大断层、大变形，采用超前全断面加固 +BBM 掘进模式；④中强岩爆、超硬岩，采用超前中心爆破 +BBM 掘进模式；⑤极强岩爆，采用超前顶拱钻爆 +BBM 掘进模式。

1) 前后双刀盘掘进模式

Ⅰ、Ⅱ、Ⅲ类围岩稳定性较好，BBM 环形刀盘超前开挖后，所留中心岩柱完整性相对较好，可选破碎工法较多。对于直径较大岩柱 ($\phi \geqslant 2$m)，优选采用小刀盘切削，见图 3.189。环形刀盘破岩岩渣直接通过长距离皮带机出渣。中心部破岩岩渣通过刮板链转运至长距离皮带机，与环形部岩渣汇合运至洞外。

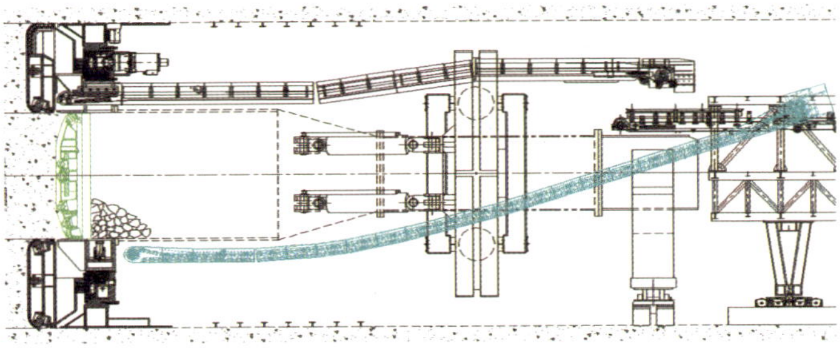

图 3.189　前后双刀盘 BBM 掘进工艺原理图

2) 全断面掘进模式

Ⅳ、Ⅴ类围岩不稳定，中心刀盘前置与环形刀盘共同破岩，通过主机皮带机出渣，见图 3.190。以全断面模式掘进，有利于稳定隧道掌子面，减小围岩松动范围，减小隧道围压，有助于隧道支护结构的稳定。

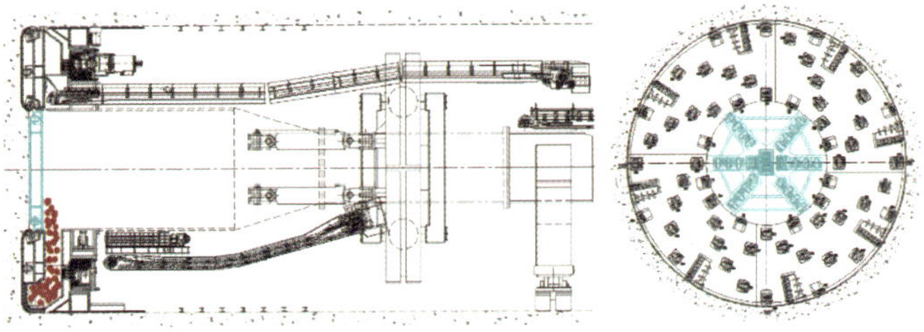

图 3.190　全断面 BBM 掘进工艺原理图

3) 中心超前加固模式

穿越断层破碎带或软岩大变形区段时，通过 BBM 设备通道，将新奥法设备运至隧道掌子面，中心部位采用新奥法超前环形刀盘作业。在中心部超前隧道内，对断层破碎带或软岩大变形区段的隧道进行全断面加固，然后 BBM 掘进前行，见图 3.191。如遇断层破碎带、大变形造成“卡机”可以采用“迂回超前处理 +BBM 掘进”进行脱困，见图 3.192。

4) 超前中心爆破模式

若围岩轴心抗压强度大于 150MPa，结构完整或较完整时，盘形滚刀破岩效率会降低。可通过 BBM 中心部位对隧道全断面进行超前爆破预裂，见图 3.193，弱化隧道待开挖部位岩体的完整性，提高 BBM 环形刀盘的掘进效率。

同时，隧道超前爆破预裂，可适当释放隧道围岩应力和隧道开挖时的应力聚集，减小岩爆发生概率和强度，对于超硬围岩或中强岩爆区段优先采用该模式掘进。

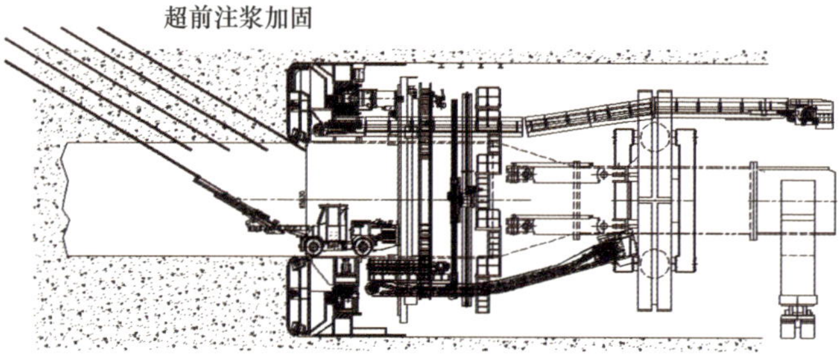

图 3.191 中心超前加固工艺原理图

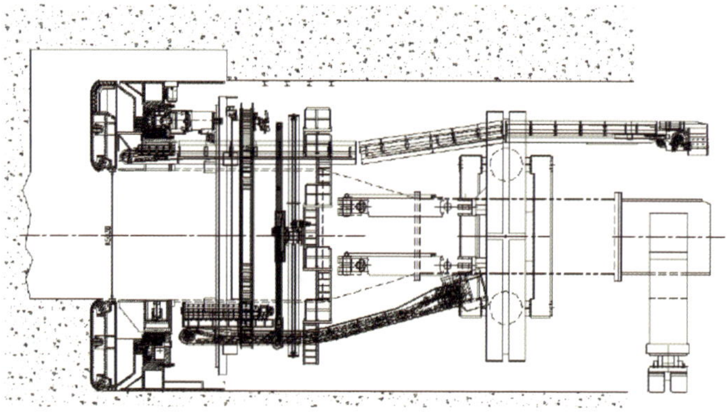

图 3.192 BBM“卡机”脱困方案

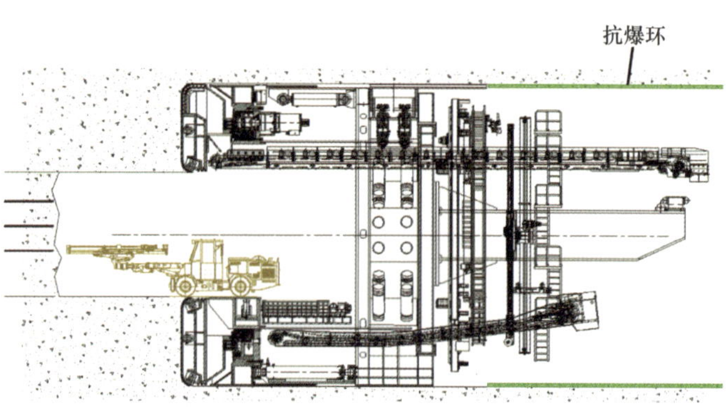

图 3.193 中心超前爆破预裂工艺原理图

5) 顶拱预处理掘进模式

对于极强岩爆高发区采用顶拱预处理模式掘进。极强岩爆集聚能量巨大，岩爆破坏范围大，围岩影响深度大，小范围应力释放，防治效果有限。隧道设备区域发生极强岩爆，可能导致设备被埋或设备严重破坏而不可使用。为避免以上重大风险，可通过 BBM 中心部位施工通道，进入刀盘前方，超过 BBM 顶部开挖隧道拱部进行岩爆治理，见图 3.194，然后设备掘进通过。

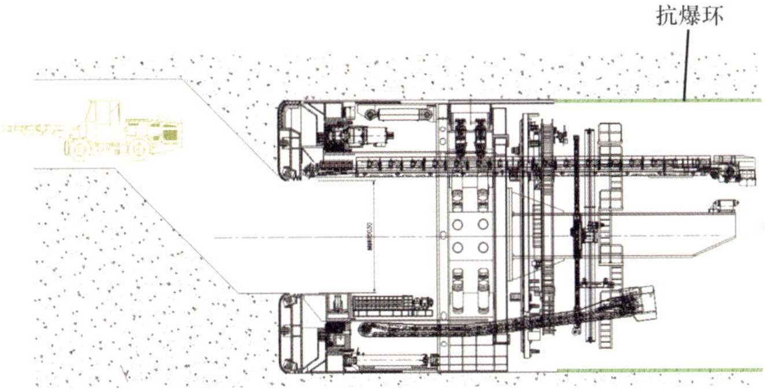

图 3.194　顶拱预处理模式原理图

顶拱施工期间，极强岩爆发生的可能性依旧存在。为避免顶拱作业期间因岩爆导致的人员伤亡风险，采取第二种降低岩爆的方式，即小直径 TBM 超前挖掘中心部位，可以超前 BBM 30~50m，见图 3.195。这样的优点是增大应力释放比例，减小极强岩爆概率和强度，并在 BBM 盾尾处及时安设抗爆环，对岩爆进行彻底治理。

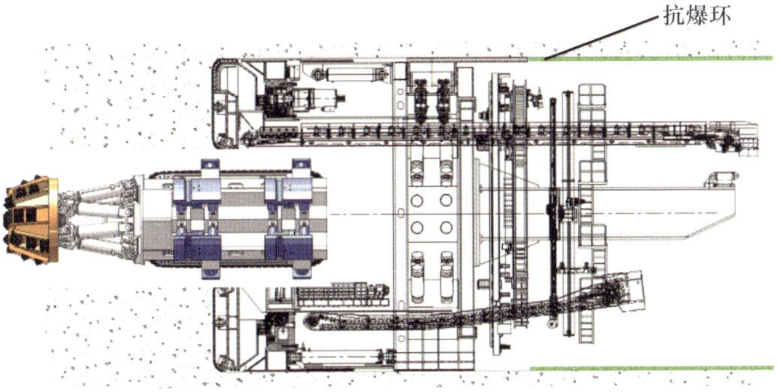

图 3.195　超前 TBM 模式原理图

3.34.3 掘爆机工法特点

(1) 刀盘中心部位空心设计，为解决不良地质和特殊地质（岩爆）提供了最有利的通道，可以灵活使用各种措施；

(2) 钻爆部分的岩渣块度大，可通过加工，获得相适应的碎石和岩石机制砂，提高岩渣利用率；

(3) 在不良地质段、岩爆段等开挖速度是原来的 2 倍以上，解决了工期问题；

(4) 极硬岩中心岩芯部分采用钻爆法可降低隧道开挖整体的破碎比，从而使该工法在破岩效能上高于 TBM 法；

(5) 环形刀盘开挖隧道轮廓，隧道无超挖，可有效降低无效工耗和材料浪费；

(6) 环状围岩开挖后，可改变核心岩体的应力状态，产生第二个临空面，降低掘进难度，提升破岩效率；

(7) 在隧道核心区有足够的空间可实施长距离高精度地质超前预报，提高地质预报准确度，提升隧道信息化水平和精准度；

(8) 环形刀盘掘进和中心部位掘进孰先孰后可基于地质情况灵活调整，在高地应力段，实现在岩爆段提前释放部分地应力，降低岩爆程度、控制软岩变形；

(9) 通过适度调整“环形掘进”与“核心超前加固”的空间关系，可有效降低缓解围岩的冲击反应，并减少隧道设计中的超挖预留、减弱围岩荷载应对方面的非功能性设计；

(10) 对于强烈和极强岩爆区，提出“应力平衡理论”，建立一种抑制和约束围岩内应力场，通过强力“平衡环”平衡内应力，减少应力释放能量级别。

3.35 子母 TBM

在大埋深高地应力地层开挖隧道时会遇到岩爆、软岩大变形、突泥突水带来的各种风险，使用钻爆法时采取超前探孔或物探方法，通常使用台阶法作业，让地层发生一定程度的变形以释放地应力。照此方法，我们发明的 TBM 将刀盘设计为外圈的环形 TBM（母 TBM）和中心的小直径圆形 TBM（子 TBM），可称之为“子母 TBM”(master and secondary machines)，子 TBM 和母 TBM 各自配备有刀盘驱动、推进和出渣系统。该 TBM 具有两种工作状态，一种是子 TBM 的刀盘和母 TBM 的刀盘在一个平面上工作，相当于一台常规 TBM，采用母 TBM 的皮带输送机出渣，子 TBM 的出渣系统不工作，见图 3.196(a)。第二种工作状态是子 TBM 超前于母 TBM 进行掘进，见图 3.196(b)，子 TBM 可以先开挖一个小直径导洞，导洞直径可以通过在子 TBM 刀盘四周安装扩大块的方式进行调整，子 TBM 的撑靴打开以提供推力，并采用自带的皮带输送机出渣到母 TBM 中心皮带机转渣。子 TBM 超前掘进可起到释放地应力缓解岩爆的作用，如果子 TBM 被卡机，则需要进行卡机处理，小直径 TBM 卡机处理要比大直径 TBM 处理容易得多，子 TBM 超前母 TBM 距离要大于 30m，母 TBM 跟随掘进。

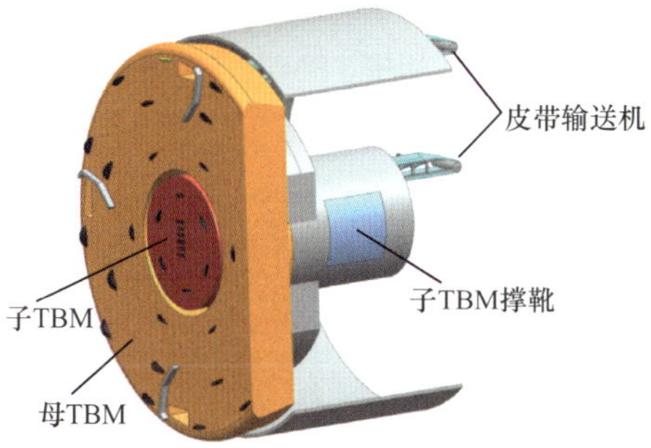

(a) 第一种工作状态

(b) 第二种工作状态

图 3.196　子母 TBM 结构和掘进过程示意图

3.36　切槽 TBM

TBM 在易变形或破碎带等地层掘进时，盾壳存在被围岩卡住的风险 (卡机)，目前需要人工对顶部围岩进行扩挖处理。切槽 TBM 的设计意图是在盾壳上开一个“天窗”，并安装链锯或其他岩石切割设备，见图 3.197，正常掘进时链锯藏在盾壳内。TBM 掘进中如遇卡机地层，可以打开“天窗”，切割设备可以从盾壳中升起来切割围岩，切槽后如果 TBM 还没有能够脱困，可采用液压胀裂器等设备进行破岩，见图 3.198。切槽设备可以与 TBM 同步向前。

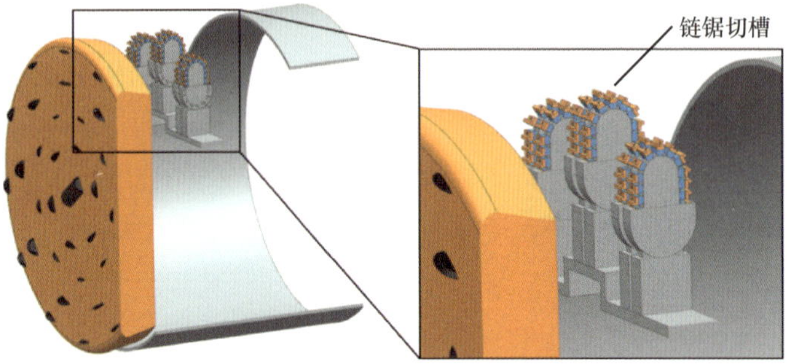

图 3.197　切槽 TBM 结构示意图

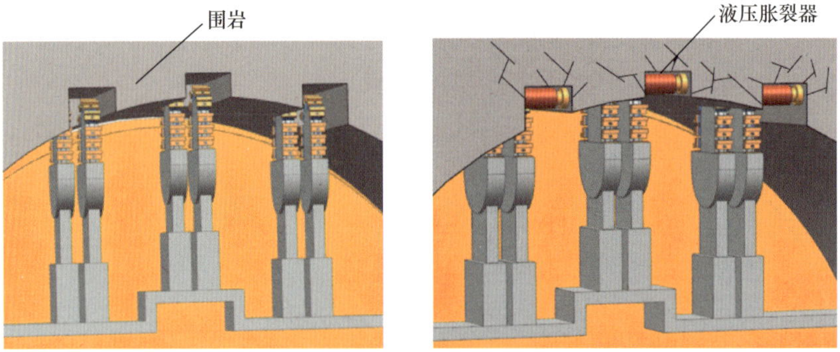

图 3.198　TBM 切槽和胀裂围岩示意图

3.37　挤碾 TBM

TBM 在破碎带地层掘进时普遍存在卡机风险，可采用挤碾 TBM 设备进行应对。挤碾 TBM 的结构见图 3.199，该 TBM 顶部可开口，前后两排挤碾辊升起来后可对盾壳顶部的围岩进行挤碾，形成扩挖区域，以便 TBM 通过。如果挤碾后围岩仍快速变形，可在挤碾后快速建立钢拱架，拱架内径大于盾壳外径，以便 TBM 通过。

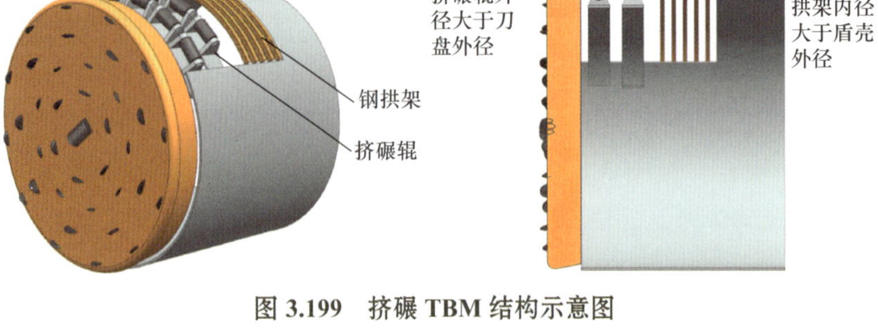

图 3.199　挤碾 TBM 结构示意图

3.38　中心超前钻探 TBM

TBM 为了安全掘进需配备超前期地质预报系统（尤其煤矿工程），也可采用超长钻孔实现地质条件预测，形成可超前钻探 TBM，见图 3.200，该 TBM 在刀盘中心开一个中心孔，中心孔后方配备钻机，对于直径大于 6m 的 TBM 可在中心偏上位置安装皮带输送机，对于直径小于 6m 的 TBM 受空间影响可在 TBM 顶部安装皮带输送机。TBM 掘进过程中，TBM 中心钻机先打孔 50m 左右，然后钻机与 TBM 同步掘进，始终保持钻头与掌子面之间的距离在 30~50m，当需要更换钻头时，抽出钻杆更换钻头，以后重复这个动作。这个设计解决了 TBM 掘进时不能钻孔、钻孔时 TBM 需要停机的问题。

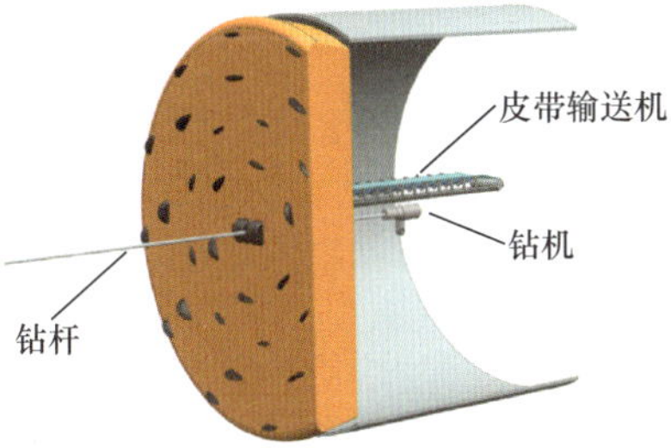

(a) 大直径TBM

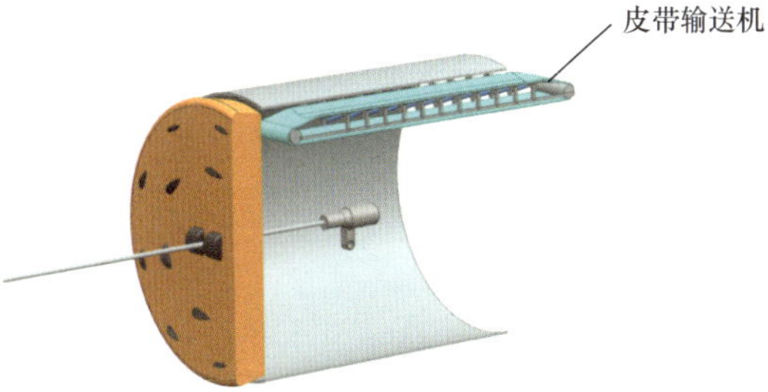

(b) 小直径TBM

图 3.200　TBM 刀盘中心带有超前钻探功能的 TBM

3.39　两层刀盘 TBM

目前 TBM 多采用平面刀盘，滚刀破岩时岩石仅有一个临空面，破岩难度较大，特别是在极硬岩地层掘进时需要较大的推力和扭矩。可采用分层设计的刀盘，外圈环形刀盘和中心的圆形刀盘不在一个平面上，实现“立体破岩”，见图 3.201，这样中心刀盘在破岩时岩体就有两个临空面，大大降低了破岩难度。环形刀盘产生的岩渣由 TBM 顶部的皮带输送机出渣，中心刀盘产生的岩渣由底部的刮板输送机出渣。“立体破岩”的优势是破岩效能高，中心岩芯可以得到较大尺寸石块，因为两个刀盘布置在主轴承的两侧，也有利于主轴承的受力，缺点可能是设备振动增大，所以要增加一个后刀盘中心支座。

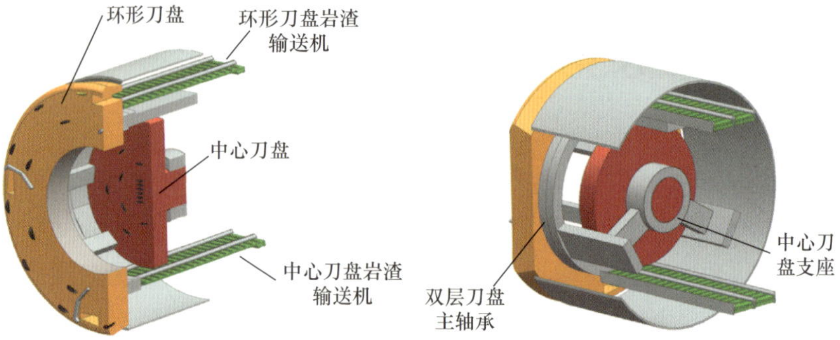

图 3.201　双层刀盘 TBM 结构示意图

3.40　可调节直径 TBM（花瓣 TBM）

TBM 在掘进过程中遇到调向、隧道变径等情况时需要对隧道进行扩挖，可采用可调节直径的机构实现变直经，见图 3.202，TBM 不扩挖时扩挖刀处于收回状态，需扩挖时扩挖刀在驱动油缸的推动下打开，实现隧道变径扩挖。

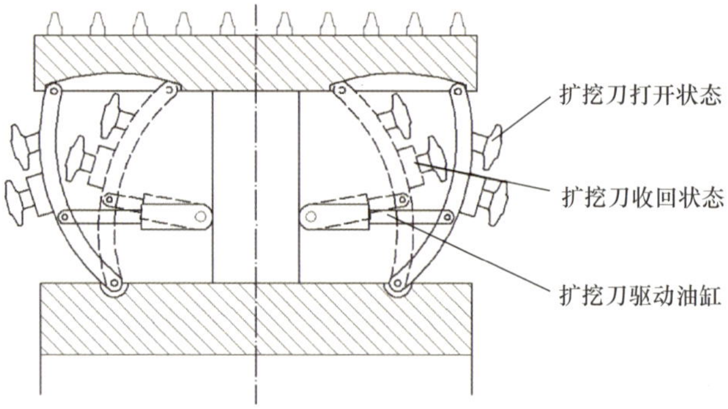

图 3.202　可调节直径 TBM 结构示意图

3.41　软质集渣装置

钻爆法隧道的主要工序包括钻孔、填药、爆破、装渣、出渣、立拱架、衬砌等，其中装渣和出渣环节耗时较长，影响了立拱架和衬砌等后序工序的进行。设想了一种能够将岩渣包裹住再分批运出掌子面施工区域的装置，可称为“石头包袱”，见图 3.203。“石头包袱”由钢缆和软质材料（如橡胶）组成，钢缆用来承重，软质材料用于包裹岩渣。多个“石头包袱”叠加摆放，可形成一个岩渣包裹区域，当岩渣堆积在包袱区域后，可把一个一个的“包袱”分别吊起来运送到施工区域之外，然后运输出渣，同时在施工区域立拱架和衬砌，使多个工序可以同时进行。

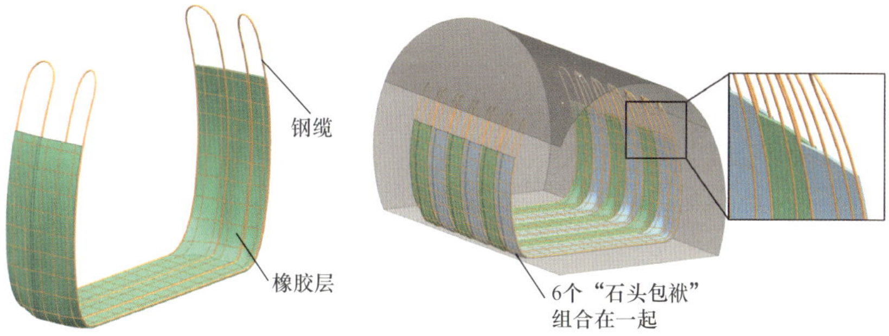

图 3.203　软质集渣装置结构示意图

3.42　钻孔铲槽设备

在非钻爆隧道，可以大体积进行破岩，并采取多种设备分别加工，其工艺如下：多联钻机 (风钻最省成本) 并排同时钻孔深 4m 左右，然后间隔 5~10cm 继续同时打眼，见图 3.204，如遇弧形可以调整多联钻机的排列位置，钻孔完成后利用岩石冲击铲刀切断钻孔与钻孔之间的间隔，直至完成设计的切槽长度，见图 3.205。

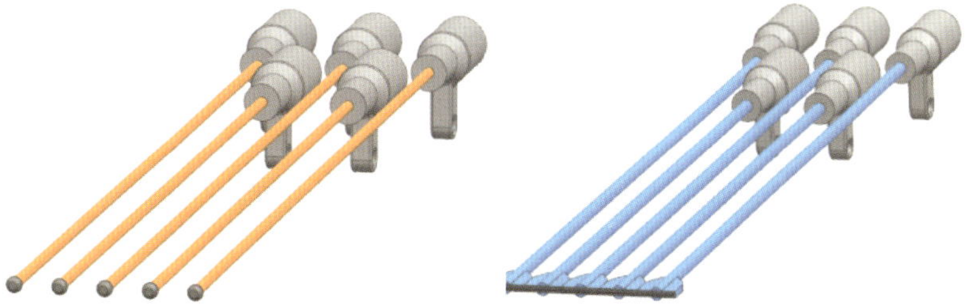

图 3.204　多联钻机和铲刀

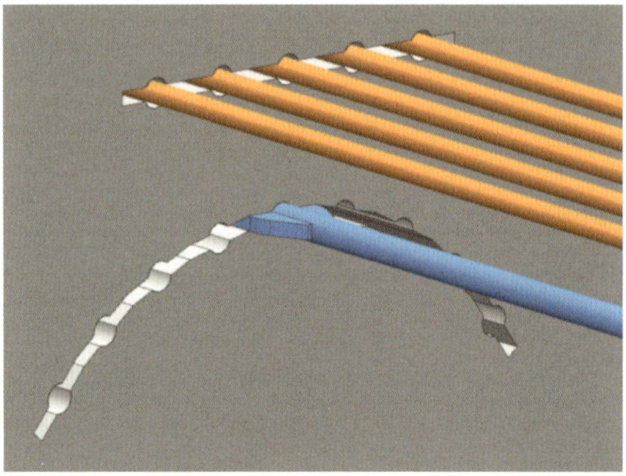

图 3.205　钻孔铲槽设备

3.43　多臂钻孔设备

采用钻爆法掘进隧道时，钻孔工序主要采用人工钻孔、凿岩台车钻孔两种方式，人工操作钻机作业时需要人多，噪声大，劳动强度大，迫切需要一种结构简单、价格较低的加工设备。为此，可采用多臂气动（液压）凿岩台车。

多臂气动（液压）凿岩台车由多个钻机、钻机摆动机构、钻机移动导轨及配套的移动动力系统（液压系统）、机架、走行系统和控制系统组成，钻机的移动系统可实现钻杆的上下左右移动，并使钻杆始终与掌子面保持一定角度。钻机导轨和配套液压缸可实现钻机的升降。5 台气动凿岩机联合工作时可以覆盖整个掌子面，且互不干涉。见图 3.206，由风钻导轨和可摆动风钻支座组成，台架可安装在挖机等操作机构上。该台架可实现一到两位作业人员同时操作多台风钻，降低了钻爆法在钻孔环节需要的人员数量。

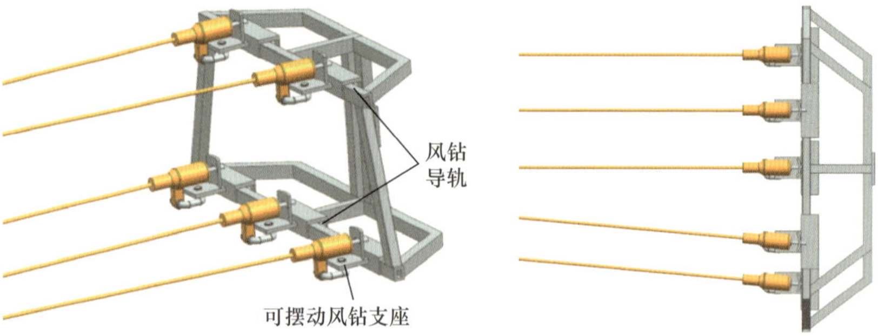

图 3.206　多臂风钻台架结构示意图

3.44　隧道加工技术策略展望——未来设备技术

在社会发展过程中，人们通常要制定政治策略——政略，经济策略(或经营策略)——经略，军事策略——战略，而技术的发展也应有技术策略——技略。隧道加工技术应该是什么样的“技略”呢？到目前为止还没有统一的说法，我们在此暂且进行首次描述，也为大家提供一个可讨论的话题。

我们已经从传统的第三代掘进机开始研究第四代智能掘进机，到今天掘进机的部分装置实现了智能化。滚刀破岩之外的激光破岩、水射流破岩、微波破岩等正在实验室进行试验，有的已经搭载掘进机进行试验，第四代半掘进机也已经开始研究，第五代掘进机成为可预见的目标，那么第五代掘进机之后呢？

在无限的未来，随着科技的飞速发展，新技术往往出乎意料地出现，现在我们可以畅想未来的隧道如何加工？虽然今天的技术还无法达到我们梦想中的要求，但梦想的技术总有一天来到我们眼前。下面我们科幻一下无限未来的掘进机是什么样子吧。

3.44.1　外星 TBM

伴随着人类对外星球的探索，未来极有可能要在其他星球上进行隧道建造，用于开采矿石、气体，甚至液体等资源，或是建设地下工程。为满足星际之间的运输要求和其他星球上的能源供应条件，可以设想采用特制的外星 TBM，见图 3.207，其主要特征有：

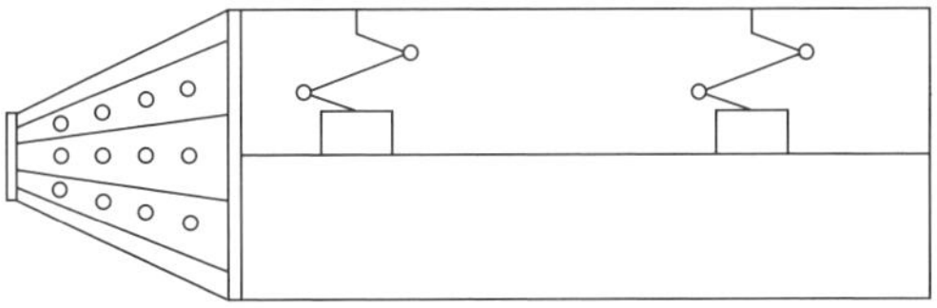

(a) 收缩时状态

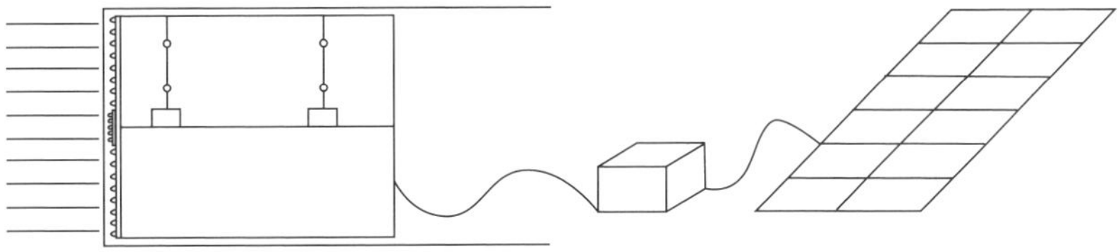

(b) TBM 打开工作时的状态

图 3.207　外星 TBM 结构示意图

(1) 可以变形收缩和舒张。收缩时刀盘和盾壳直径均较小，方便从地球运输到外星。工作时打开各个机构，达到所需的尺寸。

(2) 使用激光破岩或高压电破岩等第五代掘进机破岩方式。

(3) 在洞外设置太阳能供电设备和储电装置。

(4) 渣土自动收集系统。或运输到外星的加工厂，或储存在指定地方。

(5) 为了防止隧道内石渣在失重状态下乱飞，或隧道发生变形等问题，隧道内需要有固定装置和方法。

(6) 掘进机在无重力情况下需要与外星表面之间进行临时连接，以便为掘进提供行进装置。

3.44.2 飞碟 TBM

当不需要滚刀破岩时，也就不需要撑靴、推进油缸等设备为 TBM 提供推力，那么就可以对现在的 TBM 结构进行重新设计，甚至是设计出“飞碟”TBM，见图 3.208。该 TBM 可用于加工隧道或超前导洞，其工作过程主要有如下特点：

(1) 飞进隧道进行破岩，在自带的能量消耗完之前飞出隧道，下一台飞碟接替上一台继续工作。

(2) 使用激光、微波、高压电波等第五代破岩方式破岩。

(3) 采用 3D 打印技术形成隧道主体结构。

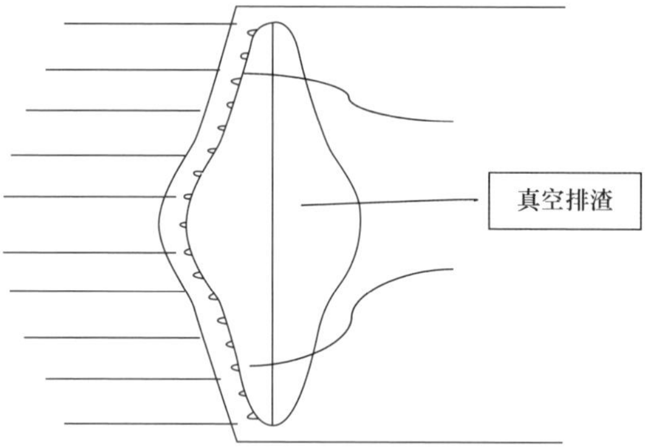

图 3.208 飞碟 TBM 轮廓示意图

3.44.3 空气炮 TBM

利用空气压缩机将空气压缩到转化舱，通过转化舱，将空气压缩成长条、椭圆、炮弹等多种形状，并且通过电磁场把压缩空气束缚住，然后将空气炮弹发射出去，利用被压缩的空气释放动能，从而破坏岩体，使其在掌子面中间凿穿一个小型或者比掌子面稍小的深坑，见图 3.209。

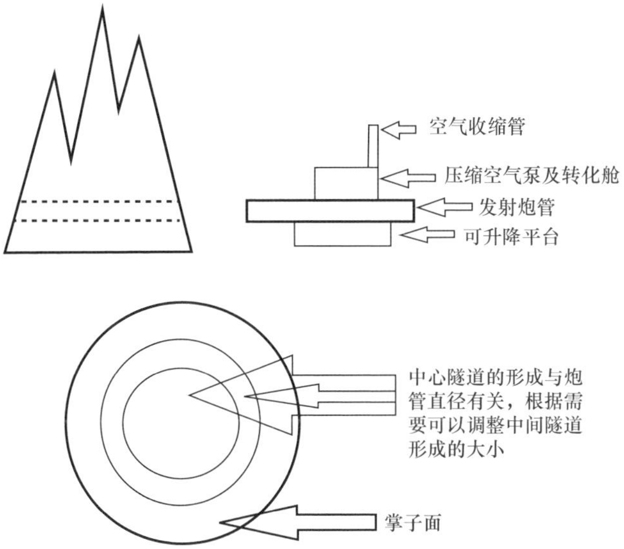

图 3.209　空气炮破岩设备示意图

3.44.4　动力炉一体式 SBM

利用自然能量形成动力炉，这个动力炉既为竖井掘进机 (SBM) 提供动力，也为焚烧深处的岩石提供能量，方便将轻量化、体积缩小化的石渣通过加工手段重新成为井壁结构，如同矿石烧成水泥一样，建造过程不再有石渣提升，成为超强动力 SBM。动力炉一体式 SBM 的钻头为金字塔状，钻头中间是空心，利用刀具或其他方式将岩石切成片状，并利用中空的管道输送至动力舱，利用动力舱里的破碎机破碎岩石，形成粉碎状，并通过加热或者其他方式制成粉末并加以利用，见图 3.210。

3.44.5　焊石机

在岩石裂纹较多的地层施工，目前通常采用注浆的方法提高围岩的完整性和强度，相当于把破碎围岩“粘”在一起。现在我们可以设想把裂缝的岩石“焊接”起来，采用激光、高温火焰等手段对裂纹周边岩石局部加热，使裂纹两侧的岩体融合后消除裂纹，把岩石“焊接”为整体，称之为焊石机，其示意图见图 3.211。当裂缝过宽时，需要在裂缝内填充岩石粉末或其他粉末充当“焊材”

进行焊接。当然，也可以焊接岩石破碎带，只是需要多几把“焊枪”或增加“焊枪”的出口面积而已，隧道支护不再采用喷射混凝土的工艺和材料。

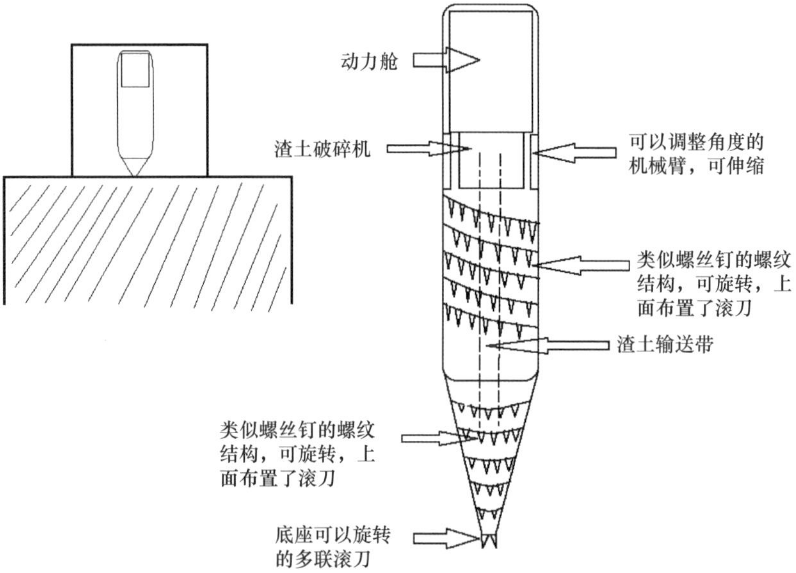

图 3.210 动力炉一体式 SBM

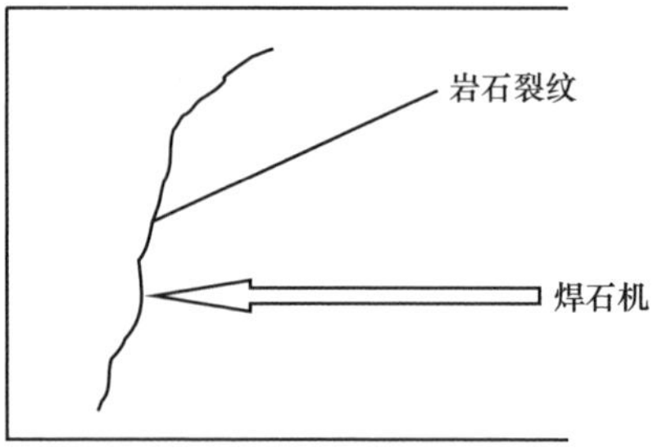

图 3.211 焊石示意图

3.44.6 烧壁机

土体在烧结后通常是具有一定强度的，可发明一种“烧壁机”，通过烧结实现对隧道的初步衬砌支护，烧壁效果示意图见图 3.212。烧壁机可通过高温烧结隧道四周的土体，把土质隧道烧结为坚固的壳体并具有一定的防水能力，类似于陶瓷器皿的烧造，这样烧土为壁，防止隧道坍塌。烧土过程为：加温→保温→冷却→检测。

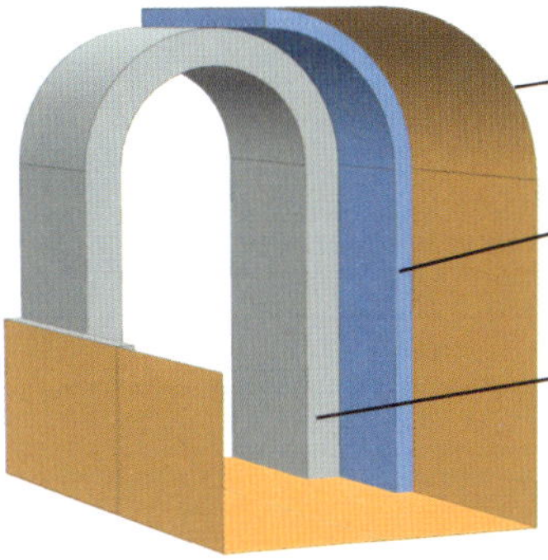

图 3.212 烧壁效果示意图

第 4 章

隧道破岩新刀具

掘进装备依靠刀盘上的刀具掘土破岩，设备的推力作用在刀盘的刀具上，将其挤压进入土体或岩体，刀盘在驱动力的作用下转动或摆动，刀具通过运动切削土体或滚压岩体，实现掘土破岩，同时承受掌子面反作用力及高负载、摩擦和冲击等作用。刀具材料、形状、结构和工艺的选择合适与否，直接影响掘进的效率和成本，是影响隧道掘进的关键因素。本章介绍的是传统刀具改进、新材料刀具和新型刀具，非刀具类破岩不在这里描述。

4.1 切削刀具

按照破岩方式和机械结构可将刀具分为切削刀具和滚动刀具(滚刀)两大类，本节主要介绍切削类刀具。

4.1.1 切削刀具类型

切削刀具是指随刀盘转动而自身不动的刀具，主要用于剥落土体和软岩。切削刀具种类繁多，目前盾构掘进机上常用的切削刀具有鱼尾刀、先行刀、刮(切)刀、边刮刀、仿形刀、保护刀等。通常切削刀需要通过焊接或螺栓、销轴等方式安装在刀盘上，在刀盘推力作用下刃口贯入掌子面土体，在刀盘转动的作用下实现切削土体，实现掘进，见图4.1。

图4.1 切削刀布置和掘土过程

1. 鱼尾刀

在软土地层掘进时，因刀盘中心部位不能布置切刀，为改善中心部位土体的切削和搅拌效果，可在中心部位设计一把尺寸较大的鱼尾刀。鱼尾刀的作用主要有：具有一定的定心作用；超前切刀布置，让盾构分两步切削土体，利用鱼尾刀先切削掌子面中心部位的小圆断面土体，而后扩大到全断面切削土体；根部设计成锥形，刀盘旋转时，可改善切削土体的流动性，提高盾构整体掘进效果。

鱼尾刀按照安装方式，可以分为焊接式鱼尾刀和可更换式鱼尾刀；按照使用地层，可以分为常规鱼尾刀 (见图 4.2) 和齿状鱼尾刀 (见图 4.3) ；按照外形尺寸，又可以分为整体式鱼尾刀和半截式鱼尾刀 (见图 4.4)。

图 4.2　常规鱼尾刀 (焊接式鱼尾刀)

图 4.3　齿状鱼尾刀 (整体式鱼尾刀)

图 4.4　半截式鱼尾刀

2. 刮刀和切刀

刮刀和切刀 (见图 4.5 和图 4.6) 的主要作用为将渣土刮至进渣口，在滚刀或者先行刀磨损比较严重时，也可以起到切削作用。刮刀与滚刀搭配使用时，要注意两种刀具的刀高差，具体需要根据使用的地层特点来分析，刮刀刀刃的宽度也决定了刮刀是更耐冲击还是更容易贯入。对于软土地层，切刀的刃口往往设计得尖锐一些，随着岩性强度的增加，为了避免尖锐的合金齿被冲击断裂，可以钝化合金齿的刃角。

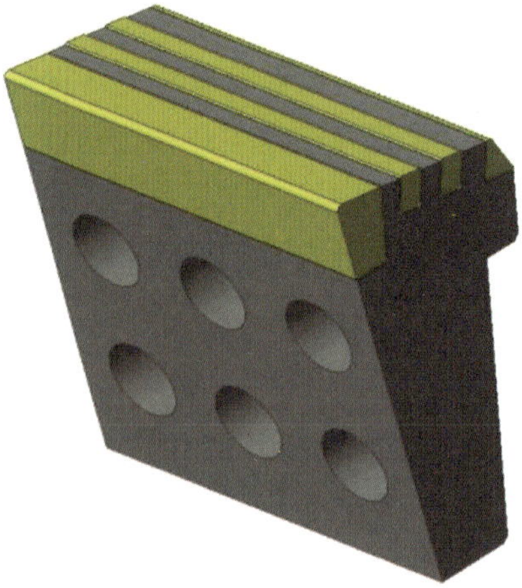

图 4.5 刮刀

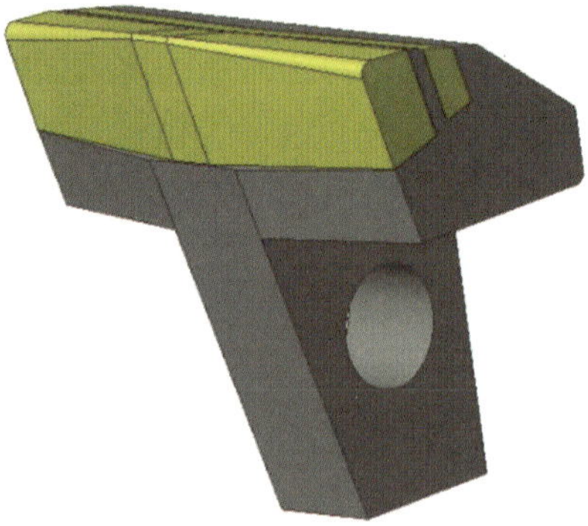

图 4.6 切刀

3. 先行刀

先行刀 (见图 4.7) 是先行切削土体的刀具，也称为超前刀。先行刀在设计中主要考虑与切刀组合协同工作，先行刀先切削土体，将土体切割分块，为切刀创造良好的切削条件，切刀随后切削土体。先行刀的切削宽度比切刀窄，一般设计为切刀的一半，切削效率高。采用先行刀可显著增加切削土体的流动性，大大降低切刀的扭矩，提高切刀的切削效率，减少切刀的磨耗，在松散体地层，尤其是砂卵石地层和钙质结核地层，先行刀的使用效果十分明显。

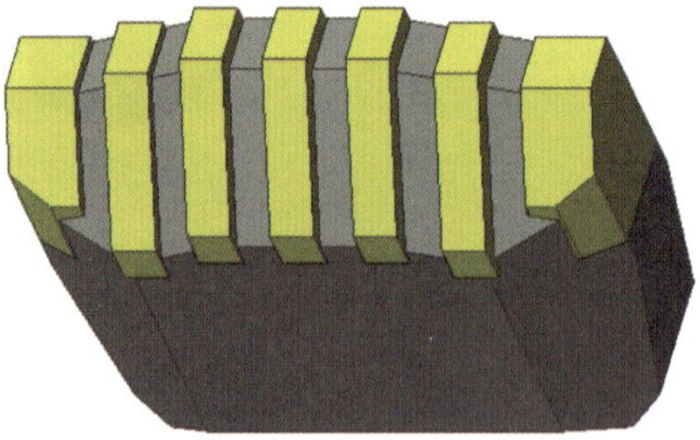

图 4.7 先行刀

4. 撕裂刀

整个刀盘合金刀具的布置并非同一高度，超前刀优先切入土体，如同牙齿中的“犬齿”，先行撕裂掌子面，因此又称为先行刀或撕裂刀，见图 4.8 和图 4.9，产生的裂纹有利于提高整体掘进效率，增加刀具切削土体的流动性，降低切削刀的阻力，减少刀具的磨耗，提高切削刀的切削效率。

图 4.8　合金刀盘焊接的撕裂刀和切刀

图 4.9　重型撕裂刀

另外，主要起切削作用的切刀，在复合型盾构上配合滚刀使用时，为了避免被岩体冲击脱落，其切削角度需要更钝一些，其作用转变为配合滚刀，刮落已经被刀圈压裂的岩片和搅动土压平衡舱内的土体，习惯称之为“刮刀”。还有一些以减少刀盘大圆环磨损和保证开挖直径为目的，布置在大圆环上的保径刀和保护大圆环被磨损的大圆环保护刀。

5. 边刮刀

同刮刀类似，边刮刀 (见图 4.10 和图 4.11) 是将周边滚刀破岩或者先行刀切削下来的渣土刮至刀盘周边开口中，同时边缘滚刀或者先行刀严重磨损时，边刮刀能够在一定程度上继续开挖。

图 4.10　软土边刮刀

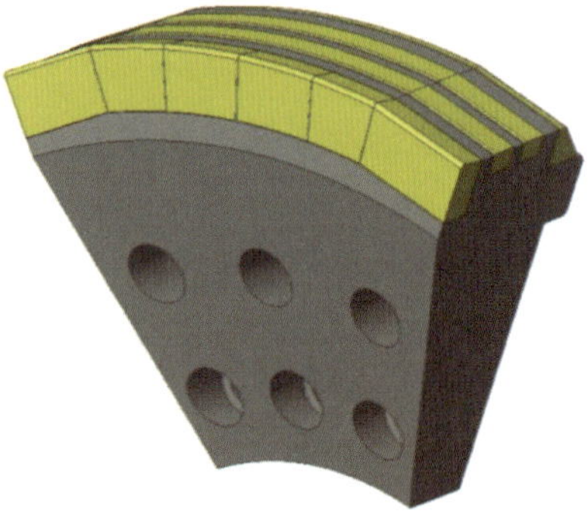

图 4.11　复合边刮刀

6. 仿形刀

仿形刀的主要作用有三点：①扩挖功能用于软岩地层最外边更换时的新刀安装空间；②仿形功能主要用于软土地层调向空间开挖；③在上软下硬地层，可有效解决主机上漂问题。仿形刀根据使用地层的不同又可以分为：复合式软土仿形刀(见图 4.12)、软土仿形刀(见图 4.13)以及滚刀式仿形刀(见图 4.14)。复合式软土仿形刀和软土仿形刀适用于软土地层的超挖，而滚刀式仿形刀适用于较硬岩地层超挖。

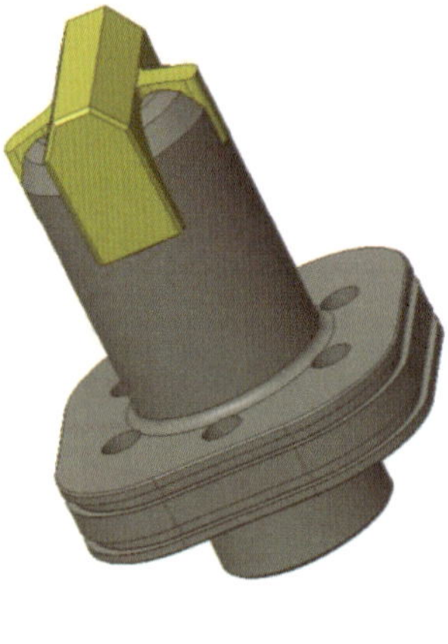

图 4.12　复合式软土仿形刀

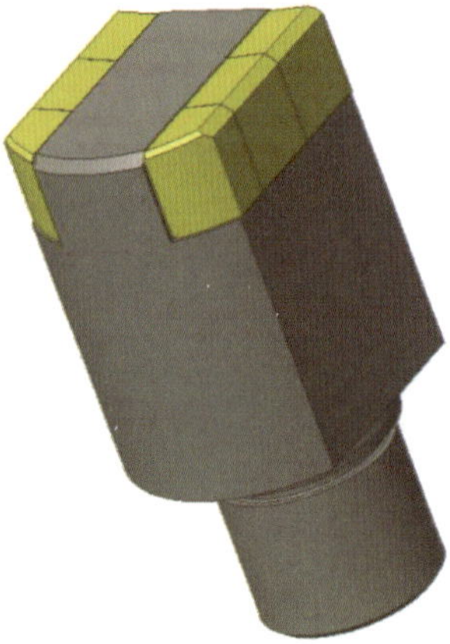

图 4.13　软土仿形刀

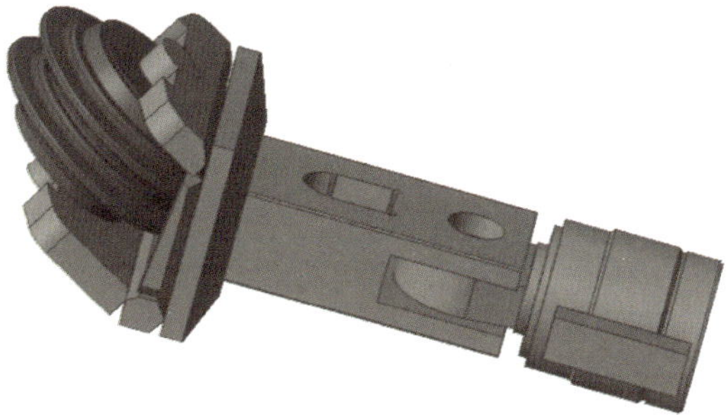

图 4.14　滚刀式仿形刀

7. 保护刀

保护刀主要焊接在刀盘大圆环前端或者大圆环外侧，保护刀盘大圆环本体。安装在大圆环前端的保护刀也可以叫做保径刀，安装在大圆环外侧的保护刀也可以叫做大圆环保护刀，见图 4.15 ~ 图 4.17。

图 4.15　大圆环保护刀

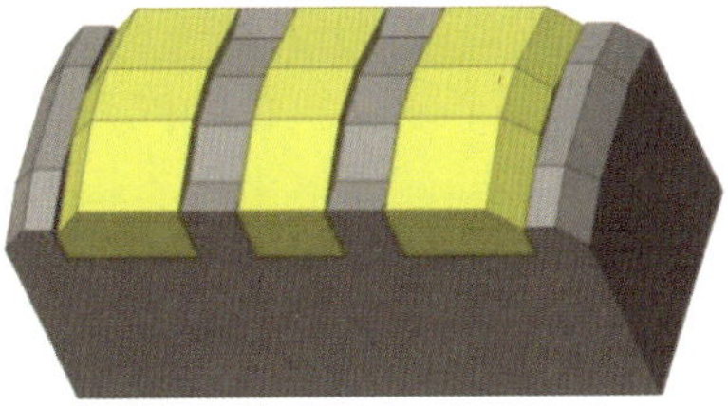

图 4.16　保径刀（复合刀盘）

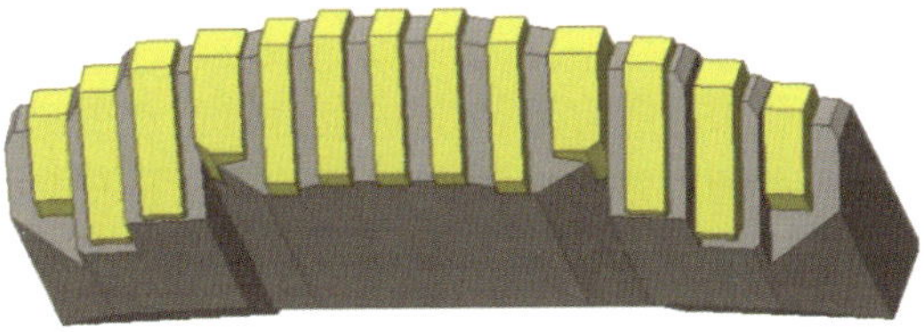

图 4.17　保径刀（软土刀盘）

4.1.2　切削刀具安装方式

切削刀具的安装方式可以分为螺栓连接和销轴连接，见图 4.18。

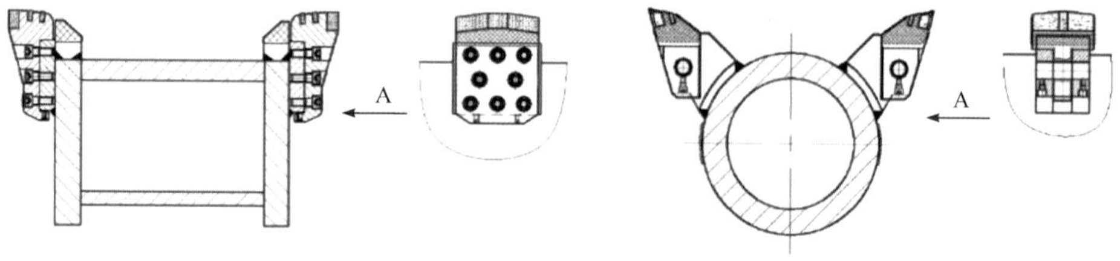

(a) 螺栓连接 (b) 销轴连接

图 4.18 切削刀具的安装方式

4.1.3 切削刀具主要失效形式

切削刀具的主要失效方式是合金齿脱落和合金断裂。切削刀具中用的合金具有良好的耐磨性，磨损失效需要掘进很长的距离，往往若干个盾构区间贯通都不会出现磨损失效，但合金本身抗冲击的性能相对弱。目前主要采用钎焊工艺将耐磨合金和刀具基体连接起来，钎焊主要在中频感应炉中完成，受钎料成分和钎焊工艺的波动影响，钎焊接头的剪切强度有一定的波动，甚至远低于文献(谭青等，2013)中剪切强度 230MPa 的要求。可以通过气体保护的方式保护钎料在高温下减少氧化，提升钎焊接头的抗剪切强度。这一点已经在炉内钎焊结果中得到验证，但由于盾构刀具尺寸大、机构复杂、钎焊过程需要补充钎料等因素，气体保护钎焊盾构刀具的工艺还在起步阶段。

4.2 滚刀刀具

4.2.1 滚刀基本结构

滚动类刀具又称滚刀，是随刀盘转动时做自转运动的破岩刀具，主要用于硬岩地层掘进。在硬岩地层，要使切削刀具贯入岩体且保持刀盘转动，需要巨大的推力和扭矩，强大的冲击力会造成切削刀具大量异常失效。此时需要用可以转动的盘形滚刀挤压岩体，见图 4.19，直径接近的相邻的滚刀刀圈贯入岩体，在相邻的刃口之间产生贯穿性的裂纹，随着刀盘转动，岩片被剥离，实现破岩掘进。

目前盾构机滚刀主要是盘形滚刀，盘形滚刀又有单刃、双刃和多刃之分。

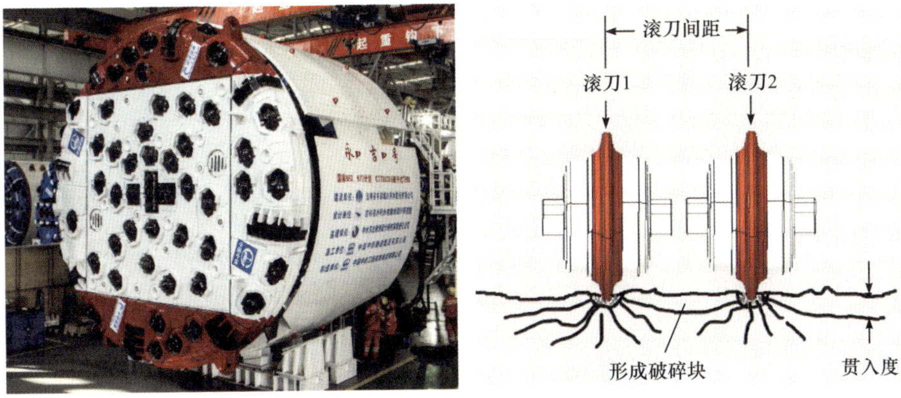

图 4.19　硬岩 TBM 及滚刀破岩示意图

1. *单刃滚刀*

单刃滚刀是只有一个刃的滚刀，是常规盾构机或 TBM 刀盘上使用量最多的一种，适应的岩性范围最大，见图 4.20。按照刀圈的直径划分，单刃滚刀的型号有 14in①、15.5in、17in、18in、19in、20in，甚至更大直径的单刃滚刀。一般刀具直径越大，承载力也越大，见表 4.1，大的滚刀内部安装轴承的空间也更大，轴承的承载力相对也增大，目前 18in 单刃滚刀是在 17in 单刃滚刀的基础上把刀圈直径增大，因此承载力与 17in 单刃滚刀相同，20in 滚刀与 19in 滚刀的关系也是如此。大直径滚刀的优势是承载力强、滚刀磨损体积大，劣势是无法在刀盘上布置更多数量的滚刀，刀间距也变得更大，因此在考虑布局何种滚刀直径时，除了考虑滚刀的直径增大带来的优势，还要考虑因岩性强度的增加对刀间距的需求。

图 4.20　通轴安装形式的单刃滚刀

① 1in=2.54cm。

表 4.1　不同型号滚刀及其对应的推力

直径 /in	14	15.5	17	18	19	20
推力 /kN	160	240	250	250	350	350

以 7m 开挖直径的全断面 TBM 掘进机为例，17in 滚刀的刀间距最小设计在 65mm，而 19in 滚刀最小可以设计到 85mm，考虑到破岩效率，往往小刀间距的设计更有利于破岩。因此考虑到综合破岩效果，要综合考虑单刃滚刀的承载力与岩石强度的关系、脆性关系与刀间距的关系，两者缺一不可。

2. *双刃滚刀*

双刃滚刀的内部结构与单刃相似，只是原本刀毂上安装的两个刀圈或一个刀圈有两个刃口，目的是减少刀间距，可以在更小的刀盘上，尤其在小刀盘的中心区域布置更多的刀刃，以利于破岩，一般用于软岩地层，见图 4.21。在硬岩地层不适用的原因有：

(1) 双刃滚刀的内部机构不变，因此承载力没有提升，贯入岩体的面积却提升至 2 倍；双刃设计的单把滚刀对岩体的载荷作用不增反降，降低了贯入度。

(2) 在硬岩破岩过程中，双刃设计要求同一角速度和线速度，而双刃间安装半径又有少许差异，某一个刀圈一定会产生相对掌子面滑动的现象。因此双刃刀设计不利于滚刀的顺利启动，尤其在硬岩地层中偏磨失效的比例增高时。然而盾构掘进机经常使用的双联滚刀，其轴承相互独立，可以独立旋转，两个刀圈之间承载力也不共享。

图 4.21　双刃滚刀与双联中心滚刀

3. 镶齿滚刀

镶齿滚刀是利用硬质合金的高耐磨性，通过过盈配合的方式镶嵌入硬度、韧性适中的基体刀圈中，见图 4.22。为了适合相应的地层、成本及掘进距离等要求，会设计不同的合金齿形。相对泥岩、粉质砂岩等地层，可以设计为直径较小的半球形齿；相对于风化程度较高的黄岗岩或砾岩，可设计成直径 20mm 左右的楔形齿，可有效提升掘进距离，相应的制造成本也少许提升。因为镶齿滚刀刀圈的基体需要相应的韧性以提高固齿的效果，这样会对基体刀圈的耐磨性有所牺牲，一般需要在刃口两侧或齿间等易被磨损的位置用耐磨层加以保护，目前有将二氧化碳气体保护焊、等离子及激光等多种工艺应用于刀圈基体的熔覆保护层的例子。

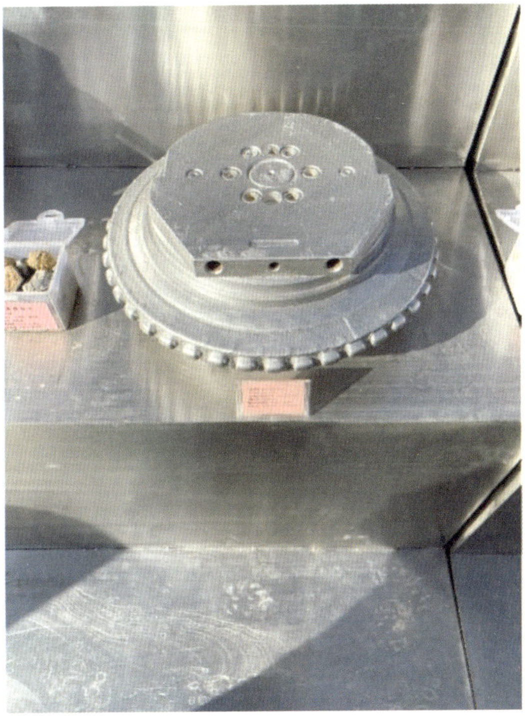

图 4.22　镶齿滚刀

镶齿刀圈与光面刀圈相比，在掌子面留下的掘进轨迹是不连续的类似于“虚线”构成的螺旋同心圆，且在相同贯入度条件下，与掌子面接触面积更小，往往每把滚刀只有一两个齿与岩体接触，在岩石强度较高的岩性中，合金齿受到强烈的剪切能力，可能会被剪断失效。实践证明，目前镶齿滚刀用在单轴抗压强度 UCS ≥ 100MPa 全断面岩石的异常失效比例较高；但在容易固结泥饼的泥岩地层，镶齿滚刀更容易启动，对泥饼有强烈的扰动作用，使泥饼不易固结。

4. 焊齿滚刀

焊齿滚刀因其对土层的强烈扰动以及优秀的耐磨性，被广泛用于顶管机、反井钻机、竖井钻机等，多用于黏土、细砂、粗砂等软土地质，见图 4.23。焊齿滚刀为前安装方式，刃口与刀毂为整体，外圈布置有若干排呈楔形齿状的圆周刃口，楔形齿表面堆焊耐磨层。如不同排圆周刃口的外径相同，滚动时，各排圆周刃口的角速度相同，而不同排圆周刃口安装半径的差异将导致其线速度与运动轨迹不匹配，必然产生相对掌子面滑动的现象。为保证滚动顺畅，焊齿滚刀不同排圆周刃口设计成不同的外径，圆周刃口外径大的一侧朝向刀盘外侧。

图 4.23　焊齿滚刀

5. 球齿滚刀

球齿滚刀用于顶管机、反井钻机、竖井钻机等，多用于黏土、细砂、粗砂，以及强风化、全风化、中风化岩层。为了提高破岩滚入度和渣土流动性，又设计了楔形齿的多刃口滚刀，如图 4.24 中右图所示，球齿滚刀可以可掘进 80MPa 以下的岩体，而多刃口的斜齿滚刀可以掘进 120MPa 以下的岩体。

图 4.24　球齿滚刀与多刃口斜齿滚刀

焊齿滚刀和球齿滚刀的内部轴承结构类似，抵抗侧向力的能力都比较强。

6. 悬装滚刀

上述滚刀均为刀圈在两个支点的中间，悬装滚刀 (见图 4.25) 则是刀圈在支点的一侧，类似于悬臂梁的结构，通常用于斜切岩体。

图 4.25　悬装滚刀

4.2.2　滚刀刀圈材料

盘形滚刀是 TBM 执行开挖工作的核心部件，刀圈、轴承和密封作为滚刀受力的主要承载体，其寿命的长短直接决定着换刀数量和换刀次数，而换刀时间的长短则直接影响停机时间，进而影响作业速度和费用。针对不同的隧洞条件、地质条件，需选择不同类型的滚刀，例如针对高磨蚀性地层，需要选择耐磨刀具;

针对长距离、连续掘进，需要选择耐高温刀具；针对穿江越海隧道，需要选择耐高压水刀具。所以，不同的地质环境就需要不同的材料和不同结构的滚刀与之相适应。

滚刀中的刀圈直接与岩体相互作用，挤压岩体，与相邻的滚刀刀圈协同作用下，使岩体发生裂纹贯穿，形成岩片并脱落下来，完成破岩。耐磨刀具最主要的部件为高耐磨性刀圈，刀圈可分为光面刀圈和复合材料刀圈。

光面刀圈主要有两类材料，一种是热作模具钢，常见的为H13；一种冷作模具钢，常见为DC53；还有部分是这两类材料的改良新材料。光面刀圈的材料成分、冶炼工艺、锻造工艺和热处理工艺是核心技术，刀圈材料电渣锭要求严格，其中的重点是对碳含量、氧含量、氮含量、非金属夹杂物和有害元素进行控制。

此外，近年德国萨阿公司采用热等静压技术生产的粉末冶金高速钢SAM23是一种理想的新型滚刀材料，该材料通过热等静压工艺将合金粉末在1200atm[①]下，经高温高压一次成型，最终材料内部无孔隙、无缺陷，各向同性，无内应力。SAM23的硬度、抗弯强度、冲击韧性、耐磨性、抗压强度均远远高于普通钢材，是普通高速工具钢3倍以上。

复合材料刀圈包括镶齿刀圈和熔覆耐磨层刀圈，主要通过在刀圈基体上复合高耐磨性的碳化钨(WC)基的耐磨材料，形成复合材料刀圈。

1. 热作模具钢刀圈

德国维尔特公司、意大利庞万力公司，美国罗宾斯公司早期在美国牌号H13的热作模具钢的基础上，调整了少量元素，提高碳元素含量，再通过热处理工艺的改进对材料的性能进行调整，已经在滚刀刀圈材料方面应用了20年以上，目前全球的几大刀具厂家还在广泛应用该刀圈材料。

类H13的刀圈热处理硬度分布在55~59HRC之间(见图4.26)，材料组织为均匀的回火屈氏体组织或回火索氏体组织，无明显的共晶碳化物(见图4.27)，K_{U2}冲击韧性在10~30J调整，刀圈具有高的韧性和较好的耐磨性。

2. 冷作模具钢刀圈

20世纪90年代后期，日本刀具厂家和我国部分刀具厂家对刀圈材料进行分类研究，在热作模具钢材料基础上，开发了DC-53、DJ-1等冷作模具钢。此类刀圈材料的化学成分设计和碳化物分布状态以耐磨增韧为目的，适应于高磨

① 1atm=101325Pa。

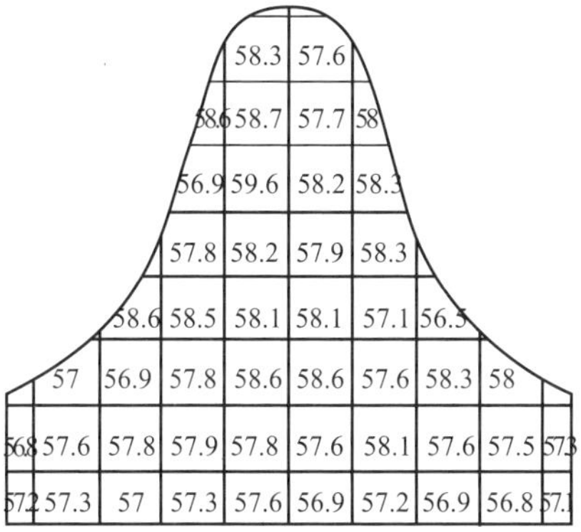

图 4.26　H13 材料刀圈硬度分布

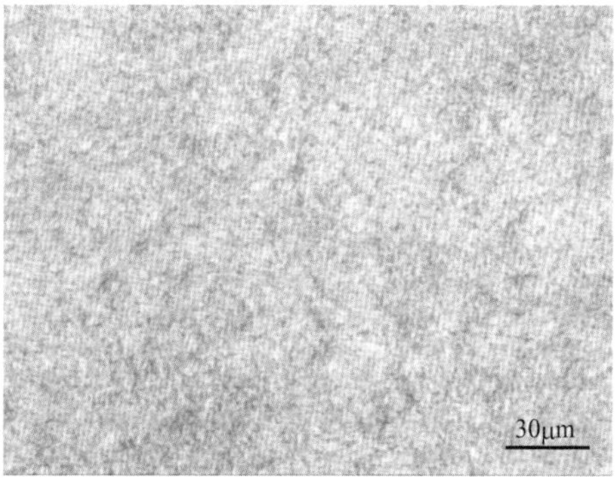

图 4.27　H13 材料金相组织

蚀性物质含量岩体的掘进要求。DC-53 冷作模具钢刀圈热处理硬度分布在 59~62HRC(见图 4.28)，材料组织为通常为回火索氏体组织，但常有条链状分布的大块共晶碳化物 (见图 4.29)，刀圈具有很好的耐磨性，但块状的碳化物影响了刀圈的韧性。经热处理后刀圈硬度高，在软岩、高磨蚀性岩石和均匀地质条件下掘进时，其工作寿命明显高于热作模具钢材料刀圈。

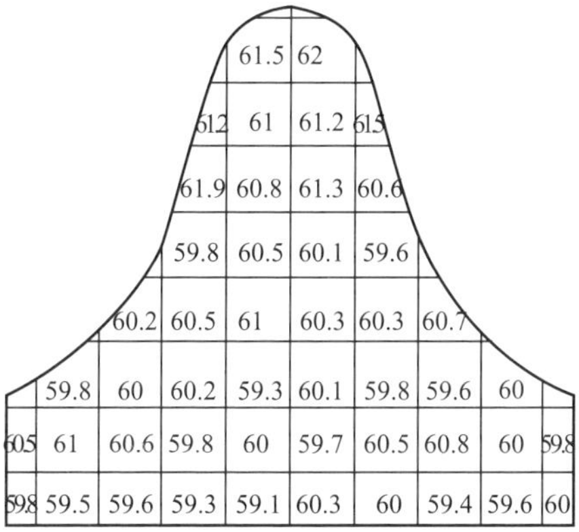

图 4.28　DC-53 材料刀圈硬度分布

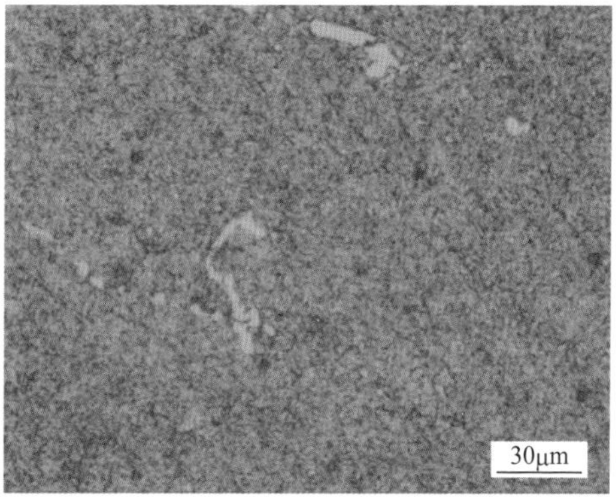

图 4.29　DC-53 材料金相组织

此类刀圈材料，提高了碳含量和大部分合金含量，降低钒元素含量，提高基体硬度的同时，形成丰富的、尺寸较大的共晶碳化物作为耐磨相，因耐磨相的硬度高于石英等磨粒的硬度，使石英等磨粒嵌入刀圈变得更加困难的同时，高硬的耐磨相提升了耐磨性。

3. 粉末冶金高速钢材料

热等静压粉末冶金高速工具钢相比 M2 等常规高速钢具有强度高、硬度高、韧性高、耐磨性高和可加工性好的特点。材料耐磨性的好坏取决于热处理后的硬度以及碳化物的形成，粉末冶金钢 SAM23 在 M2 高速钢中增加了碳和钒的含量，据统计其韧性约为传统高速钢的 2~3 倍，耐磨性亦为之 3~5 倍，提高了刀具耐磨耗性。同时在考虑韧性的前提下，采用粉末冶金生产工艺改善韧性，使 SAM23 钢的韧性高于传统 M2 高速钢。在岩石硬度高且稳定的地层，可采用 SAM23 等粉末冶金高速钢制作滚刀，见图 4.30 和图 4.31。

图 4.30 SAM23 粉末冶金高速钢滚刀

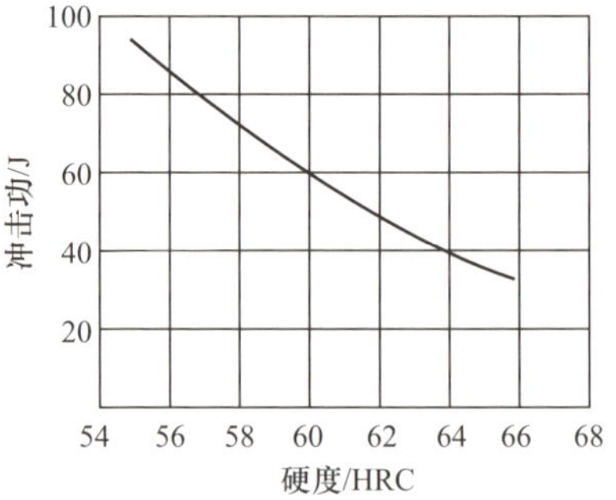

图 4.31 SAM23 淬火回火硬度、韧性

4. 硬质合金齿材料

1) 硬质合金齿

盾构掘进机用的硬质合金材料主要成分是碳化钨 (WC) 和黏结剂钴 (Co)。其牌号是由“YG”和平均钴含量的百分数组成，硬质合金可用来制作凿岩工具、采掘工具、钻探工具、测量量具、耐磨零件、金属磨具。

硬质合金材料具有很高的硬度和耐磨性，受温度变化，性能和尺寸变化小；抗压强度很高，利用钎焊技术，已经成功应用于软土及软岩的掘进部件；耐磨性得到充分的证明，在重型刀圈 (或标准刀圈) 的基础上镶嵌硬质合金 (圆柱形或条形)，刀刃部合金间隙覆焊耐磨材料，提高刀圈的耐磨性和使用寿命，磨蚀性极高 (如石英含量高)，掘进距离优于光面刀圈。但是镶齿刀圈在岩体留下的同心圆轨迹为“虚线”，在正常贯入度的情况下，刀圈上仅仅 1~2 个合金齿接触岩面，合金承受较大载荷，易发生断齿现象，因此在镶齿刀圈的合金齿上的镶嵌了抗折弯强度更高的、Co 含量在 16%~20% 的 W-Co 合金。目前，镶齿刀圈依然适应于 UCS ≤ 100MPa 的岩性地质。

2) 适用地层

在泥岩及砂岩、板岩等低强度高磨耗地层，滚刀刀圈形式建议采用镶齿刀圈，镶齿刀圈相较于普通刀圈优势如下：

(1) 上合金齿会切入开挖掌子面，增大滚刀与开挖掌子面的摩擦力，提供满足滚刀转动的扭矩，也就是更容易启动，并对泥饼有强烈的扰动作用，适用于软岩中心刀易固结泥饼的地层。

(2) 为刀圈上合金，首先接触开挖掌子面，并将开挖掌子面挤压破碎。合金耐磨性远高于普通刀圈材质，可以延长刀圈的耐磨损时间，大大增加滚刀的使用寿命，减少换刀次数，降低作业成本。

(3) 相对均一地层中，对滚刀冲击性较小。硬质合金齿不存在碎裂的风险。

3) 硬质合金镶齿刀圈分类

镶齿刀圈根据齿形的不同可以分为镶球齿刀圈 (见图 4.32) 和镶扁齿合金重型刀圈 (见图 4.33)。两种刀圈特点如下：

(1) 镶扁齿合金重型刀圈的合金截面形状为楔形，与常规光面刀圈的刀刃形状相同，故此刀圈与普通刀圈的贯入形式相同，都是线性贯入，利于连续破岩。镶球齿刀圈与岩石表面为点接触。

(2) 镶扁齿合金重型刀圈一般采用大直径和大深度的合金齿，提高了合金齿的抗撞击能力。

(3) 镶球齿刀圈的合金牌号一般为 YG10 或 YG13，而重型扁齿合金牌号为 YG18 或 YG20，钴含量的提高使合金的韧性提高了 20% 以上。

(4) 镶齿刀圈基体材质为中碳高合金结构钢，材料韧性达到了光面刀圈韧性的 6~10 倍。

图 4.32　镶球齿刀圈

图 4.33　镶扁齿合金重型刀圈

5. 熔覆耐磨层刀圈

等离子熔覆或激光熔覆是一种材料表面强化和表面改性的技术，可以使基体表面具有耐磨、耐蚀等性能。等离子熔覆技术是采用直流电驱动的等离子电弧作为热源，将陶瓷、合金、金属等材料加热到熔融或半熔融状态，并以高速喷向经过预处理的工件表面而形成附着牢固的表面层的方法，熔覆耐磨层刀圈见图 4.34。

图 4.34 熔覆耐磨层刀圈

熔覆耐磨层刀圈是采用等离子或激光熔覆技术，将超大颗粒 WC 熔覆焊接在刀圈表面，WC 颗粒直径达 1~3mm，耐磨层与基体结合强度高，熔覆层基体硬度在 60HRC 以上，无裂纹，耐磨性提高了 5 倍以上，适用于磨蚀性高、强度均一的地层。

6. 工程陶瓷材料刀具

陶瓷刀具已经在生活中广泛使用，在齿轮加工中也用到陶瓷滚刀，不过这个滚刀与我们工程建设中所需要的滚刀性能是完全不同的。工程中所需要的滚刀既需要有足够的硬度，还需要有较好的韧性。

我们可以将现有的钢制滚刀刀圈更换为陶瓷材料，也可以进行刀圈的反复更换，见图 4.35。陶瓷刮刀仅需要把用于切削的部分使用陶瓷材料，刀座部分仍可以使用钢制材料，见图 4.36。

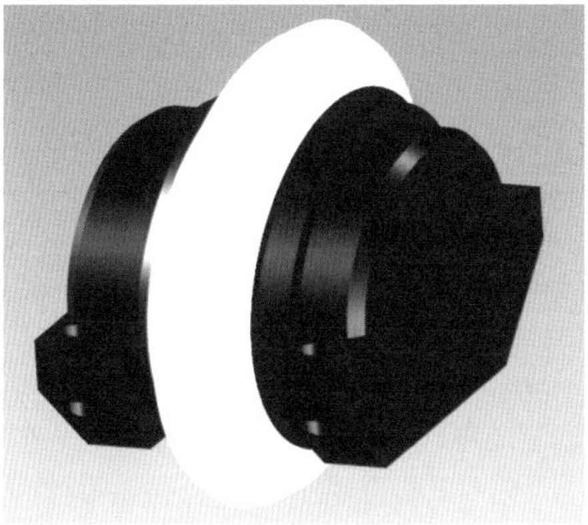

图 4.35　陶瓷滚刀

图 4.36　陶瓷刮刀

4.2.3　耐高温刀具

TBM 掘进过程中，盘形滚刀因与岩石发生摩擦而产生摩擦热，使得盘形滚刀温度升高，在其内部产生温度梯度和不均匀热膨胀；盘形滚刀对岩石的连续滚压，使其内部形成交变的热应力和应变，极易导致盘形滚刀产生疲劳损坏，引起刀圈断裂。同时交变热应力和应变在刀圈表层区域所产生的微裂纹也会加剧刀具的磨损。另外盘形滚刀温度升高，其内部轴承、密封件等部件的性能也将受到极大的影响，引起润滑油剂黏度下降，甚至导致润滑剂失效，以及使盘形滚刀承载力降低，缩短其使用寿命，耐高温刀具的耐高温能力主要取决于滚刀内部浮动密封和润滑介质的耐高温能力。

4.2.4　耐高水压刀具

随着近年来地下空间的大开发，盾构作业逐渐增多，特别是穿江越海隧道越来越多。目前大埋深高水压盾构作业，如狮子洋隧道、武汉三阳路隧道、汕头海湾隧道、妈湾隧道等，最高水压力甚至超过了 10bar。常规滚刀的承受压差为 3bar，在高水压环境下作业时，必须使用耐高水压滚刀。适应高水压环境的盘形滚刀，主要要求盘形滚刀的密封性能在外界高压环境下保持具有较高的稳定性，保证盘形滚刀的正常运转，重点需要突破高水压环境下滚刀密封技术。

1. 高水压滚刀原理

通过在刀轴心部开设型腔，型腔与滚刀内部联通，同时在型腔内部设置可移动活塞，当滚刀在高水压环境下工作时，通过调整滚刀内部空气的体积来改变滚刀内部的压力，达到与掘进掌子面环境压力动态平衡，保证滚刀转动工作的稳定性。根据气体的 PVT 性质，通过调整滚刀内部体积来获得滚刀内部所需要的压力，保证滚刀内外压差不超过密封承受压力差极限，安装该类滚刀时一般要求滚刀内腔注满润滑油。

2. 高水压滚刀形式

高水压滚刀主要有可移动活塞式和充气气囊式两种。可移动活塞式高水压滚刀内部增压最大可达 6bar，同时结合浮动密封可承受安全压差为 3bar 的特点，此类高水压滚刀可满足掘进工况最大 9bar 的环境要求。

4.2.5 滚刀的安装方式

1. 中心滚刀安装方式

中心滚刀安装方式可以分为单楔块式、双楔块式以及 TBM 安装方式，如图 4.37~ 图 4.39 所示。

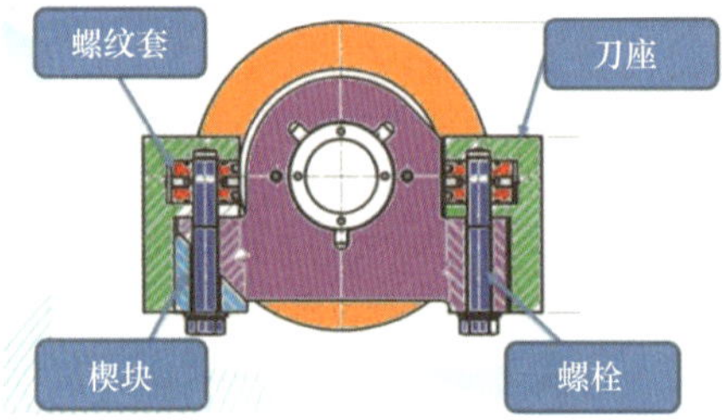

图 4.37 中心滚刀单楔块式安装方式

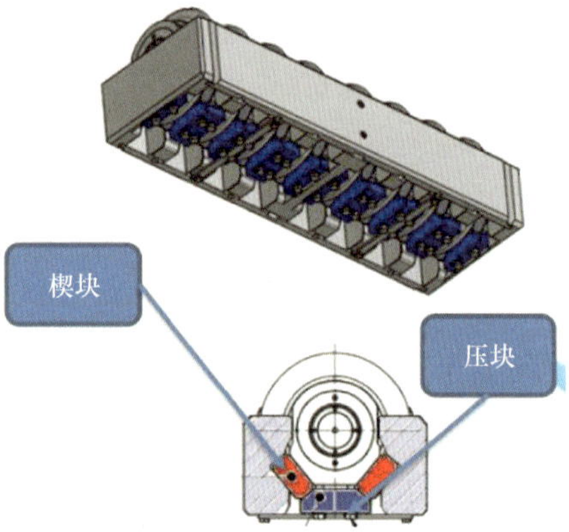

图 4.38 中心滚刀双楔块式安装方式

2. 单刃滚刀安装方式

单刃滚刀安装方式可以分为单楔块式、双楔块式、TBM 安装方式、轴式和端盖式，如图 4.40~4.53 所示。

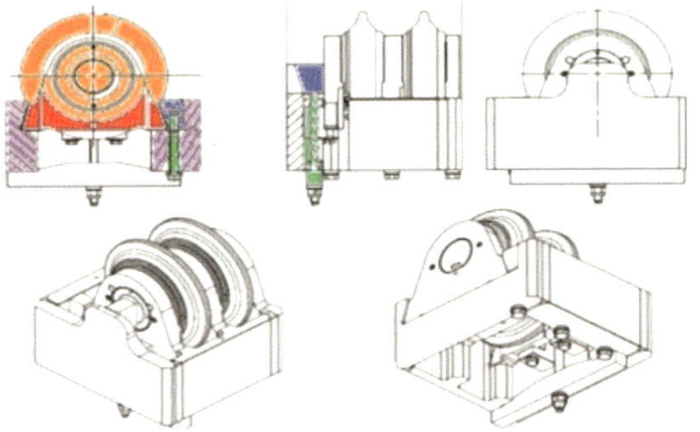

图 4.39　中心滚刀 TBM 安装方式

单刃滚刀单楔块式安装方式 (见图 4.40) 特点：①锁紧方式为一个楔块、一个压块通过螺栓锁紧；② C 型块可拆卸更换；③端盖尺寸小，减少端盖磨损概率。缺点：刀具拆卸时需横向平移，刀座外形尺寸较大，刀盘开口率相对较小。

单刃滚刀双楔块式安装方式 (见图 4.41) 特点：①锁紧方式为两个楔块、一个压块通过螺栓锁紧；②轴向、径向尺寸小；③节省空间布置，有利于布置小刀间距，大开口率。缺点：刀具两端的端盖尺寸大、突出刀座较多，容易磨损。

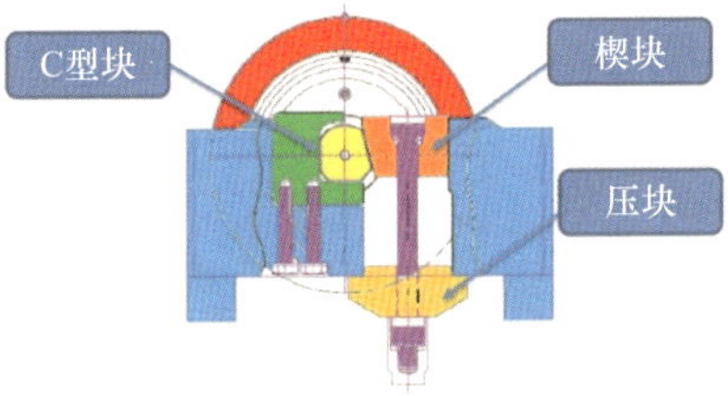

图 4.40　单刃滚刀单楔块式安装方式

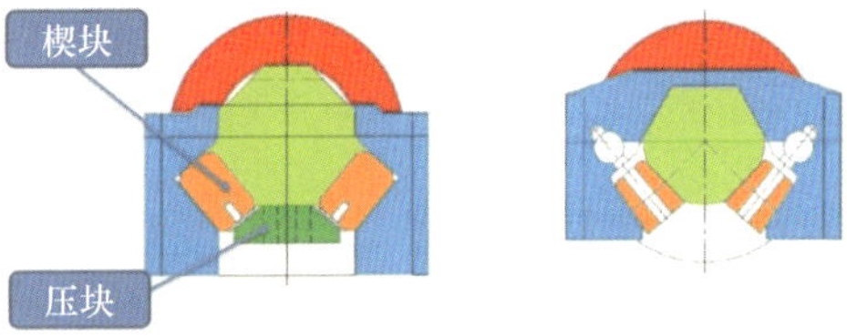

图 4.41　单刃滚刀双楔块式安装方式

单刃滚刀 TBM 安装方式 (见图 4.42) 特点：①锁紧方式为一个楔块、一个压块通过螺栓连接；② C 型块可拆卸更换；③刀座为整体锻件，强度好；④刀具拆装方便。缺点：①刀座宽度方向外形尺寸较大，影响刀具周向布置；②刀座与 C 型块接触面受力大，容易压溃。

单刃滚刀端盖式安装方式 (见图 4.43) 特点：①刀座成圆柱形，周向尺寸小；②节省空间布置，有利于刀具布置。缺点：①刀具拆卸时需旋转 90°，拆卸较困难；②刀座整体强度较弱。

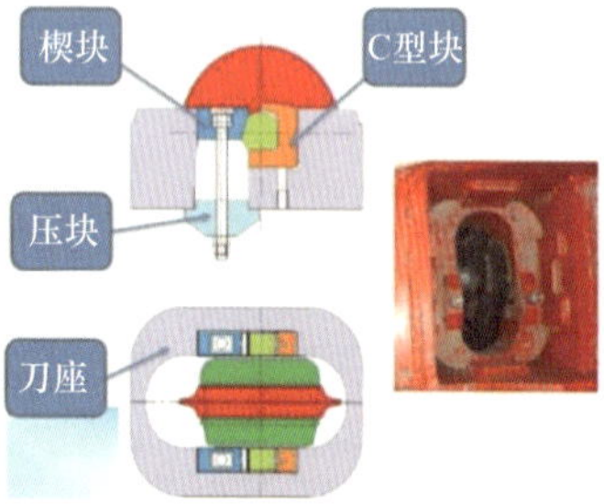

图 4.42　单刃滚刀 TBM 安装方式

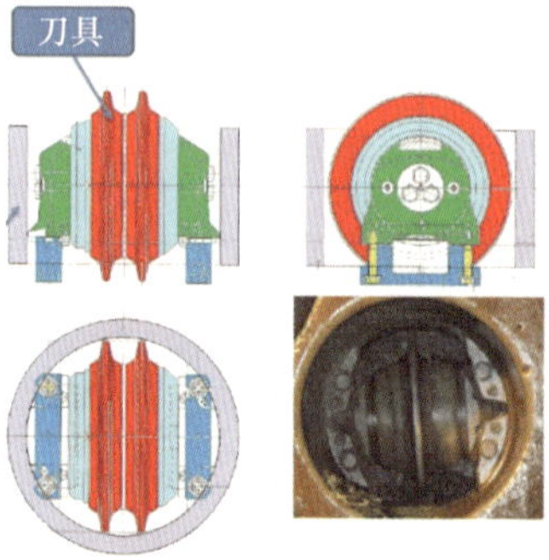

图 4.43　单刃滚刀端盖式安装方式

4.2.6　滚刀与刀箱的匹配

盾构机滚刀刀箱是盾构机滚刀的固定和安装装置。盾构机在不同地层掘进过程中，滚刀受力复杂，容易发生偏磨，发生偏磨的滚刀会造成滚刀刀箱受力变形而失效；刀箱的变形失效不但会造成滚刀的进一步磨损而影响寿命，严重的变形还会造成滚刀不能正常工作，而滚刀刀箱的拆卸和更换非常麻烦，有的需要在隧道上方打洞更换，会严重影响施工效率。刀箱常见的三种损坏方式是母材开裂、焊缝开裂和 C 型块不规则开裂，见图 4.44。改善和设计盾构机滚刀刀箱的材料和结构，提高盾构机滚刀刀箱与滚刀的匹配度、稳定性和寿命，是目前隧道盾构技术中一项重要的课题。

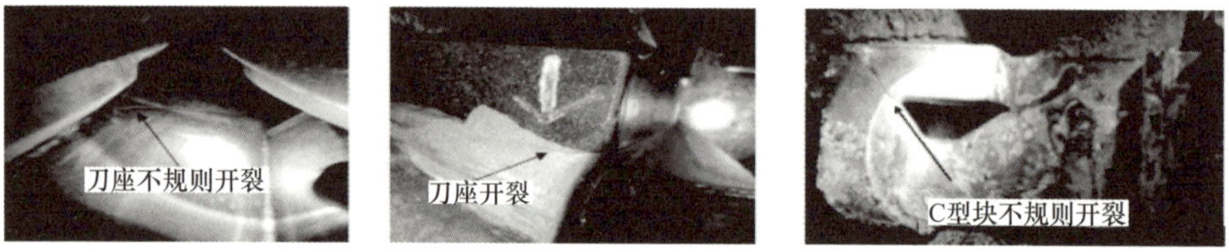

(a) 母材开裂　(b) 焊缝开裂　(c) C型块不规则开裂

图 4.44　刀箱损坏示意图

1. 刀箱的结构设计

国内盾构机的刀箱主要采用分体式刀箱和整体式刀箱两种结构。分体式刀箱一般由外刀箱、内刀箱、楔块、拉紧块和螺栓等组成，见图 4.45，通常使用在常压泥水盾构机上。但是，当在上软下硬地质或岩石单轴抗压强度达到 80MPa 及以上的硬岩层施工时，滚刀所受轴向与径向作用力急速交替变化，滚刀出现偏移现象，螺栓受拉伸作用，当拉伸作用力大于螺栓强度极限时，螺栓就会发生断裂。此外，楔块是在螺栓拉力作用下压紧刀轴的，如果内刀箱安放刀轴面硬度 (强度) 低，那么在楔块受快速交变作用力时，内刀箱安装面会发生压痕甚至变形，因此，楔块就无法稳固住刀轴。由于振动幅度变大，滚刀发生摇动时，螺栓除了发生断裂以外，还容易造成螺栓退丝松动、螺纹变形，拉紧块、楔块掉落，使滚刀发生偏磨，致使刀箱损坏。例如，罗宾斯分体式刀箱在盾构施工 5km，内刀箱安装面就有 2mm 左右的压痕，如果遇到极硬岩等恶劣地质层，甚至会更短。

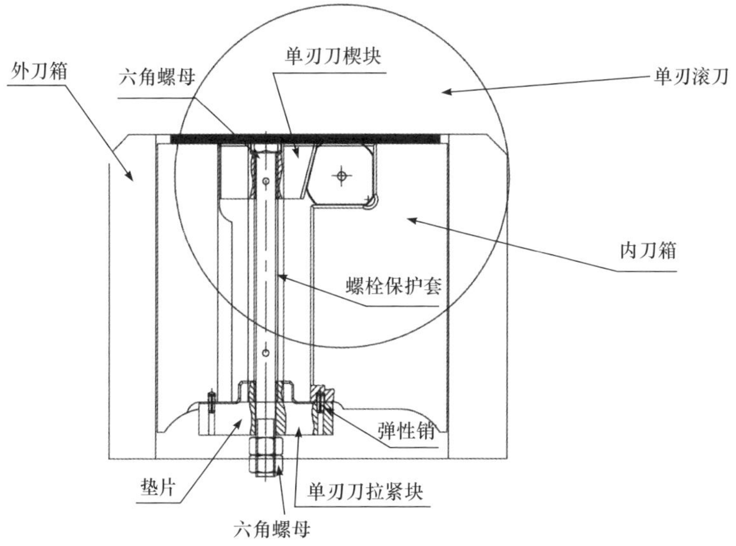

图 4.45　滚刀分体式刀箱结构示意图

分体式刀箱极易失效，整体式刀箱应运而生。整体式刀箱是中铁装备在分体式刀箱基础上自主研发的新结构，由刀箱、C 型垫块、楔块、拉紧块和螺栓等组成，见图 4.46。

2. 刀箱材料

在掘进过程中，遇到软硬交替的岩面，滚刀受力不均，承受轴向和径向的交变冲击载荷，刀箱作为滚刀的承载装置，必须拥有较高的强度和刚度以保证滚刀的稳定性，因此选用高强韧性的箱体材料，配合良好的刀箱结构设计是盾构施工顺利进行的关键之一。

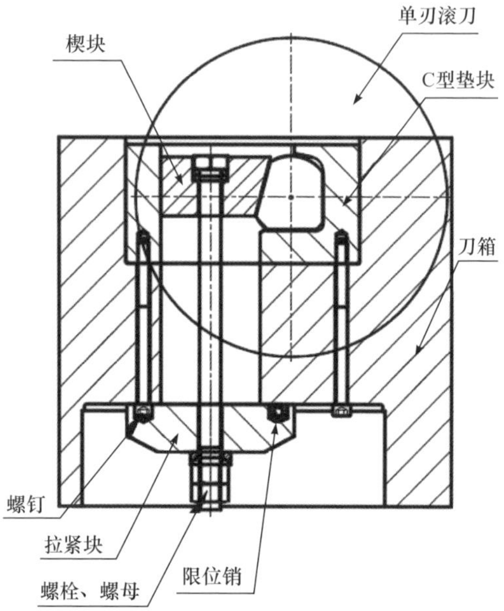

图 4.46　整体式刀箱结构示意图

分体式刀箱的内刀箱由于与楔块、刀轴等直接接触，一般选用强韧性好的30CrMo、30CrNiMo 或 30Cr2Ni2Mo 钢，外刀箱由于与刀盘直接焊接，而选用 Q345D(B) 钢。由于滚刀轴材料是 42CrMo 钢，其调质后的硬度为 38~40HRC，这样，与刀轴相接触的楔块和内刀箱的表层就要达到 50HRC 或更高。内刀箱材料 30CrMo、30CrNiMo 或 30Cr2Ni2Mo 调质表淬后，虽然硬度都能达到要求，但是由于材料不同，其硬化层深度不一，且由于碳当量不同，采用冷却方式不一样，碳当量越低其回火温度越低，这也意味着材料碳当量越低，达到高硬度时使用越不稳定。这几种材料比较，30CrMo、30CrNiMo 两种材料淬火后很难达到 50HRC，而 30Cr2Ni2Mo 经调质表淬后硬度性能最好，也最稳定，但是，其成本也最高。

分体式刀箱外刀箱由于不是直接承受刀轴的载荷，而且要和刀盘焊接到一起，所以常用材料是 Q345B(D)。该材料成本相对较低，焊接性好。但是，内外刀箱之间、外刀箱和刀盘之间都需要进行焊接固定。分体式刀箱的质量和可靠性不但和内外刀箱的材料、热处理工艺、结构、连接界面等有关，还与焊接质量有关。此外，由于 Q345B(D) 材料外刀箱没有热处理，即使内刀箱和刀座进行了调质和表淬且硬度达标，在外载荷大或交变剧烈时，外刀箱也会承受不了而引起刀箱的局部或全部失效。

整体式刀箱能显著降低内外刀箱结构及连接问题引起的失效，其材料选择非常关键。TBM 整体式刀箱用材料主要有 Q690 高强度钢，35CrMo、42CrMo 合金调质钢。这两种材料的刀箱都是经整体调质热处理后再经表面高频淬火，硬度基本达到 50~55HRC，刀箱的硬度和强度都优于分体式刀箱。但是，使用中也暴露出三个问题：整体式刀箱成本高于分体式刀箱；这两种材料焊接性都不太好，容易产生裂纹；表面太硬时，如果结构不合适，容易被压裂。

整体式刀箱和分体式刀箱只是结构的变革和区别，虽然起到了较好的作用，但是，若想降低刀箱失效率，提高隧道制造效率，还必须系统考虑滚刀、刀轴和刀箱的材料、工艺匹配问题。

在 TBM 盾构机使用 DC-53 材料滚刀、镶齿滚刀或超高强度滚刀条件下，当刀轴材料仍为 35CrMo，经调质处理取上限硬度为 40HRC 左右时，由于使用的整体式刀箱载荷很大，刀箱材料可以选择 35CrMo 甚至 Q690，整体调质后经表面高频甚至中频淬火，硬度达 50HRC 以上即可；也可以采用成本不高的其他合金材料，在满足焊接要求情况下，使淬火后硬度更高，具体表淬的深度根据硬岩的单轴抗压强度和载荷的大小来确定。

总之，刀箱材料热处理性能稳定，承载面的硬度要至少高于刀轴硬度的 10HRC，深度要大于最大应力处的深度。

4.2.7　滚刀的主要失效形式与分析

滚刀的失效形式有正常失效和异常失效两种，见图 4.47。正常失效是指刀圈被正常均匀磨损变小，达到磨损极限。异常失效包括刀圈断裂、崩刃、卷刃、移位和滚刀偏磨、弦磨等。刀圈的断裂或崩刃是因为刀圈承受的应力超过了刀圈自身可以承受的应力范围，发生了断裂，可以通过提升材料的冲击韧性来改善；刀圈的卷刃有两种可能性，一是刀圈刃形过宽，岩石强度又高，在大推力作用下不能贯入岩体，刀圈自身屈服变形造成卷刃；二是硬度不足，材料强度不足，大推力下发生屈服变形。因此可以通过增加刀圈材料的硬度和刀圈刃口宽度来消除刀圈卷刃。刀圈的移位往往是刀圈装配尺寸不足造成的，刀圈与刀毂之间的装配为过盈配合，当过盈量不足时，刀圈受到足够大的侧向力时会出现移位，并把一侧用以阻挡刀圈的挡圈推掉。

不管是刀具自身原因还是外部原因引起的滚刀无法启动，都会造成偏磨、弦磨，其影响比较严重。滚刀偏磨、弦磨后，磨损位置的掌子面不再被挤压开裂，而是形成的高高隆起的“岩脊”，它会紧紧挤压并继续摩擦不再转动的滚刀结构件，该把磨损的滚刀会承担很大的推力，甚至是整个刀盘的大部分推力。在载荷作用且高速摩擦条件下，在很短时间内，摩擦刀刀轴会损坏，甚至损坏刀盘和附近的其他其他滚刀。当然这一切会通过掘进机设备的刀盘扭矩参数的突变或在线滚刀检测系统反映出来，进行提前换刀处理。

图 4.47 几种典型的滚刀失效形式

1. 滚刀刀圈磨损原理

滚刀刀圈的磨损可以归纳为不稳定冲击的磨粒磨损。如果刀圈表现为正常失效，刀圈承受的主要为磨粒磨损，磨粒即岩石中的磨蚀性物质，如莫氏硬度高于钢材的石英颗粒。在刀圈压力的作用下，磨粒进入刀圈表面，伴随着刀圈的破岩运动过程，磨损性颗粒在刀圈刃口表面划出“犁沟”，在韧性得到保证的前提下，刀圈硬度越高，犁沟越浅且窄；刀圈韧性不足时，刀圈承受高载荷作用于刀圈刃口形成层状剥离，宏观表现为小崩刃。当然可以在提高刀圈硬度的同时，保持足够的冲击韧性。合理减小犁沟的深度和宽度是直接提升耐磨性有效手段。但石英含量大于 20% 时，仅仅在传统刀圈上提升硬度的办法效果有限，需要通过在刀圈材料添加合理的元素，形成硬度更高、更弥散分布的碳化物作为耐磨相，才能有效地阻挡犁沟来减少磨粒磨损。很多刀具厂家设计了新的耐磨刀圈便是基于这种设计思路。当然也可以采用耐磨保护层的办法，如耐磨焊接、等离子耐磨熔覆和激光熔覆硬面材料等，保护刀圈，提升刀圈寿命。

2. 刀具消耗预测与智能管理

掘进的岩性、隧道的开挖直径、设备掘进能力及控制水平和刀具的分布状态也是影响刀具消耗的关键因素。这里主要介绍硬岩滚刀的磨损消耗预测方法和使用管理方法。

首先，要获得隧道与掘进机设备的具体参数，如开挖直径、设备的推力转速、额定扭矩、转弯情况等该设备的参数值；其次，需掌握滚刀布置的刀间距、滚刀的外径、刃口宽度、贯入度等参数；最后，还要了解隧道掘进所需要掘进的几种岩性情况和掘进顺序，如几种岩性的距离、单轴抗压强度 (干燥状态及饱和状态) 及岩性的磨蚀性指数或石英含量等岩性数据。还要在此基础上，了解这几类岩性的掘进顺序，先掘进高磨蚀性的岩性，破碎岩渣对刀圈刃口两侧进行严重的二次磨损，刀圈刃口被磨尖，再进入硬岩或冲击性强的岩性时，过窄的刃口因承受压力过载会出现卷刃、崩裂等情况，甚至在进入岩性差异性大岩体时需要逐步替换滚刀，等岩性适合时再次换回。这些都需要相对智能的刀具管理体系，才能在高效掘进的同时，节约刀具使用量，降低成本。

很多的知名的掘进机制造厂家生产设备的同时，也生产刀具，具有丰富的掘进经验的同时，对刀具的破岩规律和检修都有丰富的服务业绩，都形成了各自的刀具消耗预测系统和软件 I/O 计算软件。

中铁装备开发了滚刀刀具消耗预测软件，软件界面如图 4.48 所示，这套软件内嵌 16000 多个运算公式，软件的功能应用非常方便，只要输入隧道的各种地质、隧道的各种地质长度、TBM 刀盘直径和滚刀数量即可迅速完成计算全隧道的刀具消耗预测。已经进行过的多个隧道刀具消耗预测，通过数据分析获得很有价值的结论。例如，对于刀具的选型等有争论的地方大部分已经水落石出，如 17in、19in 滚刀的配置依据、刀刃的宽度、弧度与地质的软硬关系。当然，有些争论也不是通过这一个软件能够全部明朗化的，如同一轨迹上应该布置多少把滚刀最为合理。

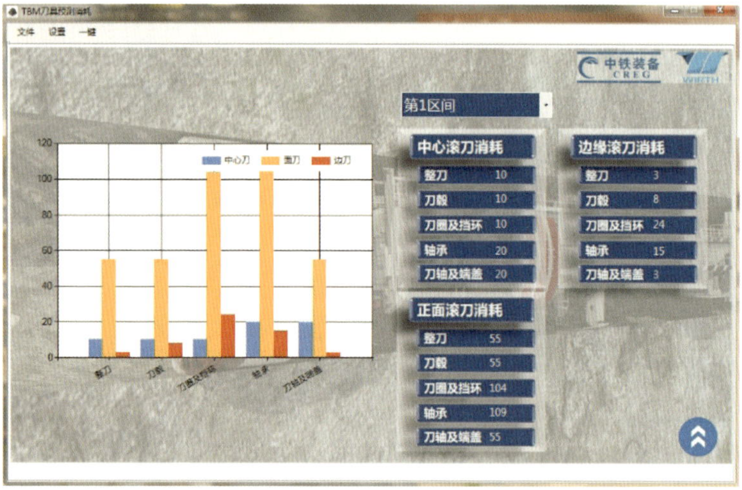

图 4.48　中铁装备的滚刀消耗预测软件界面

4.3　滚刀与地质条件的匹配

4.3.1　滚刀破岩机理

滚刀是依靠刀圈滚动产生冲击压碎和剪切碾碎来破碎岩石工作的。刀圈刃口下方的岩体在掘进机后面油缸推力产生压力下产生裂纹，这些裂纹向深入岩体的方向和岩体表面内一定深度扩展，会优先向需要扩展的能量小方向进行扩展。裂纹扩展的数量越多，破岩的效率越高。模拟及实验都证实了裂纹的数量与滚入岩体的深度、角度及宽度直接相关，还与作用时间和相邻滚刀的加载顺序（相位角）有关。因此，为了获得更多裂纹，实现足够的贯入度和合理的刃角和刃宽是滚刀高效破岩的研究的关键点。合理的刀间距和刀具布局是影响破岩效率的关键因素。

要实现连续破岩就要在滚刀上施加一个正压力和一个使滚刀滚动的与掌子面平行的推力。正压力是来自于掘进机的推进力，平行推力是刀盘转动施加在滚刀轴上与开挖面平行的推力。所以滚刀破岩要想达到满意效果，必须满足如下四个条件：

(1) 岩层要有足够的强度，可保证滚刀启动；

(2) 滚刀的启动扭矩与地层相匹配；

(3) 滚刀刀圈对地层的适应性；

(4) 合理的刀间距。

研究表明，岩石受压塑性挤压和脆性断裂两个阶段，在滚刀刀刃正下方岩体表面承受过大的压应力而导致破坏，产生细碎的岩块碎粒，并被进一步压实成“密实核”，密实核不仅能够储能，更能够作为媒介将载荷传递至更深的岩体，产生的裂纹在岩体中呈径向延展。剪切破岩主要发生在滚刀刀刃轨迹线外侧，岩体受到的剪切力超过其抗剪切强度而发生破坏，裂纹于滚刀刀刃两侧边缘产生并扩展至表面，岩体多以三角块形式的岩片剥落。随着滚刀刀刃施加在岩体上的载荷逐渐增大，在密实核边缘由于张拉作用衍生出侧向裂纹，扩展至相互贯通，使得岩体产生过大的塑性变形，最终导致张拉破坏，剥落的岩片多呈四周薄、中间厚的菱形块。经大量研究及工程验证，滚刀破岩实际是以张拉破坏为主，剪切破坏与挤压破坏为辅的综合作用。

4.3.2　滚刀启动扭矩与岩性的匹配关系

相比切削刀具，盘形滚刀要破岩首先要保证滚刀转起来，合适的启动扭矩是保证滚刀正常转动的关键。

滚刀必须转动起来，才能有效滚压破岩，满足式 (4.1) 滚刀便能顺利转动掘进。

$$T_D \geqslant T_R = T_S + T_C \tag{4.1}$$

式中，T_D 为动力力矩，产生于掌子面“破岩台阶”给滚刀的力矩和摩擦力；T_R 为阻力力矩，由滚刀自身的启动力矩 T_S 和介质阻力 T_C 共同组成。所谓的爬坡力矩是因滚刀刀圈需要打破因贯入岩体新界面与老界面产生的“贯入台阶”而产生的破台阶的动力矩。

在软岩中，滚刀会陷入掌子面，如岩石的单轴抗压强度 UCS ≤10MPa 的软岩则不能给滚刀足够的动力矩来启动滚刀，如果滚刀启动不畅往往会造成滚刀偏磨，因此在软岩地层中，需要控制较小的启动扭矩；相反，在硬岩地层中，滚刀需要承受较大的载荷及冲击，需要滚刀中两组轴承之间有足够的预紧力才能在保证在高冲击、高载荷下有足够的寿命，轴承预紧后产生的启动扭矩是滚刀启动扭矩的主要来源。因此，滚刀的启动扭矩与岩石强度呈正相关，图 4.49 所示的是土压平衡盾构机考虑了介质阻力的滚刀启动扭矩经验曲线。

另外，镶齿滚刀在软岩地层中镶齿滚刀相比光面滚刀更容易启动。

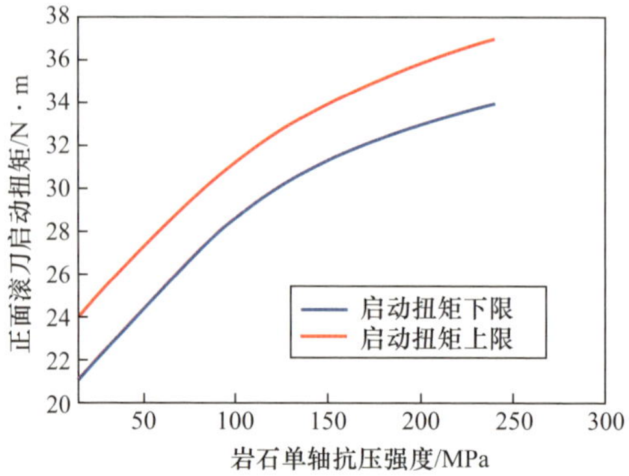

图 4.49　光面盘形滚刀启动扭矩与岩石单轴抗压强度的曲线关系

4.3.3　滚刀刃形与岩性的匹配关系

滚刀刃形直接影响掘进效率。影响破岩效率的主要因素是贯入深度、刃口宽度和刃角，见图 4.50。刃口越窄，越有利于贯入。而没有贯入困难的软岩地层，一般会选择平刃口刀圈，刃口宽度与形成裂纹的数量和长度也呈正相关关系。因此在不影响刀圈贯入的前提下，会选择采用较宽的刀圈，提升破岩效率；在硬岩地层，一般会选择圆弧刃口，选择规律也是随着岩石强度的升高，刃口选择越来越窄，保证贯入度在 3mm 以上，刀间距合理的情况下，才会形成足够形成贯穿刀间距岩片的裂纹，保证高效破岩。对于节理比较丰富的岩体，楔形刃口对破岩效率的提升有一定的帮助。

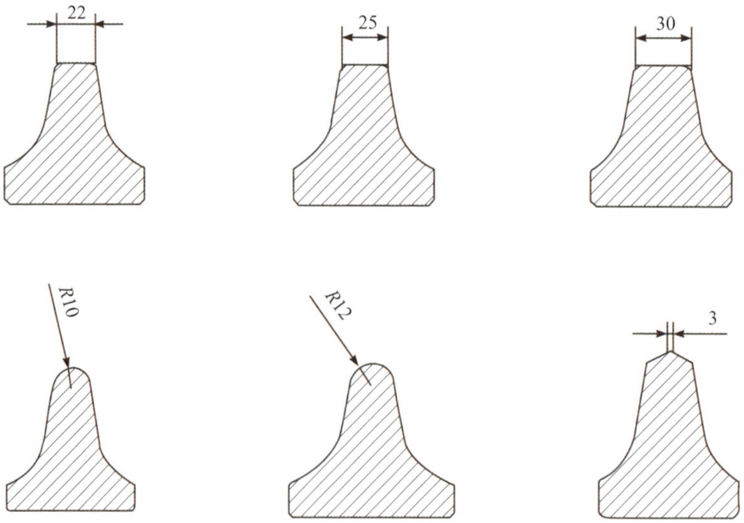

图 4.50　几种典型的刀圈刃口（单位：mm）

刀具设计往往采用小刃角，保证刀圈刃口宽度不会随着磨损量的增大而快速增大，否则刀圈的磨损到极限，附件刀圈刃口会变得很宽而存在贯入困难。

4.3.4 表征岩体掘进难易程度的主要参数

如何根据岩性来判断掘进的难易程度和刀具消耗量，是隧道项目作业单位和刀具单位都关心的问题。因此如何描述某种岩石的掘进难易程度就变得尤为重要。

岩石的可掘性指数、脆性、磨蚀性指数，这些是影响掘进效率和刀具消耗数量的重要指标，可以把掘进效率和耐磨性分开讨论。能否顺利贯入岩体与刀圈材料微观组织和成分等没有直接关系，而刀圈的耐磨性、寿命及消耗量与刀圈组织与成分及耐磨相等有着更为密切的关系。

在硬岩掘进机方面,可以把岩石的可掘性指数直观理解为动态滚刀条件下，刃口贯入岩体的难易程度，或者产生裂纹的难易程度。

通过多种研究手段和实际的掘进数据发现了推力与贯入度的关系，得到相同的结论：存在一个裂纹扩展的推力门槛值，当推力超越该门槛值，随着推力的增加，裂纹快速形成，贯入度也呈类似指数函数的方式增加，见图 4.51。对于常规完整性一致的岩体来说，这一结论成立，但随着岩体硬度的增加，这个贯入度指数增加的规律被打破，贯入度并没有随着推力的增加而快速增加。其原因是岩石单轴抗压强度增大，对刀圈的贯入抗力增大，这种情况下随着设备推力加大，刀圈贯入度的增加很小，对于极硬岩条件下确实如此。

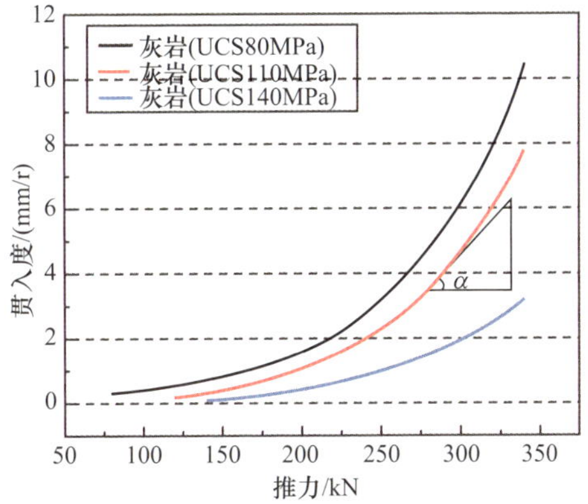

图 4.51 不同抗压强度的灰岩在不同推力作用下的贯入度曲线

考虑岩体的掘进指数时，刀圈的刃口形状也应该是固定变量，这样才能单纯地考虑推力与贯入深度的关系，另外要保证不受刀盘转速的影响。岩体可掘性指数可定义为推力与滚刀贯入度之比，其量纲为 [kN/mm]，可以理解为单刀推力与每转进尺的比。当然，岩性的可掘性指数就是曲线的切线与水平线夹角的余切函数，即 $\cot\alpha$，见图 4.51。某种岩石的可掘性指数并非仅与岩石本身有关，而是随着推力的增大而减小的，因此该可掘性指数是相对值，是随着推力和岩性的变化而变化的。

为了对比不同岩性的岩体可掘性指数，需要把不同岩性的曲线列在同一个图内，在图 4.51 中相同的贯入度下画横线，如贯入度为 1mm/r，对应的横坐标推力越大，岩体的可掘性指数越高，掘进越困难，如单轴抗压强度为 80MPa 的灰岩需要贯入度 1mm/r 对应的推力为 175kN，110MPa 的灰岩需要推力 200kN，而 140MPa 的灰岩则需要约 215kN 推力。这些数据是来自实验室中一把滚刀的切割数据，而在实际掘进时，是多把刀具的组合切割作用，岩片裂纹只需要扩展一半的距离，相邻滚刀之间岩片的扩展距离就是实验室单刃独立实验的约 2 倍，相同岩性裂纹扩展的长度与贯入度成正相关。

当然也可以把不同岩性的掘进实验曲线每个点对应的切线夹角的余切值作为纵坐标，绘在一个图表内进行对比，如图 4.52 所示，可以更加直观地观察到相应的临界可掘性指数及变化关系。

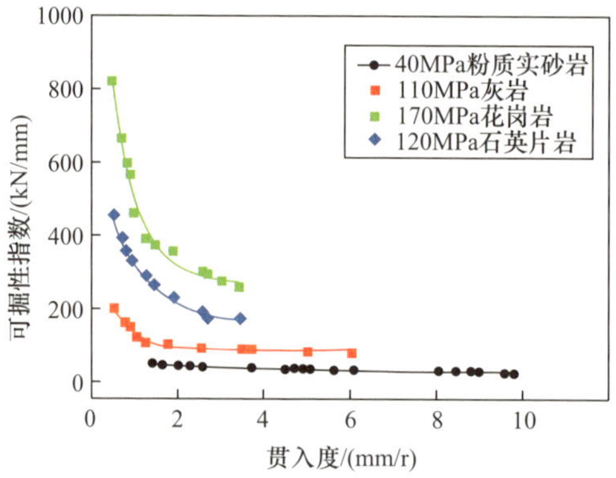

图 4.52　可掘性指数随贯入度的变化关系

不同硬度的花岗岩的可掘性指数和单轴抗压强度 UCS 曲线见图 4.53，可拟合出全断面花岗岩的临界可掘性指数与单轴抗压强度的函数关系，见式 (4.2)。

$$P_{n1} = -3.567e^2 + 1.177e^2\ln(\mathrm{UCS}) \tag{4.2}$$

滚刀在刀刃的下方留下白色的压实区，压实区的岩体被刀圈压成岩粉，岩粉脱落后，掌子面上留下较深的同心沟槽的同时，在掌子面下面堆积大量的岩粉，如图 4.54 所示。这些岩粉中富含粒径不等的石英颗粒，如图 4.55 所示。

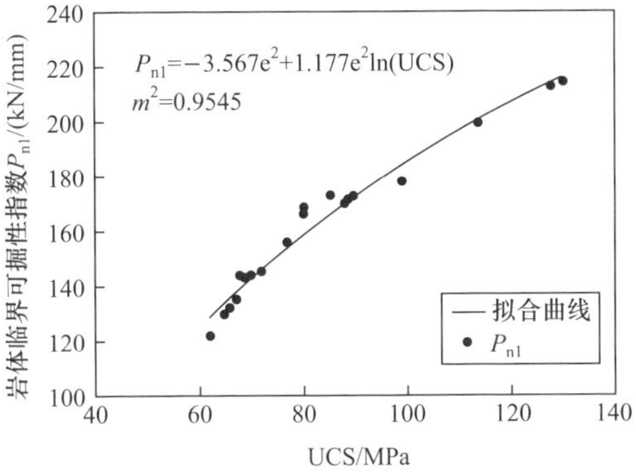

图 4.53　不同花岗岩临界可掘性指数与单轴抗压强度的变化关系

图 4.54　硬岩掌子面留下的同心圆及圆环间留下较深的沟槽

图 4.55　硬岩掘进细粉比例较高的岩渣

这些磨蚀性极高的颗粒对滚刀刀圈，尤其是边滚刀刀圈形成二次磨损，为了提高掘进速度，往往会提高转速，但刀圈在硬岩掌子面的“深沟”中反复磨损的距离更长，会“只磨不进”，掘进效率低，滚刀磨损加快。为了在提高掘进效率的同时提高滚刀寿命,需要把刀圈窄刃化设计。虽然牺牲了一定的磨损量，但贯入度提高和破岩效率提升后，岩片多而岩粉少，掘进效率和刀圈寿命实现共同提升。但相对较窄的刀圈更容易断裂，对刀圈刚度、韧性有更高的要求。

4.3.5　影响滚刀刀圈掘进性能的主要参数及表征方法

滚刀贯入岩体，挤压岩体，产生贯穿裂纹，对于某种岩体，贯入度 P 与刀间距 S 的关系 S/P 可以保持一个相对稳定的值。例如，岩体单轴抗压强度 UCS ≥ 150MPa 时，如果提高设备的推力，其贯入度 P 仍然在 1~2mm/r，那么每周期的掘进并不会在刀间距的岩体上产生贯穿性的破碎岩片。

1. 岩石的脆性与表征

岩石与金属材料相同也属于晶体材料，严格意义上讲也可以用金属材料的脆性的概念定义来解释岩石的脆性。当材料发生屈服变形时，没有明显的变形过程及发生断裂破坏的性质；但是对于不同岩性而言，大部分种类的岩石都属于的脆性材料。当前定义岩体脆性的9种方法与TBM滚刀滚压破岩相关性不大，为方便、较准确地描述岩体可被破碎的难易程度，本节给出一种滚刀破岩的岩体脆性定义，如图4.56所示：标准刃口压入无限大岩体表面，在单位贯入度 P 条件下，刃口两侧裂纹扩展的最大距离为 L，这里可以规定 P=1mm/r，则岩体脆性定义 B 可表示为

$$B = L/P \tag{4.3}$$

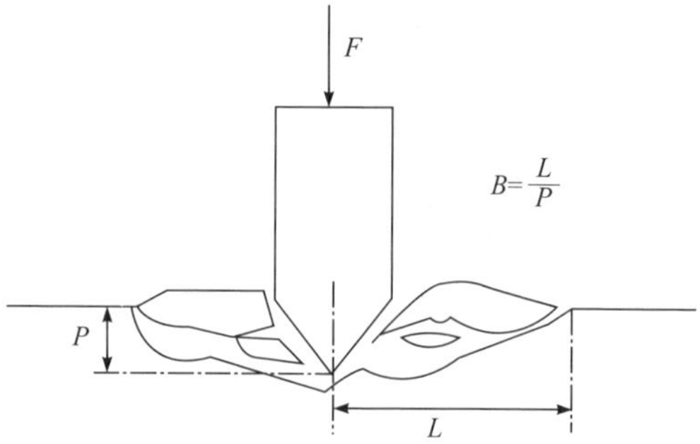

图 4.56　脆性定义示意图

但对于硬岩掘进机而言，不同性质的岩体，在相同的设备参数和掘进参数，以及相同的贯入深度条件下，裂纹向滚刀刀刃两侧岩片扩展裂纹的能力有明显的区别，裂纹的深度扩展有明显的区别。例如，灰岩的裂纹扩展就易于花岗岩，对于相同单轴抗压强度的玄武岩与花岗岩，玄武岩的脆性更高。利用以上定义得到的岩石脆性值是一个相对值，需要选择一个相对稳定的岩体作为基准。

2. 岩石的磨蚀性指数

岩石的磨蚀性指数是用来描述岩石对开挖工具的磨蚀速度，该指数的高低直接影响到刀具的使用寿命。岩石的磨蚀性指数主要取决于岩体中的高硬度物质含量。岩体中富含多种矿物质，其中硬度高的硬质颗粒，如莫氏硬度约为7的石英，其硬度高于刀圈材料，对刀具有强烈的磨蚀作用。因此工程上经常用

等量石英含量这个概念定义磨蚀性，等效石英含量的定义为各类矿物质乘以各自的权重系数后的求和：

$$\mathrm{EQU}=\sum_{i=1}^{n} A_i R_i \tag{4.4}$$

式中，EQU 为等量石英含量；A_i 为含量；R_i 为岩石的洛氏硬度。规定石英的洛氏硬度为 100，相当于权重系数为 100，石英含量是岩石磨蚀性的关键。

4.3.6　滚刀刀圈性能与岩性的匹配关系

刀圈的性能主要体现在韧性与耐磨性两个方面。地层的完整性差异较大，不能定量地研究刀圈性能与岩性的匹配关系，在地质相对复杂的地层，如深圳的软岩不均地层，富含溶洞的灰岩、凝灰岩地层及富水大卵石地层，一般都需要提升刀圈的韧性，降低滚刀异常失效是顺利掘进的关键。在全断面的硬岩地层，刀圈性能选择取决于岩体中磨蚀性物质的含量，也就是磨蚀性指数，如灰岩地层、页岩等石英含量比较低的地层，岩性较脆，掌子面的平整性差，需要刀圈的韧性与耐磨性适中。当岩体磨蚀性高且完整性好时，如石英片麻岩和花岗岩，掌子面有清晰的同心圆轨迹，对刀具的冲击相对较小，此时掘进效率低、刀具磨损速度快成为主要问题，这就需要配置高耐磨的刀圈，以提高刀圈的掘进距离。当然，完整的极硬岩需要适当地调整刃口宽度，实现提升贯入度的目的。在磨损性高、强度适中的粉砂岩地层和砂泥岩地层，比较适合于镶齿刀圈，掘进的效率高，换刀数量少。

表面看起来刀圈与岩体直接发生相互作用，实际上滚刀安装在刀盘上，与滚刀的尺寸、滚刀在刀盘上的布局及刀间距、刃口形状和掘进参数有着密切的关系，如果把这些变量都引入模型中，会使刀圈与岩性的规律变得异常复杂，甚至无从下手。借助临界可掘性指数作为中间变量，可以避开很多参数的影响，直接与刀圈性能之间形成直接函数关系。

$$P_0=\left(\frac{F_{\mathrm{n,ekv}}}{F_{\mathrm{n1}}}\right)^{b} \tag{4.5}$$

式中，P_0 为基本掘进深度 (贯入度)；$F_{\mathrm{n,ekv}}$ 为修正后的等效滚刀推力；F_{n1} 为达到 1mm/r 进尺时的滚刀推力，单位为 kN/[cutter·(mm/r)] ；b 为滚刀侵入系数。等效滚刀推力 $F_{\mathrm{n,ekv}}=F_{\mathrm{n}}\cdot K_{\mathrm{d}}\cdot K_{\mathrm{s}}$。其中，$F_{\mathrm{n}}$ 为滚刀推力；K_{d} 为刀圈外界修正，根据经验公式，直径为 483mm 时，K_{d}=1，直径为 432mm 时，K_{d}=3.13；K_{s} 为平均刀间距修正系数，刀间距为 70mm 时，K_{s}=1，刀间距为 75mm 时，K_{s}=0.97，刀间距为 80mm 时，K_{s}=0.92。根据甘肃水源地项目计算，石英片麻岩为的

b=3.893。

根据拟合公式 (4.2)，类比通用公式

$$P_n(C) = \alpha e + \beta e^2 \ln C \tag{4.6}$$

式中，α、β 为无量纲的系数；C 为不同围压下的岩石抗压强度。

正常失效形式磨损量：达到 1mm/r 进尺时的困难程度，仅仅与正压力相关，如果刀圈材料的受压达到屈服极限 σ_s，那么刀圈会卷曲变形，如果断裂韧性低于某一冲击门槛值，刀圈可能在冲击作用下产生裂纹并扩展，形成崩刃现象。

关于刀圈的抗冲击性能，这里需要一个边界条件，因为岩石强度高，贯入困难，作用在刀圈上的反作用力大，且刀盘掘进时由于相位角的存在，每把都不是同步破岩，在掌子面上保留了台阶，会引起强烈的震动，高频率的周期挤压作用使磨粒楔入刀圈表面，产生应力集中，作用力小于材料断裂强度时，就失效了。而这种失效裂纹随着小崩刃的脱落，不会扩展到刀圈基体，新露出的材料继续发生作用。

4.4 刀具的安装布置

4.4.1 刀具安装布置技术要求

刀盘上刀具的布置及选型应根据工程地质条件和作业要求，针对滚刀的布局设计，主要考虑刀盘的受力平衡、刀盘的强度和刚度。刀具的布置应充分考虑刀盘的受力性能，力求刀径向载荷的合力通过刀盘的中心，使主轴承受力状况良好。刀具布置技术要求见图 4.57。

4.4.2 刀具布置形式

盾构和 TBM 的刀具布置方式主要有对称布置和非对称布置两种。

1. 对称布置

当同轨迹出现多把刀具的情况时，要尽可能满足关于刀盘中心对称。其目的是减少刀盘所受的不平衡力，从而减小主驱动受到倾覆力矩的可能性，八主梁刀具对称布置见图 4.58，四主梁刀具对称布置见图 4.59。

2. 非对称布置

滚刀非对称布置形式包括阿基米德单螺旋线（见图 4.60）、双螺旋线（见

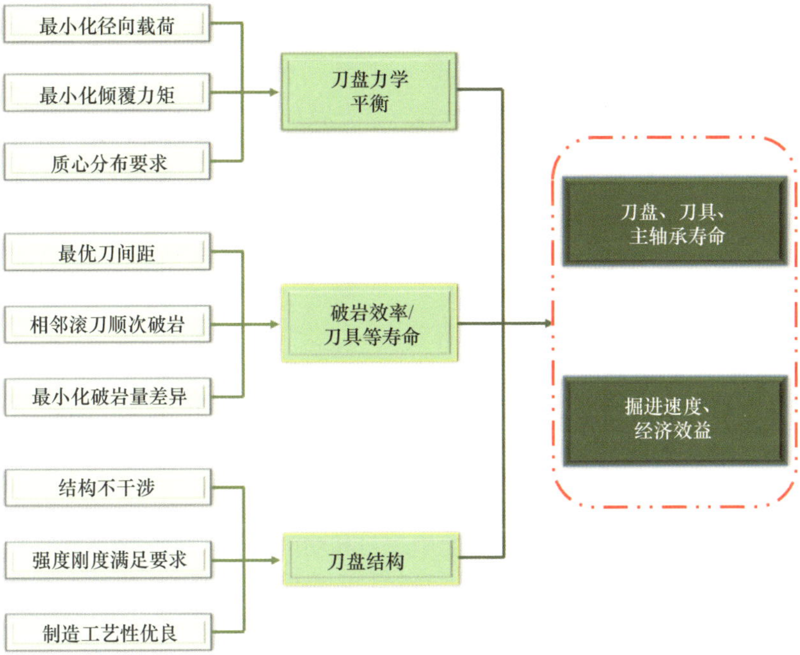

图 4.57　刀具布置技术要求

图 4.61)、多螺旋线或者随机布置形式。滚刀非对称布置要确保刀盘在掘进过程中受力均匀，无较大应力集中，产生的振动相对较小，从而提高刀盘的工作寿命，降低刀具消耗。多螺旋线布置形式常用于中等规模的刀盘上滚刀的顺次布置设计。

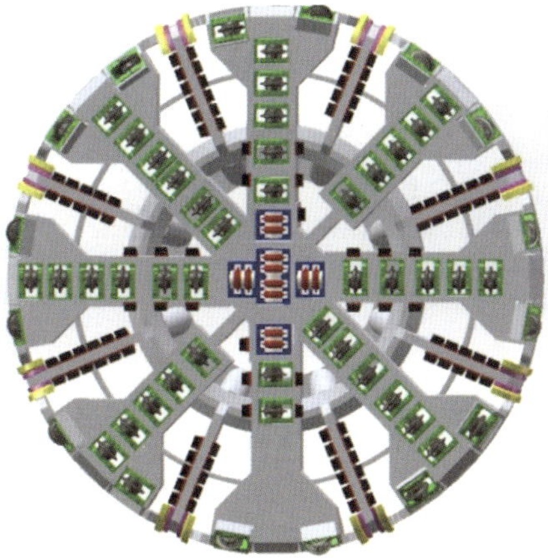

图 4.58　八主梁刀具对称布置

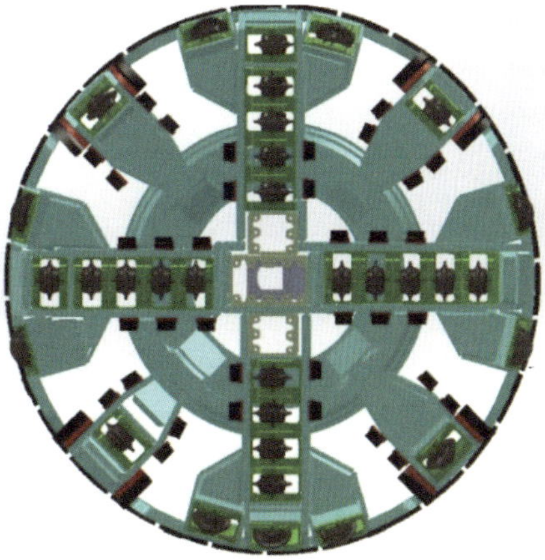

图 4.59　四主梁刀具对称布置

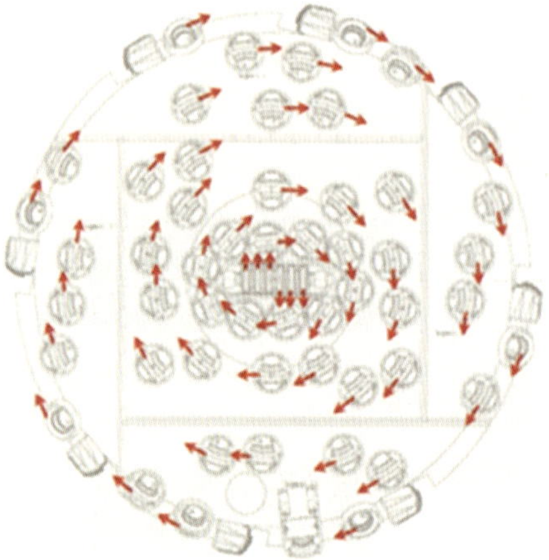

图 4.60　单螺旋线布置形式

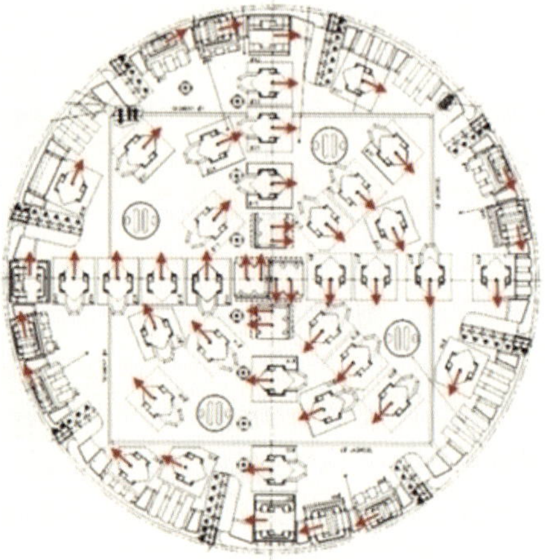

图 4.61　双螺旋线布置形式

对于复杂地层，通常需要同时采用滚刀和切削刀具。对于中硬岩以下地层，需要滚刀、刮刀或先行刀进行复合切削，见图 4.62。这一类的岩石硬度不高，弹性模量比较大，但是又需要滚刀来破岩，很难在两个滚刀之间产生贯通性破坏，因此需要增加刮刀进行主要破岩或辅助破岩。滚刀作用只在刀具附近产生破岩，掌子面会出现波纹状的“小岩脊”，这时候需要刮刀破岩，从而完成一个完整循环的破岩，达到掘进的目的。

图 4.62　刮刀与滚刀配合破岩

对于砂卵石、大孤石、漂石等地层的掘进，见图 4.63，滚刀异常磨损损坏较严重，需要重型撕裂刀和滚刀搭配布置。根据地层情况对刀盘全区域进行撕裂刀配置数量的设计，主要是增强“锤击”破碎效果。在这个时候，撕裂刀的效果会非常明显地优于单纯的滚刀布置，也减少了滚刀偏磨不转失去破岩能力的风险，同时重型撕裂刀成本略低于滚刀，洞内更换效率也高于滚刀。

(a) 撕裂刀破岩

(b) 孤石

图 4.63　砂卵石、孤石和漂石地层掘进图

此时滚刀破岩的作用主要有两点：一是破坏密实的掌子面，使地层产生松动，部分砂卵石会掉下来；二是滚刀将部分卵石挤压破坏为小块状。也会出现砂卵石跟随刀盘转动对刀盘产生破坏，也有刀盘将部分砂卵石挤到边缘继续损坏刀盘。增加撕裂刀会大大降低上述损坏状况。如果孤石直径较大，需要另外通过人工手段进行预处理，避免损坏刀盘。

4.4.3　滚刀布置要求和评价指标

1. 滚刀布置要求

滚刀布置应满足下列要求：

(1) 刀具布置遵循内少外多的原则，保证各个区域刀具的磨损基本一致；

(2) 刀具伸出刀盘面板的高度应保证渣土的流动，防止刀盘面板与开挖面间产生泥饼；

(3) 最小化径向载荷 (与刀盘回转轴线相垂直)；

(4) 刀盘受力尽可能平衡，最小化倾覆力矩；

(5) 刀间距要求，即相邻滚刀之间不存在未被连通的岩石；

(6) 相邻滚刀顺次破岩；

(7) 最小化破岩量差异，即每把滚刀破岩量应尽可能相同，使滚刀尽可能达到等寿命；

(8) 滚刀之间不干涉，且不超出刀盘的布置空间；

(9) 刀盘强度要求，即刀盘的最大等效应力应满足要求；

(10) 刀盘刚度要求，即刀盘的最大变形量应满足要求；

(11) 对于盾构刀具，在曲线半径小的情况下进行掘进时，为了保证盾构的调向，需要有较大的开挖直径，因此刀盘上应配置扩孔刀和仿形刀。

2. 滚刀刀间距设计

复合刀盘开挖刀具一般为滚刀，滚刀刀间距和破岩效率关系紧密。

$$F_t = \frac{P_0 \Phi R T}{1+\varphi} \tag{4.7}$$

式中，F_t 为滚刀所受合力；R 为滚刀半径；T 为滚刀刃宽；φ 刀尖压力分布系数；Φ 为滚刀刀刃与岩石接触角度：

$$\Phi = \arccos\left(\frac{R-P}{R}\right) \tag{4.8}$$

P_0 为破碎区压力，与岩石强度、滚刀尺寸、滚刀刃形有关：

$$P_0 = C_3 \sqrt[3]{\frac{s}{\Phi\sqrt{RT}}\sigma_c^2\sigma_t} \tag{4.9}$$

结合式 (4.7) 和式 (4.9)，在相同的其他条件下，滚刀刀间距越小，受力越小，也就是说在其他条件一定的情况下，减小刀间距可以提高滚刀的破岩效率，破岩效率也成为破岩能力。

滚刀的布局设计过程中，除了需要考虑刀盘的整体受力平衡效果，还需要考虑刀盘的局部载荷均衡效果。滚刀分布密度评价指标的定义为：任意一把滚刀与其相距最近的 N 把滚刀的直线距离平均值的倒数，单位为 mm^{-1}。刀盘上的滚刀分布越均匀，刀盘的局部受力也将越均匀；反之，局部孤立的滚刀受邻近滚刀的组合破岩影响小,因而破岩负载可能较大,容易加剧该区域滚刀磨损消耗。

4.4.4 切削刀布置

刀间距的布置决定了整个刀盘的能力，根据已有的地层条件，在确定了刀具选型之后首先要确定刀间距的设计，再对刀盘正面刀具进行布置。刀间距的设计主要考虑先行刀（也就是开挖刀具）和切刀 / 刮刀（二次开挖刀具）这两类刀具。

无论是软土刀盘还是复合刀盘，切刀的分布一般是伴随着刀盘的开口分布全断面覆盖的（刀盘中心小范围区域除外），在软土辐条式刀盘中一般是自中心鱼尾刀以外，切刀全覆盖布置，如图 4.64 所示；而在复合刀盘中则是在中心滚刀以外全覆盖布置（刀盘中心滚刀处无开口），如图 4.65 所示。我们普遍认为的切刀全断面覆盖是指相邻轨迹两个切刀首尾连接，也就是切刀的刀间距等于切刀的宽度，如图 4.66 所示。受到刀梁宽度的影响，通常切刀刀间距要小于切刀自身的宽度，一般重叠 20mm。

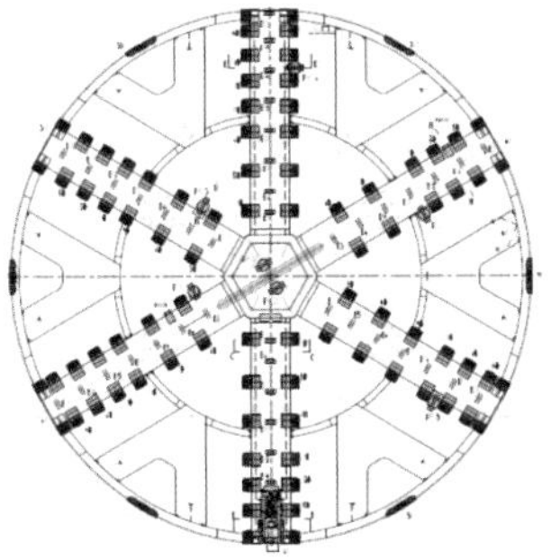

图 4.64　软土辐条式刀盘

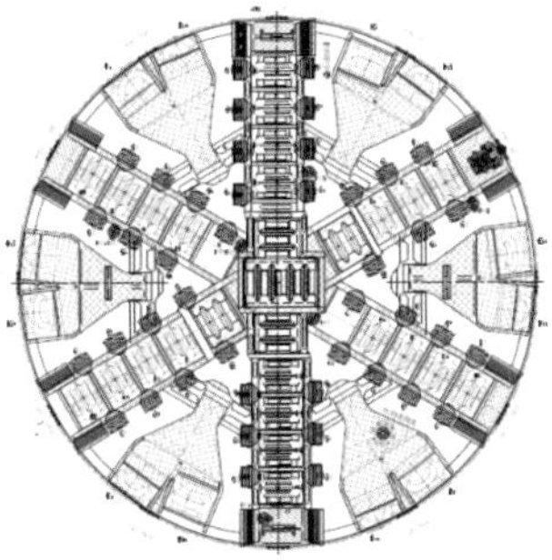

图 4.65　复合式刀盘

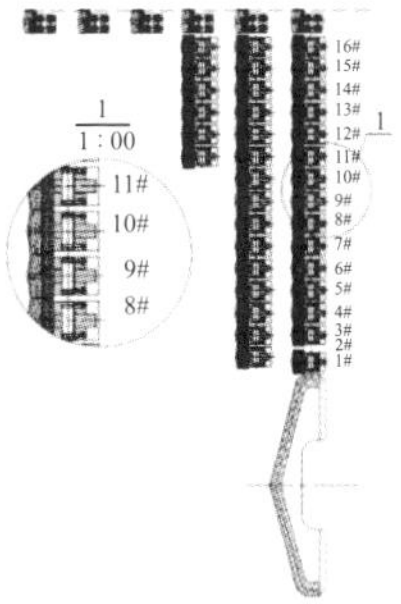

图 4.66　切刀轨迹图

软土刀盘先行开挖刀具一般为中心鱼尾刀和撕裂刀。中心鱼尾刀长度不宜过长。焊接撕裂刀刀间距 (轨迹上相邻两把刀具中心线之间的间距) 一般控制在撕裂刀厚度的两倍，也就是说刀具轨迹上相邻两把焊接撕裂刀的净间隙约等于撕裂刀本身的厚度。目前用于常规盾构的撕裂刀厚度一般为 60~100mm。最靠近中心焊接撕裂刀定位半径一般在鱼尾刀的直径范围内，同时，其高度一般要高于鱼尾刀在此半径处高度 60~70mm，可以有效保护鱼尾刀与焊接撕裂刀的过渡区域。

4.5　复合破岩的刀具安装方式

岩石是立体的，滚刀破岩也应该是立体的，我们认为有三种破岩形式：一维破岩是原点正面破岩 (冲击钻)，二维破岩是平面破岩 (TBM 滚刀破岩)，三维破岩是滚刀斜面破岩加上滚刀侧倾角度破岩，再加上滚刀正面破岩 (锥形刀盘加上滚刀侧倾破岩)，见图 4.67。假如在三维破岩在三个方向施加大于岩石三个方向应力的反力，那么岩石被破坏的速度最快、颗粒最小。当然，我们没有必要这么样破岩，相反，破岩消耗能源越少越好，破岩粒径越大越好，这就是我们反复寻找最佳破岩方式，得到最佳破岩效能的主要原因。实现这个最佳破岩方式的办法就是尽量创造破岩临空面，就是说三个方向应力可以成为两个，甚至一个。对于非刀具破岩来说，这些认识则都不适用了。

图 4.67 锥形刀盘复合破岩

4.6 目前刀具破岩遇到的主要困难与思路

4.6.1 极硬岩、高磨蚀、高完整性岩体的刀具设计思路

无论岩石类别，只要岩石强度足够高，岩体一般就比较完整，滚刀刀刃贯入岩体的困难程度会增加。在欧洲及新加坡都有遇到单轴抗压强度 UCS ≥ 300MPa 的花岗岩或千枚岩，在刀盘上安装了 17in 滚刀，刀具的刀间距设计到最小的 65mm，仍然面对贯入困难，设备推力达到极限，实际贯入度不足 1mm/r，很难形成贯穿裂纹。在国内，遇到这种极硬岩的隧道掘进时，会采用窄刃设计来提高贯入度，可以有效提升破岩效果，但是窄刃化后，刃口刚性不足，抗侧向力及异常冲击的能力会打折扣，刀圈引起的异常失效比例有所增加。因此，在高磨损的极硬岩地层中，刀具的设计思路是采用窄刃化滚刀，并提升刀圈材料的强度、抗冲击能力和耐磨性。

目前增强钢材强度的思路主要是采用固溶强化和析出强化为主的强化机理，要同时提高钢材的强度、韧性（冲击功）和耐磨性是极具难度的，可称之为钢材的强度、韧性和耐磨性之间的不可能三角。材料的冲击功是指材料在变形直至断裂过程中吸收能量的多少，材料只有具有一定的变形能力且强度高，冲击功才会高。提高钢的耐磨性通常要增加 V、Mo 等元素的碳化物以形成硬质相，这些弥散在基体中的硬质颗粒会阻碍材料的变形 (阻碍位错)。钢铁材料的强度要高，其组织基本上以马氏体为主，而马氏体组织的变形能力较低。材料强度和耐磨性的提高都会导致其变形能力降低，韧性 (冲击功) 随之降低。以常用的滚刀材料 H13 系列的钢材为例，要控制共晶碳化物的含量和尺寸，金相组织中要求看不到共晶碳化物或共晶碳化物尺寸不大于 15μm，材料热处理后韧性才能达到要求。但掘进实践证明这种材料窄刃化处理的刀圈，其耐磨性差，主要是由于材料的硬度低于磨料中的石英颗粒的硬度，石英颗粒作为磨粒在大载荷的作用下嵌入刀圈基体，形成相对较宽的犁沟，体现为“磨得快”。磨粒磨损试验证明，刀圈材料组织里的共晶碳化物尺寸越大对耐磨性的贡献也越大，但共晶碳化物在晶界上聚集析出并长大的能量更低，因此共晶碳化物多集中在晶界的位置，并形成网状。脆且硬的网状共晶碳化物是带来材料韧性降低的主要原因。

同时提高刀圈材料的强度、韧性和耐磨性难度极大，一种解决方案是借助激光破岩及高水压破岩，预制破岩裂纹或切槽，形成新的临空面，采用这些辅助破岩手段提高刀圈破极硬岩的效率。

4.6.2　软硬不均及孤石地层刀具破岩的设计要求与思路

软硬不均地层掘进过程中，存在软岩界面及交界面滚刀转动不连续、刀圈冲击严重和受力不平衡、易出现刀圈断裂和大崩刃等现象；相对软弱地层风化程度可能比较高或者破碎，甚至是不成岩的半石半土状态，原本在掘进硬岩时滚刀可以正常转动的刀圈，在软岩中没能为滚刀提供足够的摩擦力让其转动起来，引起偏磨；另外，在软硬岩的交界面上由于滚刀转动方向不一定与交界面垂直，存在滚刀侧滑而把刀圈掰断的情况；软弱不均地层，刀盘也可能引起偏载，以及部分处于软岩地层的滚刀承受较小的载荷，处于硬岩的滚刀承受了更大的载荷，甚至会出现过载的情况。总结可见，在软硬不均地层，如深圳地铁 13 号线、14 号线 (见图 4.68) 等多条地铁线出现了长距离的上软下硬地层，滚刀异常失效比例陡增，滚刀偏磨、弦磨和刀圈绷断现象是异常时效的主要原因。遇到该类地层，要降低掘进推力和转速，保证滚刀不过载的前提下，减少冲击；改用冲击韧性较好的刀圈，经验证明，在该类地层中刀圈韧性满足 $K_{U2} \geqslant 30J/cm^2$，配合载荷和转速的减小后，刀圈的断裂概率明显较小；刀圈的刃形设计窄一些，保证在硬岩区域有足够的贯入度；扭矩也要小于正常全断面硬岩的滚刀扭矩，避免在软岩区域不转，而到交界面位置突然启动造成的强冲击。

图 4.68　深圳地铁富水大卵石地层中心刀严重偏磨、弦磨

4.6.3　富水大卵石及富水砾岩等不稳定地层的刀具设计思路

富水大卵石及富水砾岩地层，大卵石及卵砾间的缝隙内往往是未成岩的粗砂或泥岩。滚刀掘进时，大卵石对刀圈的冲击也很大，设计刀盘时要考虑卵石的大小，要考虑以排出为主还是以破碎卵石为主，粒径在 20cm 以下的卵石基本以排出为主，也不会影响后方的排渣设备，粒径稍大的卵石需要在滚刀挤压破碎后再排出。刀圈承受载荷和冲击不均衡，甚至出现大卵石离开掌子面掉落下来砸坏滚刀的情况，因此要求刀圈韧性满足 $K_{U2} \geqslant 30J/cm^2$，滚刀启动扭矩控制在 25~35N · m，适当降低贯入度和转速，在保证不卡盾的条件下稳步掘进。掘进时小的卵石会经常卡在刀毂或刀圈与刀箱的缝隙里，为滚刀“刹车”，造成弦磨。这种弦磨的滚刀拆解后一般轴承及密封正常，甚至润滑油也正常，可以用这种办法判断滚刀弦磨是外部“刹车”原因造成的。中心刀的双联滚刀有三个端盖，刀盘上的压力也会通过大卵石传递到中心刀的三个端盖上，又因为不停与大卵石摩擦，造成磨损，经常会出现在常规地层不会出现的因端盖磨损失效后漏油而弦磨，甚至造成中心区域的掌子面隆起，对滚刀更换造成不利影响。因此，在卵石地层需要经常检查刀盘和掌子面情况，检查中心刀端盖的磨损情况，防止中心刀进一步出现严重磨损。

4.6.4　主动驱动滚刀设计思路

在软岩地层、溶洞或是软岩不均的地层，滚刀启动往往受阻，容易偏磨，如果设计滚刀主动式启动，将有利于滚刀连续工作。由于刀盘的内部结构不方便布置电路，利用电驱动滚刀转动困难较大，可以考虑在刀圈两侧远离掌子面的后方刃口两侧的位置加工齿轮状结构，如图 4.69 所示，在每把滚刀的刀箱位置，可以伸出液驱旋转齿轮轴，带动刀圈及转动机构转动，既清理了刀箱处的泥饼又带动了滚刀被动旋转，在特殊脱困时期还可以主动转动破岩。

图 4.69　刀圈两侧设计齿轮刀圈和可齿轮转动的滚刀

在异形硬岩隧道，盲区的处理非常困难，如果采取滚刀破岩，目前 TBM 主要采用被动滚刀压裂破岩。滚刀本身是没有驱动装置的，是在掌子面的摩擦力的驱动下转动的，需要摆动滚刀破岩。现在我们提出一种主动滚刀破岩结构，见图 4.70，主要由驱动器、驱动轴和滚刀三部分组成，滚刀自身在破岩过程中主动旋转，旋转方向和转速可控，刀具可偏心安装或正安装，这样可以解决异形掘进机盲区的破岩难题。

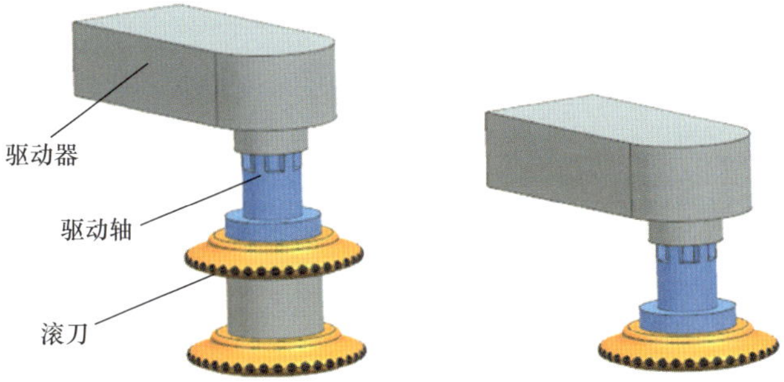

图 4.70　硬岩主动滚刀结构示意图

参 考 文 献

龚秋明 .2014. 掘进机隧道掘进概论 [M]. 北京：科学出版社 .
桂长林 .1990.Archard 的磨损设计计算模型及其应用方法 [J]. 润滑与密封，(1)：12-17.
江豪，魏莹莹，樊帅涛 .2021. 土压平衡盾构刀具研究现状 [J]. 工程机械，52(1)：77-82.

雷坤明，刘鑫昌，王智辉，等 . 2020. 围压对滚刀作用下节理岩体开裂特征影响的数值分析 [J]. 重庆建筑，19(8)：54-56.
马修泉，齐晓旭，马壮 .2007.YG13C 硬质合金钎焊工艺研究 [J]. 热加工工艺，(19)：39-40.
谭青，徐孜军，夏毅敏，等 .2013. 盾构切刀作用下岩石动态响应机制的数值模拟研究 [J]. 岩土工程学报，35(2)：235-242.
翟淑芳，曹世豪，周小平，等 .2019. 围压对 TBM 滚刀破岩影响的数值模拟研究 [J]. 岩体工程学报，1(41)：154-160.
Archard J F.1953.Contact and rubbing of flat surfaces[J]. Journal of Applied Physics，24(8)：981-988.
Borg A.1988.Hard rock tunnel boring in Norway Norwegian Tunnelling Today[J]. Norwegian Soil and Rock Engineering Association. Norwegian Tunnelling Society，NFF5：109-112.
Hamiton W H，Dollinger G L. 1979. Optimizing tunnel boring machine and cutter design for greater boreability[A]//Rapid Excavation and Tunnelling Conference[C]. Altanta：280-296.
Kerridge M.1955. Metal transfer and the wear process[J]. Proceedings of the Physical Society. Section B，(6)：400-407.
Wanner H，Aeberli U.1979.Tunnelling machine performance in jointed rock[A]// Proceeding of 4th Congress of the International Society for Rock Mechanics[C]. Montreux，(1)：573-580.